本书系国家社会科学基金项目（项目批准号：06CSH007）的研究成果，感谢国家社会科学基金对本课题研究的支持。

单菁菁◎著

中国**农民工**市民化研究

THE STUDY ON
CITIZENIZATION OF
CHINESE MIGRANT WORKERS

社会科学文献出版社
SOCIAL SCIENCES ACADEMIC PRESS (CHINA)

前　　言

　　发轫于 20 世纪 80 年代的大规模人口流动和城市化浪潮是改革开放以来对中国经济社会影响最深远的事件之一。据统计，从 20 世纪 80 年代初期开始，中国农民工数量逐年增长，截止到 2011 年，中国农民工总量已经达到 2.53 亿人，其中外出农民工数量达到 1.59 亿人，是 1983 年的 79.5 倍。这些大部分年龄在 20～40 岁的青年人一方面用他们澎湃激越的生命力给城市经济注入巨大活力，一方面又以他们迷茫无序的躁动给城市生活带来强烈冲击，他们正以势不可挡的力量改变着中国的经济与社会，改写着中国的现在与未来。

　　当今及未来二三十年是中国城市化的关键时期，届时将有数亿人口从农村进入城市，如此规模巨大的人口转移是世界城市化进程中史无前例的，能否引导这些农民工尽快融入城市社会实现市民化，将直接影响我国城市化进程能否顺利进行和社会主义和谐社会能否有效构建。

　　目前学术界关于农民工市民化问题的研究较多，并取得了较为丰富的研究成果，但从研究视野及其理论系统性来看，仍然存在着较大的提升空间。首先，在农民工市民化的现状方面，已有研究大多是通过案例观察和现象描述来进行定性分析，缺少对农民工市民化状况的定量分析和比较研究，这使得当前对农民工从城市进入实现市民化的一般路径、总体情况、内在规律和发展前景了解得尚不够深入。其次，在农民工市民化的制约因素方面，已有研究虽然从经济学、人口学、社会学、制度学等多种角度展开，但系统性、综合性研究仍显不足。最后，在农民工融入城市的发展路径方面，已有研究或是偏重于强调宏观结构的制度变迁，而忽略了变迁中农民工的能动性实践；或是偏重于强调农民工自身的资本积累和社会适应，而忽视了个体适应所需要的整体环境和宏观结构背景，因此常常出现微观与宏观、个体与整体、行动与结构之间的断裂。

本书是国家社会科学基金项目（项目批准号：06CSH007）的研究成果。在研究中，针对上述问题，作者通过对北京、杭州、东莞等外来农民工集中的典型城市进行实地调研、抽样调查和深度访谈，获得了大量的一手数据和资料。综合运用经济学、社会学、制度学的理论知识和比较研究、计量分析等工具，从不同角度对农民工市民化的总体状况及其主要影响因素进行了系统分析与研究，着重探讨了外来农民工融入城市的市民化过程，以及其宏微观影响要素的内在作用机理，并以此为基础提出了促进农民工市民化的对策建议。本书共分为7章，主要结构与内容如下。

第一章，主要从理论上分析了解决农民工问题、促进农民工市民化对我国经济社会发展的重要作用，指出推动农民工市民化事关我国经济社会发展的全局。作者对国内外相关研究成果进行了梳理、回顾与评价，并针对当前的现实问题和已有研究存在的不足，提出了本书的研究方向、研究假设和研究方法。

第二章，通过对农民工集中的典型地区、典型城市进行实地调研和抽样调查，以农民工的城市融入为主要视角，分析研究了当前我国农民工市民化的总体状况。并根据当前农民工内部出现代际更替、新生代农民工迅速崛起的实际情况，对新生代农民工的市民化状况进行了专门研究。

　　第三章，运用经济学理论与方法，从经济生活层面对农民工市民化的经济影响因素进行了分析与研究，就目前学术界争论的"刘易斯拐点"是否来临等问题提出了作者自己的看法，并特别强调和研究了实现充分就业对农民工市民化的重要作用。

　　第四章，运用社会资本、社会网络分析等社会学理论与方法，从社会生活层面对农民工市民化进程中的社会网络重构、再社会化及其影响因素等进行了深入分析与研究，阐述了农民工融入城市的再社会化过程及其内在相关性，强调了弱关系对推动农民工市民化的重要作用。

　　第五章，运用制度学的理论与方法，从政治生活层面研究分析了制度安排、政策设计等对农民工市民化的主要影响，指出随着各地户籍制度改革的步伐，影响农民工市民化的户籍门槛正在逐渐弱化，但附着在户籍制度之上的差别化福利安排所导致的较高市民化成本，正在成为影响农民工市民化的又一重要门槛，而如何建立多元化成本分摊机制将成为未来政策的改进方向和推动农民工市民化的关键之举。

　　第六章，从国际、国内两个角度，对国内外典型地区、典型国家推动农民市民化的具体做法进行梳理与比较，总结和归纳其主要经验。同时，以杭州为案例，对地方政府促进农民工市民化的具体做法、政策设计及主要经验进行系统地剖析与总结。

　　第七章，在上述研究分析的基础上，提炼总结本书研究的主要结论。并以问题为导向，提出促进我国农民工市民化的对策建议。

　　城市化进程中的农民工市民化问题既是多学科交叉的、复杂的理论问题，又是当前我国所面临的迫切的现实问题，本书的研究仅仅是开始，尚有许多问题值得深入探讨。如书中提及"随着各地改革的步伐，影响农民工市民化的户籍门槛正在逐渐弱化，但附着在户籍制度之上的差别化福利安排所导致的较高市民化成本，正在成为影响农民工市民化的又一重要门槛"，作者本已沿着这一思路，对农民工市民化的成本进行测算，但由于全国各地情况差异极大，而作者现有的研究仅限于少数几座城市，尚不足以从国家层面对建立多元化成本分摊机制及未来的政策改进方向提出建议，受出版时间的限制，只能暂时将这一章的内容拿下。又如，受研究经费的限制，本书的实地调研和抽样调查目前只在外来农民工集中的东部三大都市区及其代表城市中进行，尚缺乏对中西部城市的关注和系统研究等。而这些都将成为作者今后进一步深入研究的重要方向。

　　最后，谨对所有在本书研究、写作、出版过程中给予我帮助的学者、同事和部门致以诚挚的谢意。由于水平有限加之时间仓促，书中的缺点及疏漏在所难免，恳请专家学者和广大读者批评指正。

笔　者

2011 年 10 月于北京

摘　要

　　发轫于20世纪80年代的大规模人口流动和城市化浪潮是改革开放以来对中国经济社会影响最深远的事件之一。截止到2011年，中国农民工总量达到2.53亿人，农民工已经成为我国产业工人的主要组成部分。当前及未来10～20年是我国城市化快速发展的时期，同时也是城市化过程中各种问题和矛盾集中爆发的时期。能否妥善解决这些问题和矛盾，推动农民工顺利融入城市、完成其市民化过程，不但关系这一庞大社会群体的自身发展与福利，更直接关系我国城市化进程能否顺利进行和社会主义和谐社会能否真正建立。为此，我们在中国经济最发达也是农民工最为集中的区域——长三角、珠三角和京津唐三大都市密集区选择了一些典型城市，从经济层面、社会层面和文化心理层面对进城农民工的市民化状况进行了深入调查与研究，并得出如下结论。

　　从经济层面看，进城农民工的经济生活状况仍不容乐观。在就业与收入方面，与普通市民相比，农民工群体就业具有更换工作频率快、失业率高、就业稳定性差等特点，频繁的主动或被动"跳槽"和失业使他们的城市生活始终处于一种动荡和不稳定的状态，并直接影响了他们的经济收入。目前就总体情况来说，进城农民工的收入水平仅能满足他们低层次的生存需要，尚不足以支撑他们形成与当地市民相同或相接近的生活方式，整体低下的收入水平使很多农民工在城市中的生活经常捉襟见肘甚至入不敷出。在生活消费与支出方面，目前进城农民工的日常消费支出仍主要以购买生活必需品（如食品、日用品、衣物等）和缴纳房租等生存性支出为主，鲜有余钱用于文化、教育、娱乐等消费和自我发展的积累。特别是在居住方面，除了极少数人在城市拥有自购住房外，绝大多数农民工都住在单位宿舍、简易工棚、雇主家或租赁房等临时性住所里，目前全国农民工的房租支出已经超过其家庭总支出的1/5，有40%以上的农民工认为当前的房租已经达到或超过其承受能力。

从社会层面看，进城农民工正在日常生活中逐渐调整和重新编织着自己的社会网络。一方面以血缘和地缘关系为基础的初级关系仍然是他们社会网络中的强纽带关系，进城农民工主要从这种先赋性的强纽带关系中获得他们在城市生活所迫切需要的社会支持。另一方面，随着谋生方式由农业生产向非农产业的转移、生活重心由乡村向城市的迁移，进城农民工正在逐步建立起以城市社会为参照、以业缘关系为基础的新的社会纽带，这些由进城农民工一手构建的社会关系网络正在成为他们在城市中赖以生存和发展、并最终融入城市的重要资本。

从文化心理层面看，进城农民工的城市适应和社会满意度普遍不高，对所在城市的认同度和归属感不强，融入程度较低，具有典型的亚文化属性。在我们的调查中，进城农民工对城市社会的适应程度总体上处于"一般"到"比较适应"之间的水平，社会满意度处于"一般"水平，城市认同度处于"一般"偏上的中间水平，心理融入程度基本处于"尚未融入"的水平，对城市的文化心理融入程度较低。

研究发现，进城农民工的市民化状况，如社会适应、生活满意度和城市融入程度等，与其在城市中的经济生活如职业获得、经济收入之间存在显著的正相关关系。一般情况下，农民工的就业越充分、收入水平越高、消费能力越强，其在城市中的社会满意度就越高，就越能够适应和融入其所在的城市。而反之，当农民工的经济收入经常出现入不敷出、长期处于生存性消费状态时，他们的城市适应和社会满意度也会大大降低，并直接影响他们的市民化进程。换句话说，实现充分就业仍然是影响农民工经济生活和城市进入的核心问题之一。目前我国农民在进城打工过程中仍然面临着一系列就业壁垒，如制度性壁垒、经济性壁垒和市场化壁垒等，这些就业壁垒不仅使农民工无法在劳动力市场上与城市市民平等参与竞争，更使他们处于一种与城市社会相对隔离的边缘化境地，已经成为影响和阻碍我国进城农民工市民化的重要桎梏。

随着各地改革步伐的加快，农民工市民化的户籍门槛正逐步弱化，但附着在户籍制度之上的差别化的福利安排所导致的较高市民化成本，正在成为影响农民工市民化的又一重要门槛。建立多元化成本分摊机制将成为我国突破农民工市民化成本门槛以及推动农民工市民化的关键。

农民工进入城市的过程分为社会适应和自我发展两个阶段。在社会适应阶段，他们在城市中建立的社会联系越多，社会交往网络越广泛，其社会适应的过程也就越顺利，最终的社会适应程度就越高，也就越容易进入和整合于他所在的城市社会。相反，那些社会交往网络越狭窄甚至发生断裂的外来人口，其社会适应程度和社会整合性就越差。在自我发展阶段，他们社会网络中的异质性成分越多，与弱关系的联系越紧密，对城市社会的资源攫取能力就越强，其自我发展程度和社会满意度就越高。因此，能否在新的社会环境中构筑起合理有效的社会网络也是影响农民工城市进入和实现市民化的基本条件和关键因素。

进城农民工的社会适应和城市融入的过程，不是由都市性到乡村性的替代过程，而是在乡村性上增加都市性的叠加过程。在这一过程中有两个具有现代意义的转变：一是城市农民工在他们传统的血缘、地缘关系上增加了新型的业缘关系，虽然这种关系更多的仍是基于同质群体，却开始了他们向现代分工社会的转变；二是城市农民工在他们的社会行动中加入了明确的目标动机和工具理性，这开始了他们向现代生活方式的转变。

Abstract

Commencing in 1980s, the large-scale population mobility and urbanization wave has been one of the events with most profound influences on Chinese economic society since reform and open-up. By the end of 2010, China's migrant workers have reached 240 million, and migrant workers have become the main part of industrial workers in China. At present and in 10 – 20 years in future, it is the period of rapid growth of Chinese urbanization, but meanwhile, it is also the period that various problems and contradictions concentrates and erupts in the process of urbanization. Whether these problems and contradictions can be properly resolved to promote migrant workers to integrate into cities and complete the citizenization process, is not only related to self-development and welfare for this huge social group, but also related to whether our urbanization is able to proceed smoothly and harmonious socialist society can be established indeed. In this connection, we selected some typical cities in the most developed area in Chinese economy and most concentrated area of migrant workers-Yangtze River Delta, Pearl River Delta and three metropolises of Beijing, Tianjin and Tangshan, from the levels of economy, society and cultural psychology, we made deep research and study on current citizenization status of migrant workers and reached the following conclusions:

From level of economy, the migrant workers' economic living condition is not optimistic. In terms of employment and income, comparing to ordinary citizens, migrant workers are featured as fast work changing frequency, high unemployment rate and bad employment stability. Initiatively and passively changing jobs and unemployment put them in unstable state of city life and has direct influence on their economic income. To view from the overall situations, the income level of migrant workers only can meet the low level living needs, not enough to support the living style identical or close to local citizens. The low income level in the whole makes migrant workers fail to make the ends meet. In the aspect of living consumption and expenses, the daily consumption expenditure are mainly focused on survivability expenditure like necessaries (such as food, articles and clothing) and house rent, rarely focused on culture, education, entertainment and accumulation of self-development. Especially in residential aspect, except for few people have their own houses, most of migrant workers have to stay in temporary places such as dormitories provided by companies, simple work sheds, employers home or rented houses. At present, the expenses on house rent has exceeded 1/5 of total family income of migrant workers nationwide. Over 40% migrant workers believed that the house rent has reached or beyond their bearing capability.

From level of society, the migrant workers are gradually adjusting and re-knitting their social network in daily life. On the one hand, the primary relation on the basis of blood relationship and geo-relationship is still the strong bonding relationship in their social network. The migrant workers obtain social support in urban life mainly from this strong bonding relationship. On the other hand, with the way of living transferred from agricultural production to non-agricultural industries, the migrant workers are gradually establishing the new social links on the reference of urban society and on the basis of occupation relationship. The social relations network established by migrant workers is becoming the important capital on which they depend to live and develop and finally integrate into the cities.

From the level of cultural psychology, the urban adapting and social satisfaction of migrant workers are generally not high; the identity degree and sense of belonging are not strong; the extent of integration is low. It is typical sub-culture attributed. In our investigations, the adaption extent of migrant workers to the urban society is between "ordinary" and "relatively ordinary"; the social satisfaction is "ordinary", and the identity extent is in middle level of better than "ordinary"; psychological integration degree is basically in the "not-yet integrated" low level.

The study found that the citizenization status of migrant workers such as social adaption, living satisfaction and urban integration has prominent positive correlations with the economic life in cities such as profession, economic income. Generally speaking, with the more sufficient employment, the higher income level and the stronger power of consumption, the urban social satisfaction will be higher and the migrant workers are capable to adapt and integrate into the city in which they live. On the contrary, when economic income of migrant workers often can't make ends meet and in the state of survivability-oriented consumption for long time, their urban adaption and social satisfaction are dramatically low and affect their citizenization process. In another word, to realize full employment is still one of essential issues which affect migrant workers' economic life and city entering. At present, migrant workers are still facing a series of barriers such as institutional barrier, economical barrier and marketization barrier, these barriers not only make the migrant workers unable to equally compete with citizens in labor market, but also put them in relatively isolated and marginal conditions. These barriers have become the major shackles to affect and hold back the citizenization of migrant workers.

With the speeding up of reform pace, the citizenized household registration threshold of migrant workers is gradually weakened, but high citizenized cost caused by the differential welfare arrangement attached to the household registration system is becoming the important threshold to affect migrant workers' citizenization. Establishing diversified cost sharing mechanism will become the key to break through the citizenized cost and promote citizenization of migrant workers.

The process of migrant workers' entering the city is divided into two stages of social adaption and self-development. In the stage of social adaption, the more social relations and the more extensive range of social interaction network they established, the process of social adaption will be smoother and the social adaption extent will be higher and easier to enter and integrate the urban society. On the contrary, for the migrant workers who have narrow or even broken social interaction network, their social adaption extent and social integration will be worse. In the stage of self-development, the more heterogeneity elements exist in their social network and closer the relationship connect with the weakness, their ability to grab the urban society resources will be stronger and self-developing degree and social satisfaction will be higher. Therefore, whether the rational and efficient social network can be constructed in the new social environment is the fundamental condition and critical factor to affect migrant worker entering the city and realizing citizenization.

The process of social adaption and urban integration of migrant workers is not the process of replacing rurality by urbanity, but the additive process of urbanity over rurality. There are two modern meaningful transforms in this process: Firstly, migrant worker added new type occupation relation apart from traditional blood relationship and geo-relationship. Although this relation is much more on the basis of homogeneous group, it started to transform to modern social division of labor. Secondly, migrant workers added specific objective motive and tool rationality to their social activities then started to change into modern living style.

目 录

Catalogue

第一章

绪　论

　　当前的中国正处在深刻的社会变革之中，这种社会变革包含了两个层次的转变，一是体制的转轨——从传统的计划经济体制走向社会主义市场经济体制，二是结构的转型——从农业的、乡村的、封闭的传统社会走向工业的、城镇的、开放的现代社会。作为这种变革的突出表现，发轫于20世纪80年代的大规模人口流动和城市化浪潮是改革开放以来对中国经济社会影响最深远的事件之一。根据国家统计局发布的《2011年我国农民工调查监测报告》，中国外出打工时间超过半年以上的的农村劳动力已经达到1.59亿人。这些大部分年龄在20~40岁①的青年人一方面用他们澎湃激越的生命力给城市经济注入巨大活力，一方面又以他们迷茫无序的躁动给城市生活带来强烈冲击，他们正以势不可挡的力量改变着中国的经济与社会，改写着中国的现在与未来。

　　人口流动的过程实际上就是他们再社会化的过程。尤其是对于那

————————

　　① 根据国家统计局近年来的统计，目前我国的农民工以青壮年为主，40岁以上农民工所占比重逐年上升，2011年已经占到农民工总量的38.3%。其中，在外出就业的农民工中，40岁以上的仅占18.2%，20~40岁的青年农民工仍然占了绝大多数。

些刚刚进入城市社会的农民，这种再社会化过程是剧烈的，甚至在某些方面是颠覆性的：他们离开生于斯、长于斯的故土，远离了熟悉的乡土社会，长期建立的社会联系因为空间的分离而被强行割裂，来自地域社区的社会支持因为环境转移而被骤然削弱，从小就遵循的行为规范在现代工业化社会中被普遍质疑，一向驾轻就熟的生活轨迹因外出打工而被尖锐中断。一方面，他们为豁然开朗的世界而兴奋不已，对生活满怀着美好的憧憬与期待；另一方面，他们又被浮萍漂泊的生活深深困扰，对前途未卜的将来充满忧虑。在这饱尝希望与失望、欢乐与痛苦的艰难历程中，他们该如何构筑他们的生活、如何融入并根植于城市的土壤呢？

第一节　问题的提出

按照刘易斯经济增长模型，一国经济发展必然伴随着农业剩余人口向非农产业的转移。因为只有农业剩余人口向非农产业转移，才会使农业生产实现规模化和现代化，才能加速社会二元结构向一元结构的转化。我国的农业剩余人口转移主要通过两种途径：发展农村工业和促进跨地区流动（进城打工）。伴随着改革开放，中国的城市化和工业化进程不断加快，越来越多的农民涌入城市，并逐渐成为我国产业工人的主要组成部分。据统计，中国农民工数量从 1980 年代初期开始逐年增长，到 2011 年，中国农民工总量已经达到 2.53 亿人，其中外出农民工数量达到 1.59 亿人，是 1983 年（约 200 万人）的 79.5 倍，年均增长 17% 左右（见图 1-1-1）。这种大规模的人口转移，不但把大量农村剩余劳动力从土地的桎梏中解放出来，为我国工业发展、城市发展注入了源源不断的强大动力，还顺应了市场化机制下对生产力重新布局的要求，在事实上重组了中国的经济社会结构，极大地推动了国家的经济社会发展进程。

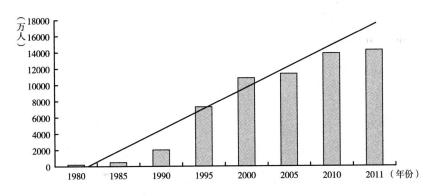

图1-1-1 中国外出农民工增长趋势

资料来源：根据国家统计局相关统计数据整理。

但与此同时，大规模的人口流动也在中国社会形成了一个庞大的、特殊的农民工群体，他们一方面随着中国经济一起加入全球化的产业分工中，成为"中国奇迹"的重要创造者；另一方面又因为各种因素被排除在城市的主流社会和福利体制之外，游离在城市与乡村之间，长期处于"半城市化"状态，并因而带来一系列经济社会问题，造成了整体社会的结构性紧张。

当前及未来10~20年是我国城市化快速发展的关键时期，同时也是城市化过程中各种问题和矛盾集中爆发的时期。截至2011年末，我国城镇人口已经达到6.91亿人，城市化率达到51.27%，城镇常住人口首次超过了农村常住人口。这意味着中国由一个具有几千年农业文明史、以乡村型社会为主体的农业大国，开始进入以城市型社会为主体的新的城市时代，是中国社会结构的一个历史性变化。以此趋势推测，到2020年中国城市化率可能将达到60%，到2030年城市化率可能将达到68%~70%。这预示着在未来10~20年里，我国仍将有数亿人口从农村转移到城镇，如此史无前例而规模庞大的人口转移以及农民工群体的存在，使社会整合成为我国城市化过程中的一个重大现实问题。

研究表明，目前我国进城农民工中的绝大多数仍然处于一种"半城市化"或"不完全城市化"状态，市民化程度较低①，并表现出"就业非正规化、居住边缘化、生活孤岛化、社会名声污名化、发展能力弱化、社会认同内卷化"②等现象。如果任由这一庞大的人群形成一个边缘化的社会群体，将会产生新的"城市社会二元结构"，进而影响到社会的整体进步与和谐稳定。能否妥善解决这些城市化过程中存在的问题和矛盾，加快进城农民工的市民化进程，推动其顺利融入城市，不但关系这一庞大社会群体的自身发展与福利，更关系中国特色的城市化能否顺利推进，社会经济能否持续稳定发展，社会主义和谐社会能否有效构建。

第二节　研究回顾

一　国外研究回顾

迁移人口的市民化问题很早就引起了西方社会学家的注意。早期的社会学将农村社会和城市社会视为截然不同的两种社会实体。滕尼斯（F. Tonnies）把社会分为社区与社会，或称礼俗社会与法理社会。在礼俗社会（主要指乡村社会）中，人们为共同的目标而通力合作，彼此亲密无间。而在法理社会（主要指城市社会）中，个人主义横行，私利主义泛滥。涂尔干（E. Durkheim）随后又提出了社会二元论之机械团结与有机团结，认为传统社会的互动是基于共同的情感信

---

① 参见王春光《农民工的"半城市化"问题》，载李真主编《流动与融合》，团结出版社，2005；单菁菁：《城市农民工社会适应状况与生活满意度调查》，载《国情调研》，山东人民出版社，2006；陈丰：《从"虚城市化"到市民化：农民工城市化的现实路径》，《社会科学》2007年第2期。

② 王春光：《农民工的"半城市化"问题》，载李真主编《流动与融合》，团结出版社，2005。

仰、风俗习惯、目标利益，而在工业化的城市社会中这种互动被分工依赖、社会竞争、官僚体制等关系所取代。这种社会二分法使乡村与城市处在完全对立的两种极端，似乎必须对农村生活彻底扬弃，才能真正进入城市生活。但事实上，相当多的社会学家研究表明，农村人口进入城市并不意味着他们过去乡村生活模式的极端解组，相反，大多数人依然与他们的家族、亲友保持着较为紧密的联系，只是他们生活中的城市特性增加、农村特性减少而已[①]。

19世纪下半叶，西方国家对农村劳动力流动及城市化的研究范围进一步拓展。1899年A. F. Weber发表著作《19世纪的城市发展——一项统计研究》，对19世纪世界各主要国家农村人口向城市流动及其城市化状况进行了详细论述。1926年，A. Redford发表《英格兰的劳工流动：1800年~1850年》一书，详细描述了英国农村劳动力的流动原因、流动方式与国内外移民情况，成为早期人口流动和城市化研究的经典著作之一。"二战"以后，欧美各国出现人口流动和城市化研究热，从经济学、人口学、社会学、政治学、历史地理学等角度对农村劳动力转移进行了大量研究，其研究视角主要集中在农村劳动力转移的动力机制（Rains G. and Fei C. H.，1961；Todaro，M. P.，1969；Lewis，W. A.，1972）、发展过程（Redford A.，1964；Miller，Z.，1987）、历史作用（Thomas B.，1973；Deane P. and Cole，1964）、社会结构变动（Tonnies，1931；Macunovich，Diane J.，1997）、社会网络重构（Abu - Lughod，1969；Messeri P.，Silverstein M. and Litwak E.，1993；Gans H.，1962；Fischer，1972，1977）、社会制度建设（Walter I，1984；David R. G.，Blaine A. B.，1990；Philip R. P.，Leslie L. 1999.）、市民化与公民权利（Xu

---

① 参见Abu - Lughod，1969；litwak，1970；Pickett，Boulton，1974；Gist，Fava，1974，转引自谢高桥《都市人口迁移与社会适应——高雄市个案研究》，台湾巨流图书公司，1984。

Jianling，Liu Chuanjiang，2008；Auvachez，Elise，2009；Cohen，Elizabeth F.，2011）等方面。

20 世纪 70~80 年代，学者们开始逐步关注包括迁移人口市民化在内的城市化的成本问题。如 Lewis 早在 1972 年就探讨了城市化的成本问题，指出"城市化之所以具有决定性意义是因为它是昂贵的"，并比较了城乡在基础设施建设以及房屋建设等方面的成本差异。Linn（1982）提出，发展中国家不断加快的城市化进程使城市化成本成为一个棘手的问题，并对发展中国家城市化的各类成本进行了总括性的描述。Richardson（1987）比较了巴基斯坦、埃及、印度尼西亚和孟加拉国四个发展中国家的城市化成本，提出增加国内储蓄以提高城市化成本的承受力，并通过发展劳动密集型产业来降低创造劳动力就业岗位的成本。而拉美城市化过程中普遍出现贫民窟现象，背后折射出的也是发展中国家难以支付快速城市化所需成本的问题。

二　国内研究回顾

我国正处于快速城市化过程中，农民市民化既是城市化的核心内容，也是提升城市化质量的重要路径。近年来，我国社会科学工作者对于农民市民化的研究较多，其研究内容大体可以分为五个方向。

（一）农民市民化的概念与内涵研究

目前学术界有关农民市民化的概念界定，主要可以分为两大类：一类是在一般意义上对农民市民化进行概念定义，另一类则是从狭义和广义两个角度对农民市民化进行内涵梳理。

一般意义上对农民市民化的概念界定，主要以人口转移、职业转换以及素质发展为切入点。如姜作培（2002）认为，农民市民化是指在我国现代化过程中，借助于工业化的推动，让世世代代生活在农村的广大农民，离开土地和农业生产活动，进入城市非农产业，其身份、地位、价值观念以及工作方式、生活方式等向城市市民转化的经济社会过程。黄泰岩、张培丽（2004）认为，农民市民化是指农民身份向市民身份的转变，但这种转变不仅体现在身份形式上，更重要的是农民生产方式、生活方式和思维方式上的本质变化。袁小燕（2005）认为，农民市民化泛指农民向市民的转化过程，它不仅是指农民由居住在农村转变为居住在城市，由农村户口转变为城市户口，由从事农业生产转变为从事非农业生产，更重要的是其思想观念、生活方式、行为方式、社会组织形态等由农村范式向城市范式转变，最终成为一个符合城市文明要求、具有现代市民素质的真正意义上的城市居民。概括说来，一般意义上的农民市民化至少包括两层含义：一是内在素质的市民化，二是外在资格的市民化。许峰（2004）认为，内在素质市民化是指有关市民生活意识、权利意识的发育以及生活行为方式的变化等，是农民市民化转化过程；而外在资格市民化更多的是指职业和身份的非农化，包括户口及其附带的福利保障等，是农民市民化的结果。但也有学者质疑，当内在素质市民化与外在资格市民化二者不能并驾齐驱时，究竟是先有内在素质的市民化再有外在资格的市民化？抑或相反？（杨风，2009）

还有一部分学者主张从广义和狭义两个角度来认识和梳理农民市民化的概念及内涵。如狭义的"市民化"是指农民、外来移民等获得作为城市居民的身份和权利，即取得市民权（citizenship）的过程，包括居留权、选举权、受教育权、社会福利保障权等，在中国首先涉及城市户籍。而广义的"市民化"还应包含市民意识的普及以及居民成为城市权利主体的过程（陈映芳，2003；Auvachez，Elise，2009；Cohen，Elizabeth F.，2011）。因此，广义的农民市民化是指，借助于工业化和城市化的推动，使传统农民在身份、地位、价值观念、社会权利以及生产生活方式等各个方面向城市市民全面转化，以实现城市文明的社会变迁过程（杨风，2009）。它包括农民生产方式和职业身份的转变（非农化），居住生活空间的转移（城镇化），文化、素质以及生活方式、行为方式等社会文化属性的变化（市民化），以及各种社会关系的重构（结构化）与城市社会生活再适应的过程（再社会化）（文军，2004；李建兴，2006）。

（二）农民市民化的现状与问题研究

大量研究表明，目前我国进城农民工中的绝大多数仍然处于一种"半城市化"或"不完全城市化"状态，农民工市民化的总体程度较低（王春光，2005；单菁菁，2006；陈丰，2007）。如周晓虹（1998）对北京"浙江村"与温州一个农村社区进行的个案比较研究，朱考金（2003）对南京市600例样本的分析，徐志旻（2004）对福州市五区132户进城农民工家庭的调查分析，以及张时玲（2006）对安徽农民工的调查研究都得出，当前我国农民工尚未真正融入城市社会完成其市民化过程。

马广海（2000）认为，当前农民工与城市的关系还仅限于经济上的交换关系，即农民工付出劳动并获得相应报酬，而在其他方面仍然被城市社会拒于大门之外，城市对于农民工而言是"经济吸纳，社会拒入"。也有学者认为，至今为止多数农民工都集中在城市的边缘性领域和空间，得不到应有的国民地位，对城市社会缺乏认同感和归属感，在事实上处于城市的"边缘化"地位，很难真正融入城市社会（王春光，2003，2006；刘传江，2004）。其具体表现为：就业非正规化、居住边缘化、生活孤岛化、社会名声污名化、发展能力弱化、社会认同内卷化（王春光，2005）。

（三）农民市民化的制约因素研究

当前，我国农民市民化依然篱栅重重（郑杭生，2005；颜秀金，2006）。从国内外已有研究看，影响农民市民化的制约因素大致可以分为主体性障碍、制度性障碍、社会性障碍和经济性障碍。

首先，影响农民市民化的制约因素来自作为市民化主体的农民自身，主要表现为：一是素质障碍，即农民由于自身文化素质不高、职业技能缺乏，在城市社会竞争中特别是就业市场竞争中处于弱势地位，只能从事高强度、低报酬的"三D"工作（dirty，dangerous，demeaning，即脏、险、累的工作）（Roberts K. D.，2001），市民化的自我发展能力严重不足（张世友，2004；高华，2007；单菁菁、牛凤瑞等，2009）。二是文化障碍，即进城农民由于受到城市社会的歧视性对待，产生自卑心理及对城市的"文化抗拒"，并因而形成自我封闭的"亚文化"（Sub–culture）圈，自觉选择与城市文化、价值观念、行为规范等方面的隔离（甘满堂，2005；叶鹏飞，2012），缺乏对城市生活的认同感与归属感（米庆成，2004；李艳、孔德永，2008；郭聪惠，2008；史溪源，2011）。三是认识障碍，即农民由于自身观念陈旧，"小农意识"浓厚，而与现代城市社会脱节（裴涵等，2004；杨东，2003）。

其次，农民市民化也面临着许多制度性障碍，在中国突出表现在三个方面：一是城乡分割的户籍制度以及附着其后的教育、医疗、社会保障等差别化制度，使转移农民很难享有与城市市民平等的权利与福利，在事实上被排斥在城市社会福利保障体系之外，从而不得不继续依赖农村土地作为保障，难以割断与农村土地的纽带关系（卢海元，2005；陆林，2007；陈丰，2007）。二是城乡割裂的二元劳动力市场，迫使大多数转移农民不得不通过次属劳动力市场，进入那些劳动强度大、收入低、稳定性差的非正规性和边缘性就业岗位，从而很难实现与城市主流社会的融合（闫文秀，2005；李涛；2005；国务院研究室课题组，2006）。三是僵化的农村土地承包制度和宅基地制度，前者缺乏流动性和经营权转让市场，后者缺乏合理的退出机制，使农民始终无法彻底脱离土地到城镇生活，从而很难实现完全的市民化（卢海元，2002；刘传江，1999；杨浩，2009）。

再次，农民市民化还面临着一些社会性障碍，主要来自三个方面：一是来自城市政府，由于长期以来形成的偏见，我国城市流动人口管理政策，普遍存在着重管理而轻服务、重义务而轻权益、重城市而轻农村的取向，城市管理更多的是在现有框架中寻找消减人口流动负面效应的途径（如以公安局为主的防范式管理），在维护城市人口特权方面的努力远远大于给予转移农民以公平待遇的探索。这种管理上的错位，客观上加剧了转移农民边缘化的倾向（彭希哲，2001；单菁菁，2006）。二是来自城市居民，由于中国城乡发展不平衡，城市居民长期享有远高于农村居民的生活水平和福利待遇，并因而形成一种高高在上的优越感，对转移农民普遍持轻视和排斥的心理，成为阻碍农民融入城市社会的又一重要原因（胡苏云、赵敏，1997；黄晨熹，1999；钱正武，2006）。三是来自转移农民的社会资本，转移农民进入城市的过程实际上也是他们社会网络重构的过程，由于社会经济地位的底层性、在城市居住的边缘性以及与城市居民交往的局限性，转移农民往往更倾向于构建小范围的以地缘、亲缘、血缘等为基础的社会关系网络，而与整个城市社会的联系较少。这种同质性强、异质性差的社会资本很难为这些迁移人口提供在城市向上流动的机会（李培林，1996；李汉林、王琦，2001）。

最后，农民市民化还面临着一些经济性障碍，突出表现为农民市民化的社会成本巨大。Linn早在1982年就指出发展中国家不断加快的城市化进程正在使其面临如何支付城市化成本的棘手难题。近年来，随着我国对农民市民化研究的不断深入，一些学者也开始关注到农民市民化的成本问题，指出：目前农民市民化进展缓慢，表面上是户籍制度、就业制度、社会保障制度、城乡土地制度等二元体制改革的滞后，但根本原因还是改革这些制度需要付出高额的社会成本（蔡昉等，2001；张国胜，2008；杨风，2009）。

（四）农民市民化的发展路径研究

针对目前我国农民市民化存在的问题，学术界提出了大量探索性的对策建议。如陆学艺（2000）、黄泰岩和张培丽（2004）等学者提出要彻底打破城乡分治的二元体制，为农民进城提供一个良好的社会环境。郑杭生（2005）则强调在农民向市民转化的过程中，除了外部"赋能"，农民自身也必须"增能"。姜作培（2003）认为只有实现对农民市民化的认知统一、大中小城市并举发展的方针统一、城乡户籍制度的统一、就业市场化机制的统一、社会保障待遇的统一、服务与管理的统一等"六个统一"，才能在城市化进程中加快实现农民市民化。在对已有文献进行归纳梳理后发现，目前学术界普遍认为可以通过三种路径来推动我国农民市民化进程。

一是通过制度化改革推进农民市民化。其重点是围绕转移农民的农村退出、城市进入和城市融合三个环节进行制度改革和创新（王桂芳，2008）。在农村退出环节，需要解决的核心问题是耕地流转制度创新和农地征用制度创新（卢海元，2002；刘传江、徐建玲，2008；杨浩，2009；唐健，2010；张蔚，2011）。在城市进入环节，需要解决的核心问题是户籍制度改革和城乡一体化的就业制度改革等（陆学艺，2000；柯兰君、李汉林，2001；黄泰岩、张培丽，2004）。在城市融合环节，需要解决的核心问题是转移农民的居住、社会保障以及公共服务均等化等方面的改革（杨东，2003；国务院研究室课题组，2006；陈丰，2007；刘传江、徐建玲，2008）。

二是通过能力建设加快农民市民化。即将政府、企业、社会的外部"赋能"与农民的自身"增能"有机结合，全面加强转移农民的素质与能力建设。重点包括转移农民的现代素质培养与积累（王正中，2006）、人力资本投资与积累（张新玲、赵永乐等，2007；高华，2007；单菁菁，2010）、社会资本投资与积累（米庆成，2004；李艳、孔德永，2008；单菁菁，2010；叶鹏飞，2012）等，目标是全面提升转移农民的就业竞争能力和城市适应能力。

三是通过完善组织化管理保障农民市民化。其重点是以社区为主体、以服务为导向建立城市外来人口管理新模式，将进城农民视为城市的有机组成部分，并按照常住地原则将他们纳入当地社区的管理和服务，给予他们平等的市民待遇，更好地保障他们的合法权益。同时，鼓励、引导进城农民积极参与社区建设和管理，通过参与式管理和自治化管理，将他们纳入社区的民主生活中，提高他们的主人翁意识，增强对城市的认同感和归属感，以推动转移农民更快、更好、更顺利地融入城市（胡苏云、赵敏，1997；黄晨熹，1999；彭希哲，2001；李艳、孔德永，2008）。

（五）农民市民化的成本及其分担机制研究[①]

长期以来，户籍制度一直被认为是阻碍我国农民市民化的首要障碍。但近年来，随着各省户籍制度改革的加快，户籍门槛的影响已明显弱化，而较高的成本成为影响农民市民化的又一重要门槛。如Zhao Yaohui（1999）指出即使没有户籍等各种人为因素的障碍，单就解决住房问题就已构成农民迁移的严重障碍。蔡昉等人（2001）也强调，我国农民市民化滞后这一问题的实质是对户籍制度背后大量福利因素所构成的市民化高成本门槛的反映。

目前，国内学者关于农民市民化成本的分析研究尚不多见，由于缺少有效的估计方法和所需要的数据，对农民市民化成本的具体测算更是少之又少。已有的研究成果主要如下（见表1-2-1）。

上述关于农民市民化成本的测算方法和测算结果虽然不尽相同，但都大致包括以下三个方面：一是社会保障成本，包括养老保险、医疗保险和失业保险等支出。二是公共服务成本，主要包括教育、医疗、基础设施建设等投入。三是住房成本。因此，农民市民化的最终实现，除了需要进行相关的制度创新外，还必须加大相应投入，以解决农民市民化过程中住房、公共服务及基本权利保障的资金需要。

---

① 本小节内容主要来自中国社会科学院城市发展与环境研究所创新工程"城镇化质量评估与提升路径研究"课题组的部分前期研究成果，在此对课题组其他成员的贡献表示感谢。

表 1 - 2 - 1 国内关于农民市民化的成本测算

研究项目	人均成本	总成本
中国科学院可持续发展研究战略组(2005)	2.5 万元	7.5 万亿元
武汉大学战略管理研究院(2006)	5 万元,其中: 小城镇 2 万元 中等城市 3 万元 大城市 6 万元 特大城市 10 万元	15 万亿元
建设部调研组(2006)	5 万元,其中: 小城市 2 万元 中等城市 3 万元 大城市 6 万元 特大城市 10 万元	15 万亿元
张国胜(2008)	东部沿海地区: 第一代农民工 10 万元 第二代农民工 9 万元 内陆地区: 第一代农民工 5.7 万元 第二代农民工 4.9 万元	22.2 万亿元
莱芜市政研室(2010)	有地农户: 17 万元/户,5.9 万/人 无地农户: 48 万/户,16.7 万/人	33.9 万亿元
中国发展研究基金会(2010)	10 万元	30 万亿元
国务院发展研究中心课题组(2011)	8 万元	24 万亿元

注:总成本 = 人均成本×2 亿农民工×1.5(带眷系数)。武汉大学的人均成本估计根据国家统计局公布的外出就业去向进行加权获得,人均成本的估算结果为 5 万元。建设部调研组所列成本是市政公用设施配套费(不含运行和管理成本)。张国胜(2008)未计算总成本,笔者通过人均成本的简单平均得出人均市民化成本为 7.4 万元,然后按 2 亿农民工数量及 1.5 带眷系数计算得出社会总成本。莱芜总成本计算方法同上,其中以人均承包地 0.3 亩作为区分有地农民与无地农民的标准,小于这一标准的为无地农民,一般是位于城中村的农民,大于这一标准的为有地农民。户均成本按 2.88 人/户标准换算为人均市民化成本。

资料来源:根据相关论文资料整理。

近年来,随着物价上涨以及人民生活水平和标准的提高,农民市民化成本呈现出快速上涨的趋势。要有效解决数亿农民市民化的高额成本问题,单纯依靠政府或农民工自身都是难以承受的(简新华、黄锟,2008),关键是要建立一个长效的多元化成本分摊机制。目前，我国学术界对此主要有三种观点。

一是以政府财力负担为主。国务院发展研究中心课题组（2011）认为如果不考虑养老保险的远期支出，则农民工市民化过程中短期支付一次性成本平均为 2.4 万元，并提出可以主要依托政府财力来解决农民市民化成本问题。然而，这与观察到的现实相去甚远，很难作为依据。如在北京市城乡接合部改造，平均每个农民实现农转居需要支付 100 万元左右的成本，从一个侧面反映了市民化的高成本问题。

二是政府、企业和农民三元分担模式。张国胜（2008）主张通过政府财政、企业收入和农民工收入的三元分担方式来分摊农民工市民化的成本。但这种分担方式并没有给出一条具有可操作性的实现路径，不能有效地解决农民市民化的成本问题。如 2010 年，我国外出农民工的月平均收入仅为 1690 元，除去住房和日常生活开销几乎所剩无几，仅处于生存水平；甚至还有 20% 的低收入家庭其收入与消费支出比为 1∶1.12，常年处于收不抵支、入不敷出的状态（国家人口和计划生育委员会流动人口服务管理司，2011）。以这样的工资收入再要农民工负担实现市民化的成本是完全不可能的。

三是让农民“带资”进城。自 2002 年中央十六大提出城乡统筹战略以来，各地在实践中创造性地提出了多种消化市民化成本、推进农民市民化的方法。总结这些方法，其核心内容就是在农民市民化进程中进行农村产权的管理改革。如北京全面推进农村产权制度改革、天津以宅基地换房、苏州“三合作三置换”、嘉兴“两分两换”、莱芜“两股两建”以及各地农村产权交易所的纷纷建立等。学术界也提出了让农民“带资”进城的观点（厉以宁，2008；唐健，2010；魏后凯、陈雪原，2012）。

三　研究评述

目前学术界关于农民工融入城市问题的研究已经充分展开，并取得了较为丰富的研究成果，但从研究视野及理论深度来看，仍然存在着较大的提升空间。

首先，在农民工市民化的现状方面，已有研究大多是通过案例观察和现象描述来进行定性分析，缺少对农民工市民化状况的定量分析和比较研究，这使得目前对农民工市民化的总体情况、内在规律和发展前景了解得尚不够深入。

其次，在农民工融入城市的制约因素方面，已有研究虽然从经济学、人口学、社会学、制度学等多种角度、多种视野展开，具有点多、面广、内容丰富的特点，但对这一问题的系统性研究和综合性研究仍显不足。特别是从经济学角度，以往研究主要和传统的劳动力转移研究惯性相关，属于一种局部均衡分析。而按照一般均衡的经济理论是不应存在农民市民化问题的，因为经济具有内在的调节机制，会通过多个市场之间的连锁反应，自动达到想要的均衡状态。中国之所以出现农民市民化滞后问题，主要是因为长期的城乡二元结构体制与产权不清晰的农村集体所有制，分别形成了农民进城过程中的两大市场分割，导致劳动力市场和土地、资金等要素市场发育不健全。农民一方面要求享受市民待遇，另一方面又因为无法处置在农村的资产而无力承担市民化的高成本。因此当前研究亟须跳出既有框架，对农民市民化问题进行更加深入的系统性分析。

再次，在农民工市民化的发展路径方面，已有研究或是偏重于强调宏观结构的制度变迁，而忽略了变迁中农民工的能动性实践；或是偏重于强调农民工自身的资本积累和社会适应，而忽视了个体适应所需要的整体环境和宏观结构背景。因此，在发展路径选择和政策建议中常常出现微观与宏观、个体与整体、行动与结构之间的断裂。

最后，在农民工市民化的社会成本方面，已有研究主要集中于政策层面，缺乏对农民市民化成本问题的深入分析，更缺乏对农民市民化成本分担机制的深入分析。在大多数情况下，制度都是内生的，户籍制度的产生、发展和消亡也是一个内生的过程。1958 年建立的城乡分割的户籍制度主要是在当时的国力下尽可能降低工业化、城市化的成本。而目前，时代发展要求打破户籍制度的障碍，让进城农民也能够享受到市民待遇，这就需要从社会成本的视角而不能单纯从政策制度本身来分析农民市民化问题，更不能将农民市民化进程滞后简单地归咎于政府及政策，因为政策本身也是内生的。只有深入分析农民市民化的成本问题，提出合理可行的成本分担机制，才能找到推动农民工市民化的现实路径。

第三节　问题与假设

本书研究的角度同以往的研究有所不同。以往有关农民工的研究大部分是从人口迁移的动力机制、流动规律、社会层级、地域分布、资源配置、社会管理等角度入手，进而从宏观层面对政府决策、社会组织以及制度安排等作出建议。而本文则希望在制度、机制等宏观层面的分析之外，能够回到农村流动人口的日常生活中去，透过他们在城市中的经济生活、社会生活和文化心理，了解他们如何在城市这片新天地中重新构筑起属于自己的社会网络和生活范式，借以追寻他们开创新生活的足迹和实现市民化的心路历程。正如有的学者所说：农村外来人口研究的基础应该转入日常生活的层面，先撇掉在他们身上的各种结构指涉，返回到他们亲手构建并生活在其中的生活世界，通过追踪他们的所作所为、所思所想以及连带出来的行为方式、意义脉络和价值取向来勾画他们的生活轨迹①。

一般认为，农民工融入城市的市民化过程必须具备 3 个基本条

① 渠敬东：《生活世界中的关系强度——农村外来人口的生活轨迹》，《都市里的村民——中国大城市的流动人口》，中央编译出版社，2001，第 44 页。

件：首先，在城市找到相对稳定的职业；其次，这种职业所带来的经济收入和社会地位能够形成一种与当地人接近的生活方式，从而使其具备与当地人发生社会交往并参与当地社会生活的条件；最后，这种生活方式和社会交往的影响使其逐渐接受并形成新的、与当地人相同或相近的价值观①。即农民工融入城市的市民化过程包含了 3 个层次，或称 3 个递进阶段：经济层面的进入与立足，社会层面的参与和适应，以及文化心理层面的认同与融入，这也是我们此次研究农民工市民化问题的 3 个基本维度。

我们在本研究中提出和试图回答的问题是：在经历 30 多年改革开放和城市化浪潮后，我国农民工的城市生活和城市融入到底处于一种什么样的状况？他们在城市中的经济生活、社会生活与其城市融入和市民化之间到底存在一种什么样的关系？它们的内在机理或作用机制是什么？推动农民工市民化究竟应该从哪些方面着手？在这里，我们需要提出和验证的几个基本假设是：

（1）在城市中找到一份相对稳定的工作并获得相应的经济收入是农民工实现市民化的基础条件，即：

农民工在城市中的就业越稳定，其城市适应度越好，城市融入意愿越强烈，最终融入城市社会的市民化程度也越高；

农民工在城市中的经济收入越高，其城市适应度越好，城市融入意愿越强烈，最终融入城市社会的市民化程度也越高。

（2）进城农民工在日常生活中重新构建着他们的社会网络，他们在城市中的社会适应、生活状态和融入程度与他们的社会网络构筑有关。即：

他们在城市中的社会交往越广泛，构筑的社会网络越完善，其城

① 田凯：《关于农民工的城市适应性的调查分析与思考》，《社会科学研究》1995 年第 5 期，第 90～95 页；朱考金、吴磊：《农民工城市融入问题文献综述》，《辽东学院学报（社会科学版）》2007 年第 3 期，第 29～32 页。

市适应度越好，生活满意度越高，最终融入城市社会的市民化程度也越高。

（3）以血缘和地缘关系为基础的初级关系仍然是进城农民工社会网络中的强纽带关系，进城农民工主要从这种强纽带关系中获得他们在日常生活中所需要的社会支持。

（4）随着各地改革步伐的加快，农民工市民化的户籍门槛正逐步弱化，但附着在户籍制度之上的差别化的福利安排所导致的较高市民化成本，正在成为影响农民工市民化的又一重要门槛。

第四节　研究对象及方法

一　研究对象

所谓农民工是指在非农产业就业但同时还保留着农民身份的劳动者。农民工有广义和狭义之分，狭义的农民工主要是指跨地域流动、进入城镇从事第二三产业、离土又离乡的农村劳动力，即外出进城农民工；而广义的农民工除了指外出进城农民工外，还包括在本地乡镇企业就业、离土不离乡的农村劳动力，即本地农民工。根据国家统计局发布的《2011 年我国农民工调查监测报告》，2011 年全国农民工总量达到 25278 万人。其中，外出农民工 15863 万人，占总数的62.8%；本地农民工 9415 万人，占总数的 37.2%（见图 1 - 4 - 1）。

本书的研究对象主要是指前者，即那些从农村到城市务工、但户籍仍然留在农村的外出进城农民工。他们是我国城乡二元体制下特有的产物，是在特殊的历史时期出现的一个特殊的社会群体。从时间维度看，这些农民工是我国经济社会发展转轨转型时期出现的一个过渡性群体；从空间维度看，这些农民工具有跨越城乡流动、缺乏归属感的边缘性特征。以这一人群为研究对象，不仅因为他们是中国农民工

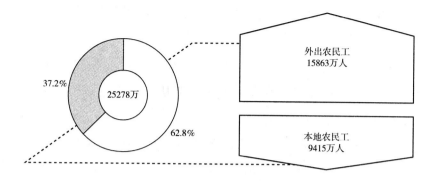

图1-4-1　中国农民工的总体结构

资料来源：根据国家统计局《2011年我国农民工调查监测报告》中的统计数据整理。

的主体，更因为只有农民进城才是我国城市化的真正实质内涵。而相对于那些依然留在本地乡镇、离土不离乡的农民工，他们所要面临的社会适应与城市融入问题也要艰巨和困难得多。本课题希望通过深入的调查研究，了解这一特殊人群在城市中的社会适应、生活满意度以及城市融入等情况，并提出能够促进其市民化且具有可操作性的对策建议。

因此，本书确定的调研对象为：年龄在16～65周岁、在城市居住半年以上、具有农村户口的跨地区外出进城务工经商人员，包括被企业（单位）招用的在固定岗位就业的农民工，以及在社区街道上自主创业、自谋职业或自我雇佣的灵活就业的农民工。

二　调研范围

长江三角洲、珠江三角洲和京津唐三大都市圈是我国经济最发达也是农民工最为集中的区域。此次调研我们在上述三大都市圈中各自选择了一座具有代表性的城市——杭州、东莞、北京，作为主要调研城市，对进城农民工的城市适应、社会满意度以及城市融入状况进行深入研究。调研地域选择的原因如下。

其一，长三角、珠三角和环渤海三大都市圈都是目前我国吸纳流动人口最多的地区，外来农民工非常集中，具有典型性。据不完全统计，2009年全国跨省流动人口中，位于三大都市圈的广东、浙江、江苏、上海、北京分别吸纳了28.6%、24.0%、11.1%、8.8%和7.9%的流动人口，即5省合计吸纳跨省流动人口占到全国总数的4/5以上①。而国家人口计划生育委员会于2011年10月发布的《中国流动人口发展报告（2011）》也表明，按照目前趋势，未来10年中国仍需要向城镇转移农村人口1亿以上，其中长三角、珠三角、环渤海三大都市圈将吸纳新增城镇人口4000多万，占全国城市化人口的2/5，是未来我国城市化的核心地区。

其二，北京、杭州、东莞分别是三大都市圈中外来农民工相对聚集的城市。根据第六次全国人口普查数据，2010年北京有外来常住人口704.5万人，占全市常住总人口的35.9%。与2000年第五次全国人口普查相比，外来人口增加了447.7万人，年均增加近45万人，是全国人口机械增长最快的城市②。2010年杭州有外来常住人口235.44万人，占全市常住总人口的27.06%③。同年，东莞有外来常住人口640.25万人，外来暂住人口411.5万人，外来人口与本地人口之比约为6:1，是全国外来人口比重最高的城市之一④。总之，相对于其他城市，上述三座城市的流动人口均具有规模大、来源广、增长迅速、就业比重高、滞留时间长等特点，所以非常具有研究价值。

其三，北京、杭州、东莞分别是环渤海都市圈、长三角都市圈、珠三角都市圈中非常具有代表性的城市，但其特点又各自不同。如，北京的外来人口大多以务工经商为主，外来人口务工经商

---

① 《外来人口涌入改善年龄结构　珠三角有更长人口红利期》，《广州日报》2010年8月29日。
② 北京市第六次全国人口普查数据。
③ 杭州市第六次全国人口普查数据。
④ 东莞市第六次全国人口普查数据。

比例高达 73.9%。东莞的外来人口以"三来一补"的工人为主，大多分布在电子、机械、纺织、服装、玩具、家具、造纸、食品等劳动密集型企业中。而杭州则数次被中央电视台等一些媒体、专家评选为"最受农民工欢迎的城市"，在外来农民工管理与服务等方面具有许多独到之处，其外来人口主要分布在服务业和各种内外资企业工厂中。

三 调研方法

在实地调查及研究过程中，考虑到农民工群体的流动性及其居所、电话、总体样本框的难以确定以及不同城市的不同情况，我们灵活采用了抽样调查、入户调查、量表问卷、拦截访问和深度访谈等方法。

在北京我们主要选取了广外红莲—湾子地区、大红门地区和东郊地区三个具有典型意义的外来人口相对集中的地区作为重点调研区域。其中，抽样调查主要在广外红莲—湾子地区进行，因为：首先，该地区的街道和社区组织具有相对完备的外来人口统计资料；其次，我们在以往的调研中已同该地区的基层组织建立了良好的联系，他们的帮助可以使我们在较短的时间内迅速和深入地展开调研[①]；最后，我们从 2002 年起已经在该地区进行了数次调研，而此次调研将使我们的研究更具连续性，便于今后进行比较观察和研究。在大红门地区和东郊地区我们主要采取了随机调查和拦截访问的方式。深度访谈则在上述三个地区同时展开。

在杭州我们重点对外来农民工工作较为集中的下沙工业园区（包括杭州经济技术开发区、杭州出口加工区等）和居住较为集中的

---

① 北京调研得到了广外街道和湾子社区雷学娟主任等领导、干部和工作人员的大力支持，在此深表感谢。

城郊接合部拱墅区新文村等地进行了调研。对于在固定岗位上就业的农民工，我们一般直接深入企业进行调查，而对灵活就业的农民工则采取街道社区拦截调查或入户进行深度访谈的方式。同时，我们还在下沙街道和浙江金融职业学院的帮助下，搜集获取了下沙工业区外来农民工的分层抽样调查资料①。

东莞是一个典型的移民打工城市，外来农民工数量远远高于本地人口，在 32 个镇区均有大量分布，我们的调研主要在虎门镇和厚街镇展开，调研方法同上②。

从整体上看，此次调查属于非概率抽样，调查获取的数据不能完全说明我国进城农民工的总体情况，却具有相当程度的代表性，我们仍然能够从中观察和发现进城农民工的生活就业状况，以及他们在融入城市过程中所面临的各种问题。

四　样本总体特征

由于本次调研涉及三座城市、七个镇区、十几个街道及社区，需要进行大量组织、沟通和协调工作，且其间历经金融危机的冲击③，因此调研时间从 2008 年一直持续到 2009 年。三市共发放问卷 1150 份，回收有效问卷 1018 份，回收有效率为 88.5%。其中，北京共发放问卷 380 份，回收有效问卷 316 份，回收有效率为 83.2%；东莞共发放问卷 200 份，回收有效问卷 184 份，回收有效率为 92.0%；杭州

---

① 感谢杭州市市委政研室及各相关部门对我们此次调研的配合。其中，下沙工业区农民工分层抽样调查由下沙街道社区和部分浙江高校学生协助完成，相关资料由下沙街道办事处、社区提供，在此一并感谢。

② 感谢东莞市劳动局及其他相关部门对于此次调研的支持与帮助。

③ 2009 年初，作者接受中国社会科学院青年人文社会科学研究中心和院团委的紧急调研任务，赴劳务输出大省（江西、重庆）和劳务输入大省（广东、江苏），调研"金融危机对农村劳动力就业的影响"情况并撰写调研报告，而本课题的部分调研城市由于相关部门要忙于应对金融危机的冲击以及农民工大量返乡等各种具体情况，也都使本课题的调研暂时中断。

共发放问卷570份，回收有效问卷518份，回收有效率为90.9%。在有效问卷的被调查对象中，男性占36.0%，女性占64.0%。年龄在18岁及以下的占13.2%，在19～24岁之间的占51.4%，在25～30岁之间的占17.8%，在31～35岁之间的占4.5%，在35岁及以上的占12.3%。未婚者占70.4%，已婚者占29.3%。小学及以下文化程度的占2.9%，初中文化程度的占33.0%，高中文化程度的占50.5%①，大专文化程度的占8.5%，大本及以上文化程度的占3.8%。

从性别构成看，北京的外来农民工以男性为主，占所有外来农民工的约六成。东莞外来农民工的男女比重基本平衡，而杭州可能受我们所选择的调研区域的影响，女性农民工的比重高达八成。

从年龄结构看，杭州、东莞的外来农民工更加年轻化，年龄在30岁以下的新生代农民工分别占到94%和83.7%，而在北京这一比例为62.4%。尽管这一结果在很大程度上与我们的调研地域有关（东莞重点调研地区——虎门镇、厚街镇和杭州重点调研地区——下沙街道的农民工大多是各类出口加工企业的工人，而这类企业往往更倾向于招收年轻力壮、接受能力较强的青年工人），但仍然反映出"80后"、"90后"的新生代农民工正在日益成为我国城市农民工的主体。

从文化程度看，东莞的农民工以初中文化程度为主，所占比重为54.9%；杭州农民工以高中文化程度居多，所占比重达73.0%；而北京高学历的农民工最多，大专及以上文化程度的农民工比重高达22.4%，远远高于杭州、东莞7%～8%的水平（见表1－4－1）。

---

① 在调查中我们发现，农民工自填或自报的"高中文化程度"往往并不代表他们完成了高中学业，而只能反映出其曾经接受过时间不等的高中教育，因此这一数据有一定虚高成分，下同。

表 1 - 4 - 1 样本总体特征

项 目		北京 N=316		杭州 N=518		东莞 N=184		合计 N=1018	
		样本数量	所占比例(%)	样本数量	所占比例(%)	样本数量	所占比例(%)	样本数量	所占比例(%)
性别	男	183	57.9	87	16.8	96	52.2	366	36.0
	女	133	42.1	431	83.2	88	47.8	652	64.0
年龄	18 岁及以下	11	3.5	85	16.4	38	20.7	134	13.2
	19 - 24 岁	96	30.4	362	69.9	65	35.3	523	51.4
	25 - 30 岁	90	28.5	40	7.7	51	27.7	181	17.8
	31 - 35 岁	29	9.2	9	1.7	8	4.3	46	4.5
	35 岁及以上	90	28.5	22	4.3	13	7.1	125	12.3
婚姻	未 婚	146	46.2	455	87.8	116	63.0	717	70.4
	已 婚	168	53.2	63	12.2	67	36.4	298	29.3
文化程度	小学及以下	18	5.7	2	0.4	10	5.5	30	2.9
	初 中	139	44.0	96	18.5	101	54.9	336	33.0
	高 中	84	26.2	378	73.0	52	28.3	514	50.5
	大 专	39	12.3	36	6.9	12	6.5	87	8.5
	大本及以上	32	10.1	6	1.2	1	0.5	39	3.8

注: 有的问卷项未填全, 使得部分分项之和与总数不符。

第二章

中国农民工的市民化状况

——以城市融入为主要视角

　　所谓农民市民化，是指在经济社会发展过程中，借助于工业化和城市化的推动，传统农民在职业、身份、思想观念、生产生活方式等各方面向城市市民转化的过程。大量研究表明，当前我国进城农民工中的绝大多数仍然处于一种"半城市化"或"不完全城市化"状态，农民工市民化的总体程度较低。但由于条件限制，这些研究大多是通过案例观察或者现象描述来进行定性分析，缺少对农民工市民化状况的定量分析和比较研究。其中，较为系统和深入的一次调查研究是2006年由国家统计局在全国范围内组织开展的关于进城农民工生活质量状况的专项调查。但该课题也主要是从进城农民工的劳动就业和社会保障状况、生活与教育状况、对城市生活的评价与希望等方面，对进城农民工的总体生活情况进行描述和总结，而缺乏从城市融入角度对进城农民工在文化心理层面的研究与剖析，这就使得目前对我国农民工市民化的总体情况、内在规律和发展前景了解得尚不够深入。因此，本书将首先以农民工的城市融入为主要视角，从文化心理层面对中国农民工的市民化状况进行调查与研究，并在此基础上进一步剖析进城农民工的经济生活、社会生活对其融入城市社会并最终实现市民化的影响。

所谓城市融入是指进城农民工认同和接受城市文明，在生产生活方式、社会文化心理、思想价值观念等方面全面融入城市社会的过程与状态。它包含了城市适应、生活满意、文化认同、心理融入等一系列的渐进过程。从农村到城市，从传统社会到现代社会，从自给自足的小农生产到社会化大生产的分工与合作，进城农民工能否适应如此巨大的时空转换，能否追寻到他们理想中的幸福生活呢？他们在城市中的社会适应与满足程度怎样？他们的城市融入和市民化历程又是如何呢？

第一节　进城农民工的社会适应情况

"适应"最早是一个生物学的概念，主要指生物在生存竞争中适合环境条件而形成一定性状的现象，它是自然选择的结果。生物体（包括人）具有随外界环境的改变而改变自身特性和生活方式——"适应"的能力。我们首先调查了北京、杭州、东莞农民工在进入城市后的社会适应情况，请他们分别对自己最初来到城市时的社会适应程度和目前的社会适应程度作出评价。

一　进京农民工的社会适应情况

对于农民工来说，从农村进入城市，他所需要的适应是广泛的、全面的。调查表明，在最初进入北京时，有7.7%的农民工感到很不适应，有29.8%的农民工感到不太适应，有48.7%的农民工感觉适应程度一般，只有13.8%的人感到比较适应或非常适应。也就是说，86.2%的农民工在刚刚进入北京时都会有不同程度的不适应感觉，其中有37.5%的人存在明显的不适应状况。

在经过至少半年以上的城市居住后（我们的抽样调查是按照外来常住人口的登记原则，要求被调查者至少在城市居住半年以上），有 38.6% 的农民工表示已经基本适应或完全适应了北京的生活，适应人群比重较之初到北京提高了 24.8 个百分点；感到不太适应或很不适应的人仅占 8.0%，不适应人群比重较之初到北京降低了 29.5 个百分点。通过五级量表赋值法计算得出，目前进京农民工的总体适应度为3.33，处于"一般"和"比较适应"之间的水平（见表 2-1-1）。

表 2-1-1　北京外来农民工的城市适应情况

（N=316）

适应程度　　城市	最初适应程度	目前适应程度	变化情况
很不适应	7.7%	2.6%	-5.1 个百分点
不太适应	29.8%	5.4%	-24.4 个百分点
一般适应	48.7%	53.4%	4.7 个百分点
比较适应	11.2%	33.2%	22.0 个百分点
非常适应	2.6%	5.4%	2.8 个百分点
总体适应度	2.71	3.33	0.62

二　在杭农民工的社会适应情况

在杭州的调查表明，在最初进入杭州时，有 17.2% 的农民工感到很不适应，有 48.6% 的农民工感到不太适应，有 25.7% 的农民工感觉适应程度一般，只有不到 1/10 的人感到比较适应或非常适应。也就是说，超过 90%、绝大多数的农民工在刚刚进入杭州时都会有不同程度的不适应感觉，其中有 65.8% 的人存在较为明显的不适应。

在经过至少半年以上的城市居住后，有超过 3/4 的在杭农民工表示已经基本适应或完全适应了城市生活，这一比例较之最初大幅提高了 67.1 个百分点；而仍感不太适应的只占 5.4%，感到很不适应的人数为 0，二者比重较之最初大幅降低了 60.4 个百分点。通过五级量表赋值法计算得出，目前在杭农民工对城市社会的总体适应度为4.02，基本处于"比较适应"的水平（见表2-1-2），在三座城市的农民工中城市适应程度最高。

表2-1-2　杭州外来农民工的城市适应情况

（N = 518）

适应程度＼城市	最初适应程度	目前适应程度	变化情况
很不适应	17.2%	0.0%	-17.2 个百分点
不太适应	48.6%	5.4%	-43.2 个百分点
一般适应	25.7%	18.9%	-6.8 个百分点
比较适应	5.6%	43.2%	37.6 个百分点
非常适应	2.9%	32.4%	29.5 个百分点
总体适应度	2.28	4.02	1.74

三　东莞农民工的社会适应情况

在东莞的调查表明，在最初进入东莞时，有18.7%的农民工感到很不适应，有37.9%的农民工感到不太适应，有33.5%的农民工感觉适应程度一般，只有9.8%的人感到比较适应或非常适应。也就是说，九成以上的农民工在刚刚进入东莞时都会有不同程度的不适应感（见表2-1-3）。

表2-1-3　东莞外来农民工的城市适应情况

（N = 184）

适应程度＼城市	最初适应程度	目前适应程度	变化情况
很不适应	18.7%	1.6%	-17.1 个百分点
不太适应	37.9%	15.3%	-22.6 个百分点
一般适应	33.5%	62.3%	28.8 个百分点
比较适应	8.2%	19.1%	10.9 个百分点
非常适应	1.6%	1.6%	0.0 个百分点
总体适应度	2.36	3.04	0.68

在经过至少半年以上的城市居住后，目前对东莞生活非常适应和比较适应的农民工比重为 20.7%，适应人群比重较之初到东莞提高了 10.9 个百分点；目前对东莞生活很不适应和不太适应的农民工比重为 16.9%，不适应人群比重较之初到东莞降低了 39.7 个百分点；但感觉适应程度"一般"的农民工仍然占到六成以上。通过五级量表赋值法计算得出，目前东莞农民工对城市社会的总体适应度为 3.04，基本处于"一般"水平（见表 2 – 1 – 3），城市适应度在三座城市的农民工中最低。

四 进城农民工社会适应度的总体评价

综合上述三市的总体情况，在最初进入城市时，有 14.5% 的农民工感到很不适应，有 40.8% 的农民工感到不太适应，有 34.2% 的农民工感觉适应程度一般，只有约 1/10 的人感到比较适应或非常适应。也就是说，近九成农民工在刚刚进入城市时都会有不同程度的不适应，其中一半以上的人存在明显的不适应感觉。而在经过至少半年以上的城市生活后，目前，有 54.2% 的农民工表示已经基本适应或完全适应了城市生活，这一比例较之最初提高了 43.8 个百分点；而仍感不太适应或很不适应的人占 8.3%，这一比例较之最初降低了 47.0 个百分点。通过五级量表赋值法计算得出，目前调研区内进城农民工对城市社会的总体适应度为 3.63，处于"一般"和"比较适应"之间偏向于"比较适应"的水平，总体适应度比刚刚进入城市时提高了 1.2（见表 2 – 1 – 4）。

表 2 – 1 – 4 进城农民工城市适应的总体情况

（N = 1018）

适应程度 城市	最初适应程度	目前适应程度	变化情况
很不适应	14.5%	1.1%	– 13.4 个百分点
不太适应	40.8%	7.2%	– 33.6 个百分点
一般适应	34.2%	37.5%	3.3 个百分点
比较适应	7.8%	35.7%	27.9 个百分点
非常适应	2.6%	18.5%	15.9 个百分点
总体适应度	2.43	3.63	1.2

第二节 进城农民工的生活满意情况

我们接着从经济收入、工作环境、消费能力、居住条件、生活水平、精神状况、社会地位、发展机会、总体感受等 9 个方面，对北京、杭州、东莞外来农民工的城市生活满意度进行了调查。所谓生活满意度就是指人们对社会生活的总体感受和主观评价，它体现了社会客观实在与人们主观需求的一种吻合程度。

一 进京农民工的生活满意度

调查显示，在经济收入方面，有 33.9% 的进京农民工表示满意或比较满意，不太满意或很不满意者占 1/4。在工作环境方面，有 35.3% 的进京农民工表示满意或比较满意，不太满意或很不满意者仅占 10.7%。在消费能力方面，只有 11.9% 的进京农民工表示满意或比较满意，有 26.2% 的人表示不太满意或很不满意，满意程度最低。在居住条件方面，有 24.6% 的进京农民工表示满意或比较满意，不太满意或很不满意者占 21.3%。在生活水平方面，只有不到 1/5 (19.4%) 的农民工对目前的生活水平表示满意或比较满意，有 18.3% 的人表示不太满意或很不满意。在精神状况方面，有 28.6% 的人感到满意或比较满意，不太满意或不满意者仅占 7.2%。社会地位也是进京农民工们满意程度较低的一项，感到满意或比较满意者仅占 14.1%，而不太满意或不满意者近 1/4。在发展机会方面，有 21.5% 的进京农民工对此感到满意或比较满意，不太满意或不满意者占 16.8%。在总体感受方面，大约有 38.7% 的农民工对进京生活感到满意或比较满意，不太满意或不满意者占 14.8%（见表 2-2-1）。

为便于观察，我们用五级量表赋值法对上述统计数据进行了处理，结果如下（见图 2-2-1）。

表 2 - 2 - 1 进京农民工的社会满意度

（N = 316）

单位：%

	满意	比较满意	一般满意	不太满意	很不满意
经济收入	7.4	26.5	41.1	20.1	4.9
工作环境	9.1	26.2	54.0	9.1	1.6
消费能力	3.0	8.9	62.0	21.0	5.2
居住条件	6.2	18.4	54.1	15.1	6.2
生活水平	4.6	14.8	62.3	13.1	5.2
精神状况	10.4	18.2	64.2	4.6	2.6
社会地位	6.2	7.9	62.3	17.0	6.6
发展机会	9.1	12.4	61.7	13.4	3.4
总体感受	5.4	33.3	46.5	10.3	4.5

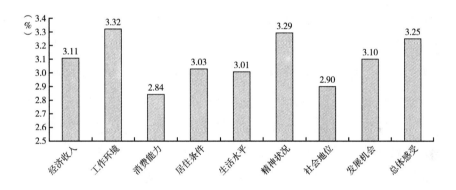

图 2 - 2 - 1 进京农民工的社会满意度

在上述 9 个方面，进京农民工对于"工作环境"和"精神状况"两项的评价最高，其均值分别为 3.32 和 3.29，但也仅为"一般"到"比较满意"之间的水平；而对自身"消费能力"和"社会地位"的评价最低，其均值分别为 2.84 和 2.90，处于"不太满意"和"一般"之间；对"居住条件"和"生活水平"的评价也较低，其均值分别为 3.03 和 3.01，满意程度"一般"。进京农民工对于在京生活的总体满意度为 3.25，处于"一般"到"比较满意"之间偏向"一般"的水平。

二 在杭农民工的生活满意度

杭州是我们此次调研中农民工综合满意程度最高的一座城市。在经济收入方面，有31.2%的在杭农民工表示满意或比较满意，不太满意或很不满意者约占1/4。在工作环境方面，在杭农民工的满意程度普遍较高，有七成以上的农民工表示满意或比较满意，不太满意或很不满意者仅占约1/10。在消费能力方面，在杭农民工的满意程度最低，有57.8%的人满意程度一般，另有近1/3的人认为不太满意或很不满意。在居住条件方面，在杭农民工中的满意人群和不满意人群分别占了43.2%和13.5%。在生活水平方面，有2/5的农民工对目前的生活水平表示满意或比较满意，有12.8%的人不太满意。在精神状况方面，在杭农民工的自我评价普遍较高，有超过一半的人认为满意或比较满意，不太满意者仅占13.9%。社会地位也是在杭农民工们满意程度较低的一项，不太满意或很不满意者约占1/5，超过一半的人认为满意程度一般。在发展机会方面，有将近2/5的在杭农民工对此感到满意，不满意者仅占约1/10。在总体感受方面，一半以上的农民工对在杭生活感到很满意或比较满意，不太满意者仅占8.3%，而很不满意者为0（见表2-2-2）。

表2-2-2 在杭农民工的社会满意度

（N=518）

单位：%

	满意	比较满意	一般满意	不太满意	很不满意
经济收入	4.2	27.0	43.2	21.6	4.0
工作环境	18.9	54.1	16.2	8.1	2.7
消费能力	1.7	13.5	57.8	21.6	5.4
居住条件	8.1	35.1	43.2	11.6	1.9
生活水平	10.8	29.7	46.7	12.8	0.0
精神状况	22.2	30.6	33.3	13.9	0.0
社会地位	3.9	21.6	54.1	13.5	6.9
发展机会	2.7	35.1	51.4	10.8	0.0
总体感受	5.4	45.9	40.3	8.3	0.0

为便于观察，同样用五级量表赋值法对上述统计数据进行处理，结果如下（见图 2 – 2 – 2）。

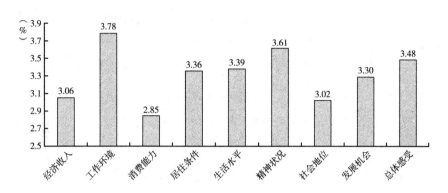

图 2 – 2 – 2 在杭农民工的社会满意度

在上述 9 个方面，在杭农民工对于"工作环境"和"精神状况"两项的评价最高，其均值分别为 3.78 和 3.61，接近"比较满意"的水平；而对目前在城市中的"消费能力"评价最低，其均值为 2.85，处于"不太满意"和"一般"之间；对"社会地位"和"经济收入"两项评价也较低，其均值分别为 3.02 和 3.06，满意程度"一般"。总的说来，农民工对于在杭州的生活普遍持肯定态度，其总体满意度为 3.48，处于"一般"到"比较满意"之间。

三 东莞农民工的生活满意度

东莞是我们此次调研中农民工综合满意程度最低的一座城市。在经济收入方面，仅有 7.7% 的农民工表示满意或比较满意，而不太满意或很不满意者大约占到一半（47.8%）。在工作环境方面，仅有 1/10 的农民工表示满意或比较满意，不太满意或很不满意者约占 30%。"消费能力"同样是东莞农民工满意程度最低的方面之一，有近 1/2 的农民工对自己的消费能力感到不满，而满意和比较满意的人群仅占 6.8%。在居住条件方面，有一半以上的农民工感觉满意程度一般，而不太满意和不满意人群占到近1/3。在生活水平方面，感到满意或比较满意的农民工同样不足1/10，而不太满意或不满意人群则占到31.2%。"精神状况"是东莞农民工们自我评价相对较高的一项，有18.3%的人认为满意或比较满意，不满意或不太满意者占1/4。在社会地位方面，有超过2/5的农民工感到不满意，感到比较满意的农民工仅占8.4%，而感到满意的农民工为0。"发展机会"是东莞农民工评价最低的一项，超过一半的人对此感到不太满意或很不满意，在我们调查的过程中，很多受访对象都认为自己的工作"没出息"、"没前途"、"不理想"、"没发展"、"被人瞧不起"，感到满意或比较满意者仅占4.4%。在总体感受方面，有14.3%的农民工对东莞生活感到满意或比较满意，不满意者约占3/10，而绝大部分人感觉"一般"（见表2-2-3）。

表2-2-3 东莞农民工的社会满意度

（N=184）

单位：%

	满意	比较满意	一般满意	不太满意	很不满意
经济收入	1.1	6.6	44.5	38.5	9.3
工作环境	1.1	9.4	60.6	22.2	6.7
消费能力	0.6	6.2	44.4	29.8	19.1
居住条件	6.6	8.3	53.6	22.7	8.8
生活水平	2.8	6.7	59.2	22.3	8.9
精神状况	2.2	16.1	56.7	18.3	6.7
社会地位	0.0	8.4	51.4	26.3	14.0
发展机会	1.1	3.3	45.1	33.0	17.6
总体感受	1.1	13.2	56.0	23.6	6.0

用五级量表赋值法对上述统计数据进行处理，得出结果如图2-2-3所示。

从上图可以看出，东莞农民工对于"经济收入"、"工作环境"等9个方面的满意程度普遍处于"一般"以下，其中"发展机会"、

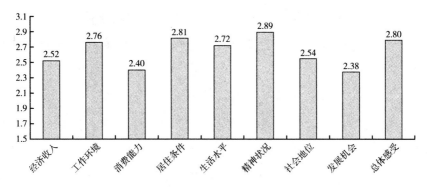

图 2 - 2 - 3　东莞农民工的社会满意度

"消费能力"、"经济收入"、"社会地位"是农民工们最不满意的几
个方面。农民工对于东莞生活的总体满意度为 2.80，处于"一般"
水平之下。

四　三市农民工的生活满意度比较

为观察三市农民工社会满意度的总体情况，我们对北京、东莞、
杭州三座城市外来农民工的社会满意度进行了综合比较（见图 2 -
2 - 4）。

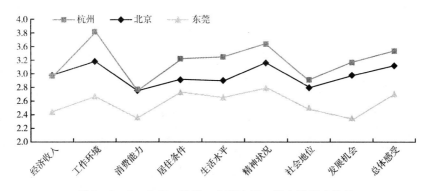

图 2 - 2 - 4　北京、杭州、东莞农民工社会满意度比较

杭州农民工的社会满意度最高，除去"经济收入"和"消费能
力"两项指标与北京持平外，其他各项指标的满意度均显著高于北

京、东莞两座城市，在杭农民工对于杭州所提供的整体工作环境感到尤其满意，对自身的未来发展较具信心，其农民工的整体精神状况处于良好状态。

北京农民工的社会满意度在总体上高于东莞农民工而低于杭州农民工，除去"经济收入"和"消费能力"两项指标的得分与杭州持平外，其他指标如对"工作环境"、"居住条件"、"生活水平"、"精神状况"、"发展机会"的满意度均处于杭州与东莞农民工之间的中间水平。

而东莞农民工的社会满意度在三座城市中最低，其各项指标的满意度均明显低于杭州和北京，在莞农民工普遍不看好自身的未来发展，认为目前的工作"没前途"、"没出息"、"没机会"、"不稳定"，对城市缺乏安全感、融入感和归属感。

出现上述情况，一方面可能是因为不同城市在促进农民工市民化的制度建设和环境建设方面存在差异。如本次调查中，农民工生活满意度最高的杭州，近年来就以促进农民工和谐融入城市为目标，针对农民工在城市生活中遇到的普遍问题和难点问题进行了一系列的制度创新和环境建设，大大推动了在杭农民工的市民化进程[①]。另一方面，出现上述结果也可能与我们的调研时间有关。对杭州、北京的农民工调查分别是在 2008 年第二、三季度完成的，而对东莞农民工的社会调查最终完成时已进入 2009 年春节之后。其时，国际金融危机爆发，对我国经济的影响已经日益显现，特别是对出口加工贸易冲击很大。由于外需市场不振，我国出口加工企业特别是外贸依存度极高的珠三角地区的出口加工企业受到很大影响，进而直接影响了该地区农民工的就业稳定与经济收入。这些都势必对农民工的生活满意度产生负面影响。

---

① 本书将在第七章对杭州促进农民工市民化的具体做法进行专门的案例分析和经验解读。

五　进城农民工生活满意度的总体评价

综合上述三座城市农民工社会满意的总体情况，在经济收入方面，满意人群（包括满意和比较满意的人群，下同）和不满人群（包括不太满意和很不满意的人群，下同）分别占 27.8% 和 29.4%。在工作环境方面，满意人群和不满人群分别占 50.0% 和 14.1%。在消费能力方面，满意人群和不满人群分别占 12.7% 和 30.7%。在居住条件方面，满意人群和不满人群分别占 32.3% 和 19.2%。在生活水平方面，满意人群和不满人群分别占 28.3% 和 17.8%。在精神状况方面，满意人群和不满人群分别占 39.0% 和 13.8%。在社会地位方面，满意人群和不满人群分别占 18.9% 和 25.0%。在发展机会方面，满意人群和不满人群分别占 26.7% 和 19.8%。粗略统计，在总体感受方面，大约有 2/5 的农民打工者对城市生活的满意程度较高，属于生活满意或较为满意人群；有 14.2% 的农民打工者对城市生活的满意程度较低，属于对生活不满人群。这些对社会生活总体状况不满的农民工既是处于社会最底层的弱势群体，也是可能导致社会不稳定的高风险人群（见表 2-2-4）。

表 2-2-4　进城农民工的总体社会满意度

（N = 1018）

单位：%

	满意	比较满意	一般满意	不太满意	很不满意
经济收入	4.6	23.2	42.8	24.2	5.2
工作环境	12.6	37.4	36.0	11.0	3.1
消费能力	1.9	10.8	56.7	22.9	7.8
居住条件	7.2	25.1	48.5	14.7	4.5
生活水平	7.4	20.9	53.8	14.6	3.2
精神状况	14.9	24.1	47.1	11.8	2.0
社会地位	3.9	15.0	56.2	16.9	8.1
发展机会	4.4	22.3	53.5	15.6	4.2
总体感受	4.6	36.1	45.1	11.7	2.5

用五级量表赋值法对上述统计数据进行处理，可以得出如下结果（见图2-2-5）。

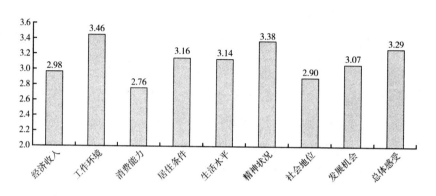

图2-2-5 进城农民工的总体社会满意度

在上述9个方面，进城农民工对于"消费能力"、"社会地位"和"经济收入"的满意程度最低，其均值分别为2.76、2.90、2.98，均处于"一般"水平之下。对于"工作环境"和自我"精神状况"两项的评价相对较高，但也仅为"一般"水平，其均值分别为3.46和3.38。总体说来，进城农民工们对城市生活的满意程度普遍不高，其综合得分为3.29，基本处于"一般"水平。其中，三座城市外来农民工的共同点是对其自身的"消费能力"、"经济收入"和"社会地位"的满意程度都很低，这在很大程度上影响了他们对城市生活的综合满意度。

第三节　进城农民工的城市认同情况

所谓"认同"，是指个人对周围环境及人群持倾向于肯定、承认和接纳的态度与判断。一般认为，认同感有助于个人融入所在的环境与群体，并使群体内的成员对外界的一些重大事件与原则性问题产生共同的认识与评价。对所处城市的认同感是判断农民工能否融入该城市的重要依据之一，也是从文化心理层面判断其市民化程度的重要依据之一。为此，我们特地从进城农民工的个人感受角度，对北京、杭州、东莞农民工的城市认同情况进行了调查。

一 进京农民工的城市认同情况

当问到"您对北京的感觉如何"时，有 9.5% 的进京农民工认为"很亲切，有一种家的感觉"，有 13.6% 的农民工认为"比较亲切，有一点家的感觉"，有 72.8% 的农民工认为"虽然熟悉，但觉得自己始终是外乡人和过客"，有 4.1% 的农民工认为"非常陌生，很难融入这个城市"。也就是说，有近 1/4 的进京农民工对北京这一城市持比较认同的态度。

通过四级量表赋值法对上述调查数据进行整理，计算得出，目前进京农民工的城市认同度为 2.29，处于"一般"和"比较认同"之间偏于"一般"的水平（见表 2 - 3 - 1）。

表 2 - 3 - 1　进城农民工的城市认同情况

单位：%

城市认同	北京 N = 316	杭州 N = 518	东莞 N = 184	合计 N = 1018
非常陌生,很难融入这个城市	4.1	0	11.3	3.3
虽然熟悉,但觉得自己始终是外乡人和过客	72.8	30.6	73.9	51.5
比较亲切,有一点家的感觉	13.6	44.4	11.3	28.9
很亲切,有一种家的感觉	9.5	25.0	3.0	16.2
城市认同度	2.29	2.94	2.05	2.58

二 在杭农民工的城市认同情况

当问到"您对杭州的感觉如何"时，有 25% 的在杭农民工认为"很亲切，有一种家的感觉"，有 44.4% 的农民工认为"比较亲切，有一点家的感觉"，有 30.6% 的农民工认为"虽然熟悉，但觉得自己始终是外乡人和过客"，而选择"非常陌生，很难融入这个城市"的人为0。也就是说，近七成农民工都对杭州这一城市比较认同，有27.0%的人希望留在杭州的时间"越长越好"，有26.5%的人希望能够"尽量在城市扎根"，显示出了融入城市的迫切愿望。

通过四级量表赋值法对上述调查数据进行计算整理后得出，目前在杭农民工的城市认同度为2.94，基本处于"比较认同"的水平。其农民工对所在城市——杭州的认同度，要远远高于北京、东莞农民工对所在城市的认同度（见表2-3-1）。

三　东莞农民工的城市认同情况

当问到"您对东莞的感觉如何"时，只有3.0%的东莞农民工认为"很亲切，有一种家的感觉"，有11.3%的农民工认为"比较亲切，有一点家的感觉"，有高达73.9%的农民工认为"虽然熟悉，但觉得自己始终是外乡人和过客"，而选择"非常陌生，很难融入这个城市"的农民工占11.3%。也就是说，只有不到15%农民工对东莞这一城市持较为认同的态度。

利用四级量表赋值法对上述调查数据进行整理，计算得出，目前东莞农民工的城市认同度仅为2.05，基本处于"一般"的水平，在三座城市的农民工中最低（见表2-3-1）。

四　进城农民工城市认同度的总体评价

综合上述三座城市的总体情况，目前进城农民工中约有16.2%的人对所在城市持认同态度，认为"很亲切，有一种家的感觉"；约有28.9%的人对所在城市持较为认同的态度，认为所在城市"比较亲切，有一点家的感觉"；有超过一半的农民工认为所在城市"虽然熟悉，但觉得自己始终是外乡人和过客"；还有大约3.3%的农民工对所在城市持完全不认同的态度，与之存在较深的文化与心理隔阂，认为"非常陌生,很难融入这个城市"。

通过四级量表赋值法计算,可以看出,目前北京、杭州、东莞三座城市的农民工对所在城市的总体认同度为2.58,基本处于"一般"到"比较认同"的中间水平(见表2-3-1)。

第四节 进城农民工的心理融入情况

所谓"融入"是指个体在生活方式、文化心理及价值观念等方面与所在环境及社会群体相适应、相融合,并逐渐认同自身新的社会身份的过程与状态。一般认为,在农民向市民转化的过程中,与职业转换、身份转换、居住地转移等外在资格的市民化相比,进城农民工在文化心理、思想观念、生活方式、行为方式等内在素质方面由农村范式向城市范式转变,对于其能否成为一个真正意义上的、符合现代城市文明要求的市民具有更加重要的意义。为此,我们对北京、杭州、东莞农民工的文化心理融入情况进行了调研。

一 进京农民工的心理融入情况

对自我身份的认定可以在一定程度上反映进城农民工的心理融入状况。在我们的调查中,只有5.0%的进京农民工认为自己现在"已经是城里人"了,因为"生活、工作都在城市,和城里人一样";有12.7%的进京农民工认为自己"既是城里人,又是农村人",因为"工作都在城市,但家(或户口)在农村"。有超过一半的人(51.7%)认为自己依然是"农民",主要原因是"户口在农村"、"打工时间有限,迟早要归根"、"在城里没房子,没有家"、"城里物价太高,收入跟不上"。还有30.7%的人表示说不清,显示出一种自我定位模糊、认识不清、归属感不强的"边缘人"特征。

通过四级量表赋值法对上述调查数据进行整理,计算得出,目前在京农民工的心理融入度仅为1.71,基本处于"尚未融入"到"一般"之间的水平。也就是说,目前进京农民工对于所在城市的心理融入程度普遍较低,缺乏对城市社会的认同感和归属感(见表2-4-1)。

表2-4-1 进城农民工的心理融入情况

单位:%

自我认定	北京 N=316	杭州 N=518	东莞 N=184	合计 N=1018
农村人	51.7	58.3	54.4	55.6
半个城里人	12.7	11.1	12.1	11.8
城里人	5.0	11.1	2.7	7.7
说不清楚	30.7	19.4	30.8	25.0
心理融入度	1.71	1.75	1.63	1.72

二 在杭农民工的心理融入情况

在自我身份认定方面,有22.2%的在杭农民工认为自己"已经是城里人"或者至少是"半个城里人"了,这一比例明显高于在北京和东莞打工的农民工。但也有近六成(58.3%)的农民工认为自己仍然是"农民",杭州不过是打工谋生的地方,"等挣了钱终究还是要回去的"。另外,还有19.4%的人表示说不清,认为自己既不是农村人,也不是城里人,对城市和农村均缺乏归属感,自我定位模糊不清。

通过四级量表赋值法对上述调查数据进行整理,计算得出,目前在杭农民工的心理融入度为1.75,虽然略高于北京和东莞,但也基本处于"尚未融入"到"一般"之间的水平,整体融入程度较低(见表2-4-1)。

三 东莞农民工的心理融入情况

根据我们的调查,在自我身份认定方面,东莞只有2.7%的农民工认为自己现在"已经是城里人"了,这一比例明显低于北京、杭州这两座城市的农民工。认为自己"既是城里人，又是农村人"的农民工占12.1%，认为自己依然是"农民"的农民工占54.4%，此外还有近1/3的人表示说不清，认为自己现在既不是农民，但肯定也不是市民，心无所属、无所归依的"边缘人"心态非常明显。

通过四级量表赋值法对上述调查数据进行整理，计算得出，目前东莞农民工对于所在城市的心理融度为1.63，在三座城市的农民工中处于最低水平，同样处于"尚未融入"到"一般"之间的较低水平（见表2-4-1）。

四　进城农民工心理融入情况的总体评价

综合上述三座城市的总体情况，在自我身份认定方面，大约有近20%的进城农民工认为自己现在"已经是城里人"或者至少是"半个城里人"了，反映出这一部分人群对于所在城市的心理融入程度较好。有超过一半的农民工认为自己目前依然是"农民"，城市既不是他们的家园，也不是他们的最终归属之地。还有近1/4的农民工表示说不清，搞不清自己现在是农民还是市民，他们是跨越城乡、心无归属的"边缘人"。

从整体上看，目前进城农民工对于所在城市的心理融入度为1.72，基本上处于"尚未融入"到"一般"之间的水平，对于城市社会的心理融入程度普遍较低（见表2-4-1）。

第五节　新生代农民工的崛起及其特征

从1980年代初，中国农村劳动力开始大规模地进城务工，至今已有近30年的历史。在农民工内部也出现了代际更替，从第一代农民工向第二代农民工快速转换。所谓第二代农民工，即1980年以后出生的农民工，通常也称为"新生代农民工"，主要由"80后"和

"90 后"农民工组成。

根据 2009 年国家统计局对全国 31 个省份的农民工监测调查，在所有外出农民工中，新生代农民工所占比例达到 58.4%，数量达到 8487 万人[①]。而这个群体还在以每年 800 万 ~ 900 万人的速度快速递增，据预测，用不了 10 年这个群体的总人数将会突破 2 亿人甚至更多。新生代农民工正在迅速崛起。

一　新生代农民工的总体特征

与第一代农民工相比，新生代农民工主要具有以下特征。

第一，人力资本有所提高。新生代农民工普遍接受了义务教育，从受教育水平看，93.3% 的新生代农民工具有初中以上文化程度，而第一代农民工中的这一比例仅为 81.1%。从平均受教育年限看，新生代农民工的平均受教育年限为 9.8 年，而第一代农民工的平均受教育年限仅为 8.8 年。从参加职业技能培训的比例看，新生代农民工参加职业培训的比例为 30.4%，而第一代农民工的相应比例仅为 26.5%（见表 2 - 5 - 1）。

表 2 - 5 - 1　新生代农民工的人力资本特征

人力资本	外出农民工		
	第一代农民工	新生代农民工	合计
初中以上文化程度所占比重(%)	81.1	93.3	88.3
平均受教育年限(年)	8.8	9.8	9.4
参加职业培训(%)	26.5	30.4	28.8

资料来源：根据国家统计局住户调查办公室 2011 年发布的《新生代农民工的数量、结构和特点》中的相关数据整理。

第二，以未婚人群为主。根据国家统计局的调查，2009 年，在新生代农民工中，1980 年之后且 1990 年之前出生的已婚比例约占

[①]　国家统计局住户调查办公室：《新生代农民工的数量、结构和特点》，《数据》2011 年第 4 期。

1/3（33.8%），而1990年之后出生的已婚比例仅为1.6%。这意味着，大部分新生代农民工需要在外出进城打工期间解决从恋爱、结婚、生育到子女上学等一系列人生重要问题[1]。

第三，生活方式更加城市化。新生代农民工由于父辈进城打工的原因，大部分较早地生活在城市，甚至有相当一部分人出生在城市，对城市生活较为熟悉，对城市生活方式较为接受。与第一代农民工相比，他们的生活方式更加城市化：消费水平相对较高，生活更加多元化，追求个性时尚。

第四，就业能力强、择业观念新。与第一代农民工相比，新生代农民工在平均受教育程度和劳动技能方面均有一定提高，在劳动力市场上相对更有竞争力。在就业取向上，新生代农民工除了注重工资收入外，也更加重视发展机会和发展空间。但与第一代农民工相比，他们的吃苦耐劳精神下降，就业选择更加偏向于工作环境好、劳动强度低、相对轻松的职业，就业行业分布出现明显的"两升一降"，即从事制造业、服务业的人员比重上升，而从事建筑业的人员比重下降。同时，新生代农民工换工作更为频繁，流动性更大[2]，工作稳定性和就业持续性与第一代农民工相比均相对较低。

二 新生代农民工的城市融入状况

在我们的调研中，新生代农民工与第一代农民工，甚至"90后"农民工与"80后"农民工之间在城市生活心态与城市融入程度方面都存在着明显的不同。

在城市生活满意度方面，19岁以及下农民工（"90后"）的生活满意度指数为2.82，20~29岁农民工（"80后"）的生活满意度指数

---

[1] 国家统计局住户调查办公室：《新生代农民工的数量、结构和特点》，国家统计局网站，2011。

[2] 中华全国总工会新生代农民工问题课题组：《关于新生代农民工问题的研究报告》，2010。

为 3.28，而 39 岁及以上农民工（大致可以归类为"第一代农民工"）的生活满意度指数为 3.40（见表 2 - 5 - 2）。新生代农民工的生活满意度要明显低于第一代农民工。

表 2 - 5 - 2　　不同年龄层农民工的城市融入程度

项目 年龄	生活满意	社会适应	城市认同	心理融入
19 岁及以下	2.82	3.32	2.40	1.36
20～29 岁	3.28	3.58	2.69	1.53
39 岁及以上	3.40	3.77	2.68	1.52

在城市社会适应度方面，尽管大部分新生代农民工都表示他们比父辈更加适应城市的生活环境和生活方式，但对于目前城市社会中存在于农民工阶层与市民阶层之间的不平等制度与不平等现象很难接受，因而在总体上，他们的社会适应度（包括生活适应和制度适应）反而低于第一代农民工。在我们的调研中，"90 后"农民工的社会适应度指数为 3.32，"80 后"农民工的社会适应度指数为 3.58，而第一代农民工的社会适应度指数为 3.77（见表 2 - 5 - 2）。

在城市认同感方面，与社会适应度的调查结果相类似，尽管相较于第一代农民工，大部分新生代农民工对于城市文化与城市生活方式的认同程度更高，但现有城乡二元体制下的不平等制度与不平等待遇让他们很难接受和认同，因而在总体上，他们的城市认同感方面反而低于第一代农民工。在我们的调研中，"90 后"农民工的城市认同感指数为 2.40，"80 后"农民工的城市认同感指数为 2.69，而第一代农民工的城市认同感指数为 2.68（见表 2 - 5 - 2）。

在城市心理融入度方面，尽管大部分新生代农民工比第一代农民工在思想观念和生活方式上都更接近于城市市民，对城市生活的期望值更高，更渴望融入城市社会；但也正因为如此，期望与现实的巨大落差让他们在城市生活中体验到的相对剥夺感更为强烈，对城市社会的对立情绪也更加严重。在我们的调研中，第一代农民工的城市心理融入度指数为1.52，"80后"农民工的城市心理融入度指数为1.53，而"90后"农民工的城市心理融入度指数仅为1.36（见表2-5-2）。

　　另外，新生代农民工中相当一部分人出生于城市或者很小就随父母生活在城市，普遍缺乏甚至根本没有在农村中生活和务农的经验。一方面，他们比上一代农民工更加认同和向往城市的生活，不愿意也没能力退回到农村务农；但另一方面，由于城市中的种种就业壁垒和自身较低的人力资本，他们又很难进入正规就业市场，在城市中真正实现立足。因此，新生代农民工中的很多人都存在城市与农村"两不靠"的边缘心态。在我们的调研中，"90后"、"80后"农民工认为自己"既不是农村人、又不是城市人"的比重均超过或接近1/4，分别为25.9%和24.1%。而在第一代农民工中这一比例仅为17.0%。从这一角度看，新生代农民工正在成为具有较强边缘心态的"边缘一代"（见图2-5-1）。

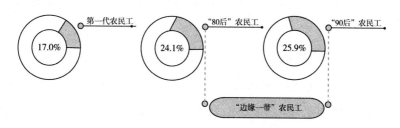

图2-5-1　新生代农民工的"边缘化"特征

　　从上述分析可以看出，新生代农民工在思想观念和生活方式上都更加接近城市市民，对城市生活更加向往。与第一代农民工相比，他们的心理状态已发生重大变化。第一代农民工的生活参照系主要为其迁出地，即与农村生活相比较，因而对迁入地（即城市）社会的种种不公平现象通常具有更高的容忍度，一般也并不期望与城市市民拥有完全相同的权利和地位。而新生代农民工则不同，由于缺乏农村生活经验，他们往往以城市生活为参照系，在日常生活中更能体会到与城市市民的生活及地位差距，更容易产生强烈的被歧视感、被剥夺感和不满情绪，因而对城市社会普遍存在一种"生活接受、心理对立"的心态。这种心理状态通常在越年轻的农民工中表现得越强烈。而这种心理状态和不良情绪往往会导致比较激烈的对抗行为甚至失范行为，这也是外来人口特别是年轻外来人口犯罪率较高的重要原因。

因此，在当前的发展阶段，无论是从改善农民工的生活状态还是从维护社会稳定来看，新生代农民工都是更迫切也是更容易实现市民化的一个群体。

第六节　小结

通过上述调查数据分析，我们可以看出，当前我国进城农民工的城市适应和社会满意度普遍不高，对所在城市的认同度和归属感不强，融入程度较低。在我们调查的区域内，进城农民工对城市社会的总体适应程度处于"一般"和"比较适应"之间偏向于"比较适应"的水平，社会满意度处于"一般"水平，城市认同度处于"一般"到"比较认同"的中间水平，心理融入程度则处于"尚未融入"到"一般"之间的水平。同时，相当一部分进城农民工存在着自我定位模糊、自我认识不清、对城乡均缺乏归属感的"边缘人"特征。

这其中，尤其值得我们注意的是，新生代农民工正在迅速成为外出农民工的主体。这些新生代农民工大多出生于城市或者很小就随父母生活在城市，缺乏在农村生活和务农的经验。他们在思想观念和生活方式上比上一代农民工更加接近城市市民，对城市生活的期望值更高，也更渴望融入城市社会。但期望与现实的巨大落差，往往让他们在城市生活中体验到更强烈的剥夺感。因此，他们对城市社会普遍存在一种"生活接受、心理对立"的心态，城市生活满意度和心理融入度等往往更低，城市与农村"两不靠"的边缘特征更为突出，对城市社会的不满情绪和对立情绪也更加严重。而这种心理状态和不良情绪往往使他们更容易出现比较激烈的对抗行为甚至失范行为，成为社会不稳定的重要因素。

　　总体说来，目前我国进城农民工的城市融入程度整体偏低，完成农民市民化进程依然任重道远。

第三章

经济生活与农民工市民化

我们在调查中发现，进城农民工的城市适应和生活满意度与其经济生活状况如职业获得、收入水平、经济能力之间存在非常密切的关系，并直接影响他们的城市融入意愿和市民化状态。

第一节　进城农民工的经济生活状况

我们首先从劳动就业、经济收入、居住与生活、社会保障与福利待遇等方面考察了进城农民工在城市中的经济生活情况。

一　就业与收入

（一）就业情况

一般情况下，农民工进入城市首先需要在城市中找到一份相对稳定的工作。因此，我们首先对进城农民工的劳动就业情况进行了调查。在我们的调查对象中，自打工以来从未换过工作的农民工人数仅占有效样本的28.4%；绝大部分农民工都曾经换过不同次数的工作，其比例高达70.9%。其中，换过1～2次工作的占41.0%，换过 3 ~ 5 次工作的占 17.1%，换过 6 ~ 10 次工作的占 8.1%；换过 10次以上工作的占 4.7%。这些农民工平均换工作频率约为 0.80 次/年，其中频繁换动工作（年换动工作频率达到 1.5 次以上）者占14.7%。从三座城市的比较来看，在北京打工的农民工就业相对稳定，有超过 1/3（35.1%）的人从未换过工作，而在东莞务工的农民工则更换工作比较频繁，在我们的调查中仅有约 1/5 的农民工表示始终在同一单位工作。从进城农民工更换工作的频率来看，北京约为 0.71 次/年，杭州约为 0.76 次/年，而东莞则高达 0.94 次/年（见表 3 - 1 - 1）。

表 3 - 1 - 1 农民工群体的就业稳定情况（一）

单位：%

工作情况		北京 N = 316		杭州 N = 518		东莞 N = 184		合计 N = 1018	
		比例	合计	比例	合计	比例	合计	比例	合计
从未换过工作		35.1	35.1	26.3	26.3	22.8	22.8	28.4	28.4
换过工作	1 ~ 2 次	43.7	64.2	36.7	73.7	48.3	74.3	41.0	70.9
	3 ~ 5 次	10.1		21.0		18.0		17.1	
	6 ~ 10 次	5.1		10.8		5.9		8.1	
	10 次以上	5.3		5.2		2.1		4.7	
换工频率*（次/年）		0.7102		0.7630		0.9445		0.7973	

＊换工频率为统计均值。

这些农民工频繁换动工作的主要原因大多是出于对工作的不满意，如"工资低"、"待遇差"、"活儿太累"、"太辛苦"、"老板拖欠工资"、"没发展"、"没前途"等，当然也有一些农民工是因为自身能力的欠缺对工作"干不来"、"不适应"，还有不少年轻农民工表示要"多闯闯"、"换个工作环境，多看看（比较）"、"多走几个城市，开阔眼界"，其中相当一部分人是为了"寻找更好的发展"、"多挣钱"、"升华自己"，当然受各种因素影响而导致的"被动失业"也是造成农民工工作不稳定的重要原因。

在回答"出来打工后，您是否遇到过完全没有工作的情况"这一问题时，只有 43.6% 的农民工回答"没有"，而半数以上（56.4%）的农民工都表示曾经有过失业经历，其"最长一次没有工作的时间"从"不到 1 个月"到"一年左右"不等。其中，最长失业时间"不足 1 个月"的占有效样本的 22.3%，失业"1 ~ 2 个月"的占有效样本的 14.4%，失业"3 ~ 5 个月"的占有效样本的 12.0%，失业"6 个月及以上"的占有效样本的 7.7%，有 37.0% 的农民工表示在他们外出打工期间曾经经历过"身上完全没有钱"的困境。三座城市比较，杭州农民工的就业形势较好，超过一半的农民工表示"从未经历过失业状态"，而东莞的就业形势相对严峻，七成以上的农民工都有过或长或短的失业经历（见表 3 - 1 - 2）。

表 3 - 1 - 2   农民工群体的就业稳定情况 （二）

单位：%

失业情况		北京 N = 316		杭州 N = 518		东莞 N = 184		合计 N = 1018	
		所占比例	合计	所占比例	合计	所占比例	合计	所占比例	合计
从未失业		38.6	38.6	52.7	52.7	26.6	26.6	43.6	43.6
曾经失业	不足 1 个月	25.0	61.4	18.3	47.3	28.8	73.3	22.3	56.4
	1 ~ 2 个月	19.0		7.9		24.5		14.4	
	3 ~ 5 个月	11.1		13.1		10.3		12.0	
	6 个月及以上	6.3		7.9		9.7		7.7	
出现完全无钱状态		41.1		26.3		60.3		37.0	

从上述调查结果我们可以看出，与一般市民群体相比，农民工群体的总体就业状况具有换工作频率快、失业率高、就业稳定性差等特点，频繁的主动或被动"跳槽"和失业使他们的城市生活始终处于一种动荡与不稳定的状态。

（二）经济收入情况

大量研究表明，获取更高的经济收入是农民工决定是否迁移（进入城市）的主要动力因素，我们认为它同样也可能是影响进城农民工市民化程度的重要因素。在我们的调查中，月收入在 1000 元以下的农民工占 21.2%，在 1000~1999 元之间的占 64.9%，在 2000~2999 元之间的占 9.1%，在 3000 元以上的占 4.8%，也就是说，目前绝大多数农民工的月收入主要集中在 1000~2000 元之间。

从三座城市的比较来看：东莞农民工中低收入人群最多，月收入在 1000 元以下的大约占 1/3（34.2%）；北京农民工中高收入人群相对较多，月收入在 3000 元以上的大约占 1/10（9.9%）；而杭州农民工收入则相对居中。这种工资收入上的差异既与不同地区为农民工提供的就业岗位有关，如北京农民工中经商、做各种小买卖的占有相当比例，很多人是自我雇佣者或是家族型企业雇佣者，工资收入相对较高。而东莞则以在工厂打工的"三来一补"工人为主，工资收入相对较低；同时又与农民工的自身文化素质和人力资本积累有关，如北京农民工中的高学历者相对较多，有大约 1/10 的人接受过大专及以上程度的文化教育，而东莞农民工的整体文化水平相对较低，大约有六成以上的农民工只接受过初中或小学的文化教育。

从与当地城市居民的比较来看，2008 年北京、杭州、东莞城市职工平均月工资收入分别为 4694 元、3349 元和 3292 元，而进城农民工的工资收入显然要远远低于当地的城市居民（见表 3 - 1 - 3）。

从上述调查结果我们可以看出，无论是在北京、杭州还是东莞，进城农民工的平均收入水平都要显著低于当地的城市居民。通常情况下，这种差距往往被认为是由于户籍制度所带来的不平等就业造成的，但我们的调查发现，造成这一收入差距的原因在很大程度上是因为农民工和城市居民在人力资本上的差距。尽管进城农民工接受过高

表 3 - 1 - 3　农民工经济收入分布及其比较

单位：%

平均月收入		北京 N = 316	杭州 N = 518	东莞 N = 184	合计 N = 1018
农民工	1000 元以下	12.6	21.8	34.2	21.2
	1000 ~ 1999 元	60.9	70.1	57.1	64.9
	2000 ~ 2999 元	16.6	5.6	6.0	9.1
	3000 元以上	9.9	2.5	2.7	4.8
城市职工*（元）		4694	3349	3292	—

＊2008 年各城市职工工资。

资料来源为 2009 年《中国城市统计年鉴》（中国统计出版社，2010 年 2 月）。

中教育的能够占到一半左右，但大多数并未完成高中学业，他们所从事的也多是对专业技术要求较低的体力和半体力劳动，而那些拥有较高学历、从事专业技能和管理工作的外来务工人员则大多能够与当地的市民群体实现同工同酬。

整体低下的收入水平使很多农民工在城市生活中经常捉襟见肘甚至入不敷出，总体生活水平低下，且抗风险能力极差。

二　居住与生活

（一）居住情况

"安居"是民生之本，我们认为它也应是促进农民工融入城市并实现市民化的必要条件之一。在我们调查的农民工中，目前大约有6.4% 的人住在自购房中，有 39.8% 的人住在租赁房中，有 45.4% 的人住在单位宿舍，还有 8.4% 的人住在自己搭的简易房、工棚、雇主家或寄住在亲戚朋友家等。有超过 1/4 的农民工（27.3%）表示，在外出打工期间，由于工作变动、房租涨价、房东收房等原因，需要经常变换住处，自身或家庭处于一种不安定的居住状态。

三座城市比较，东莞农民工只有不到 1/4 的人住在自购房或租赁房中，在三座城市中比例最低；北京农民工大约有1/3（36.1%）的人住在自购房或租赁房中，比例略高之；而杭州农民工的居住条件相对较好，目前有大约60%的人住在自购房或租赁房中，比例远远高于其他两座城市。

从居住的安定性看，杭州的情况也相对较好，只有18.4%的农民工表示需要经常变换住处，东莞的这一比例为19.6%，而北京则高达46.2%（见表3-1-4）。其中，一路高涨的房租是导致在京农民工频繁搬家、居住动荡的主要原因，有相当一部分农民工表示大城市高昂的房租已使其不堪重负。而国家人口计生委流动人口服务管理司刚刚发布的《中国流动人口发展报告（2011）》也验证了我们的这一调查结果。该报告称，中国流动人口平均月房租支出为387元，超过流动人口家庭总支出的1/5；2010年下半年流动人口家庭住房支出比上半年大幅增加了58.2%；有41.5%的流动人口租房者认为目前的住房支出已经达到或超过其所能承受的最高房租。

表3-1-4　农民工群体的居住情况

单位：%

居住情况	北京 N=316		杭州 N=518		东莞 N=184		合计 N=1018	
	所占比例	合计	所占比例	合计	所占比例	合计	所占比例	合计
自购房	5.7	36.1	7.9	60.5	3.3	23.4	6.4	46.2
租赁房	30.4		52.6		20.1		39.8	
单位宿舍	51.3	63.9	34.2	39.5	66.8	76.6	45.4	53.8
其　他	12.6		5.3		9.8		8.4	
经常变换住处	46.2		18.4		19.6		27.3	

（二）生活支出情况

从进城农民工的日常消费支出来看，有5.1%的农民工个人月消费在200元以下，有63.0%的农民工个人月消费在200～500元之间，有 26.2% 的农民工个人月消费在 501～1000 元之间，仅有 4.8% 的农民工个人月消费在 1000 元以上，相对接近当地城市居民的人均消费水平（见表 3-1-5）。

表 3-1-5　农民工生活支出情况及其比较

平均月消费		北京 N=316	杭州 N=518	东莞 N=184	合计 N=1018
农民工	200 元以下	5.3%	2.8%	11.4%	5.1%
	200～500 元	67.5%	62.9%	55.3%	63.0%
	501～1000 元	18.5%	31.8%	23.5%	26.2%
	1000 元以上	6.6%	2.5%	8.2%	4.8%
市民*	消费支出	1372 元/月	1263 元/月	1294 元/月	—
	服务性支出比重	27.7%	29.9%	29.7%	—
	其中：文化娱乐	14.5%	14.5%	12.5%	—

资料来源：《中国城市（镇）生活与价格统计年鉴（2009）》，中国统计出版社，2010。其中杭州、东莞城市居民的消费支出分别以浙江省、广东省的平均数据代替。

从消费支出构成来看，目前北京、杭州、东莞城市居民的服务性支出比重均已占到 30% 左右，其中文化娱乐教育支出所占比重分别达到了 14.5%、14.5% 和 12.5%。而进城农民工在日常生活中的主要消费支出仍以购买生活必需品（如食品、日用品等）和缴纳房租等生存性支出为主，用于文化、教育、娱乐等服务性消费的支出很少。

有限的经济收入直接影响了进城农民工的生活状态，虽然他们的生活水平可能比进城前有所提高，但到目前为止其日常生活消费支出仍然主要是为了解决温饱和栖居问题，仅能满足他们低层次的生存需要，鲜有余钱用于文化娱乐等消费和自我发展的积累。而反观上述地区城市居民的日常生活消费，用于购买各种服务性消费的比重已经占到总消费的 30% 左右，其中有相当部分是在文化、娱乐、教育等方面的支出，并且这一比例还在不断上升。国家《中国流动人口发展报告（2011）》也显示，流动人口家庭生活消费能力和抗风险能力普遍较弱，低收入阶层人不敷出问题严重。4.5%的流动人口家庭人均收入低于 500 元，27.0% 的流动人口家庭人均收入低于 1000 元，其中 20% 的最低收入家庭收入与消费支出比为 1∶1.12。因此，从目前情况看，进城农民工的经济收入尚不足以支撑他们形成与当地市民相同或相接近的生活方式。

三　保障与福利

（一）社会保障情况

从签订劳动合同的情况来看，在我们的调查中，杭州农民工在三座城市中劳动合同签订率最高，除去 5.2% 的自我雇佣者外，有 79.9% 的在杭务工人员都同企业签订了劳动合同，这一比例高于全国同时期平均水平（全国农民工平均签合同率为 54.0%[①]）近 26 个百分点。北京农民工的劳动合同签订率为 71.2%，东莞为 69.5%，也均比全国平均水平高出 15～17 个百分点。这些农民工同企业签订的劳动合同期限多以一年为主。

从参加社会保险的情况来看（见表 3－1－6），目前北京农民工的养老保险、医疗保险、失业保险、工伤保险的参保率分别为 26.5%、64.2%、15.2% 和 58.3%，其中医疗保险、工伤保险的参保率分别高于全国平均水平 38.0 和 25.8 个百分点，养老保险的参保率基本与全国平均水平持平，而失业保险的参保率则低于全国平均水平 0.2 个百分点。东莞农民工的养老保险、医疗保险、失业保险、工伤保险的参保率分别为 28.8%、33.2%、14.9% 和 41.8%，其中养老保险、医疗保险、工伤保险的参保率分别高于全国平均水平 2.2、7.0 和 9.3 个百分点，而失业保险的参保率则低于全国平均水平 0.5

[①]　数据来源：2007 年国家统计局《农民工生活质量调查》。

个百分点。杭州农民工通过单位购买、个人购买或二者共同购买参加各类保险的人占所有农民工的47.3%[1]，主要险种包括养老保险、医疗保险、失业保险、工伤意外保险等，其农民工总体参保情况高于全国平均水平。在调查中，北京、杭州、东莞分别有23.8%、10.5%和34.8%的农民工没有参加任何保险，均明显好于全国52%[2]的平均水平。三市比较而言，杭州在普及农民工社会保障方面的工作做得最好。

表 3 - 1 - 6 农民工社会保障情况

单位：%

项　　目		北京 N = 316	杭州 N = 518	东莞 N = 184	合计 N = 1018
劳动合同签订率		71.2	79.9	69.5	54.0
参保率	养老保险	26.5	47.3*	28.8	26.6
	医疗保险	64.2		33.2	26.2
	失业保险	15.2		14.9	15.4
	工伤保险	58.3		41.8	32.5
没有参加任何保险		23.8	10.5	34.8	52.0

* 在杭农民工的综合参保率，由杭州市劳动局提供。

（二）福利待遇情况

从农民工日常工作的福利待遇来看（见表 3 - 1 - 7），北京、杭州、东莞由单位提供住宿或一定住房补贴的农民工比例分别为72.8%、34.2%和54.9%。其中，北京提供住宿或住房补贴的比率遥遥领先，这可能与北京房价和租赁价格一直居高不下、绝大部分农民工凭自身力量难以承受有关，因此很多单位都为其职工提供了各种形式的集体宿舍（如租用民房、地下室，搭建临时性工棚，经营性场地夜晚改为员工宿舍等）或提供一定数量的住房补贴。

---

① 　关于农民工的主要社会保险参保情况，我们在杭州问卷中没有设计细节问题，在之后的北京调研、东莞调研中才对调查问卷进行了进一步补充修正。该数据由杭州市劳动局提供。

② 　数据来源：国家人口计生委流动人口服务管理司发布的《中国流动人口发展报告（2011）》。

在其他福利方面，北京、杭州、东莞由单位提供 1～2 顿工作餐的农民工比例分别为 21.2%、55.2% 和 41.8%，单位发放年终奖的农民工比例分别为 12.6%、62.9% 和 35.9%，单位提供高温费、过节费、劳保用品等其他福利的农民工比例分别为 2.6%、47.3% 和 3.3%。

从总体情况看，目前企业（或单位）为农民工提供的福利主要体现在提供住宿或住房补贴、提供工作餐和一定数量的奖金等方面，而在发放高温费、劳保用品等劳动保护方面普遍做得较差。从三座城市的横向比较来看，杭州农民工的福利待遇相对完善，综合福利水平相对较高。

表 3 - 1 - 7　农民工福利待遇情况

单位：%

项　　目		北京 N = 316	杭州 N = 518	东莞 N = 184
福利待遇	提供住宿或住房补贴	72.8	34.2	54.9
	工作餐	21.2	55.2	41.8
	年终奖	12.6	62.9	35.9
	其他福利 *	2.6	47.3	3.3

* 包括高温费、过节费、各种劳保等。

上述调查显示，从绝对水平来看，北京、杭州、东莞的大多数农民工都同企业签订了劳动合同，但各类社会保险的实际参保率相较于"建立覆盖全民的完善的社会保障体系"的发展目标仍然存在较大差距。从相对水平来看，除去失业保险外，三市农民工各种社会保险的参保率均明显高于全国平均水平。从福利待遇来看，有相当一部分企业为农民工提供了包括住宿、工作餐、年终奖等不同种类、不同程度的企业福利，但对农民工的劳动保护和劳动权益保障意识却普遍薄弱，农民工在污染环境中工作、缺乏必要的保护措施、劳动强度大、工作时间严重超时等现象非常普遍。同北京、东莞和全国大多数地区相比，杭州农民工的社会保障相对完善、企业用工环境相对规范、福利待遇也相对较好。

第二节　经济生活与农民工市民化的内在关系

从目前的情况看，经济因素（主要指农民工的职业获得、经济收入等）已经成为影响农民工融入城市的一个重要障碍：在就业方面，由于农民工群体转换工作频率快，失业率高，就业稳定性差，其职业生涯和城市生活始终处于一种动荡不安的状态；在经济收入方面，目前绝大部分进城农民工的经济收入都处于较低水平，仅能满足他们低层次的生存需要，尚不足以支撑他们形成与当地市民相同或相接近的生活方式。而这些对于他们的城市融入和市民化状态都将产生直接的影响。

一　就业情况与农民工市民化的相关性分析

我们认为，在城市中找到一份相对稳定的工作并获得相应的经济收入是农民工进入城市和实现市民化的基础条件。在本节中，我们将分别对农民工的就业稳定性和就业充分性与其市民化状态之间的内在联系进行分析。

（一）就业稳定性与农民工市民化的相关性分析

我们首先对农民工的就业稳定性与其市民化状态之间的内在联系进行了测量和分析。在对相关调查数据进行标准化处理后，我们以"换工作频率"作为反映农民工就业稳定性的指标和自变量，以农民工在城市生活中的"社会适应"、"生活满意"、"城市认同"和"心理融入"为因变量，对进城农民工的就业稳定与其市民化状态之间的相关性进行了分析。结果如表 3－2－1 所示。

表 3 – 2 – 1 就业稳定性与进城农民工市民化状态的相关分析

（N = 1018）

换工作频率与	Pearson 相关系数（r）	Kendall's tau_b 相关系数（T）	Spearman 相关系数（R）
社会适应	– .030 *	– .075 **	– .099 **
生活满意	– .031 *	– .127 **	– .160 **
城市认同	– .059 *	– .031 **	– .041 **
心理融入	– .087 *	– .087 **	– .109 **

* 表示显著性水平为 0.05，** 表示显著性水平为 0.01（均为双侧检验）。

上述分析结果表明，进城农民工的换工作频率与其在城市生活中的社会适应性、生活满意度、城市认同感和心理融入度之间均呈现负相关关系。换句话说，进城农民工的就业稳定性与上述几个因变量之间存在一定的正相关关系，但它们之间的相关程度极弱，无法验证我们最初的假设之一——"农民工在城市中的工作越稳定，其城市适应度越好，城市融入意愿越强烈，最终融入城市社会的市民化程度也越高"。

出现这种情况可能是由于两个原因：首先，就业不稳定、换工作频率高是目前农民工中普遍存在的现象，其对不同人群市民化的影响差异并不明显。其次，农民工更换工作除了被动因素外，主动跳槽、寻求更佳机会也是一个重要原因。从这一角度看，农民工更换工作的过程在某种程度上也是其适应城市和自我发展的过程，它对农民工市民化的影响并不完全是负面的。

（二）就业充分性与农民工市民化的相关性分析

由于我们的调研时间主要是从 2008 年中到 2009 年初，其时金融危机已经爆发，对我国经济和农民工就业的影响也日益显著。因此，此次调研我们对农民工的就业问题给予了特别关注。在调研过程中，有半数以上的农民工都表示曾经有过失业经历，其"最长一次没有工作的时间"从"不到 1 个月"到"一年左右"不等。通过深入访谈我们发现,这些失业经历以及失业时间的长短对进城农民工的城市适应、生活满意度、社会安全感和城市融入意愿等都产生了明显的影响,并与其市民化状态之间存在着复杂而紧密的内在联系。

在对相关调查数据进行标准化处理后,我们以"失业时间"作为反映农民工就业充分性的指标和自变量,以农民工在城市生活中的"社会适应"、"生活满意"、"城市认同"和"心理融入"为因变量,对进城农民工的就业充分性与其市民化状态之间的相关性进行了分析。结果如表3-2-2所示。

表3-2-2　就业充分性与进城农民工市民化状态的相关分析

（N = 1018）

失业时间与	Pearson 相关系数（r）	Kendall's tau_b 相关系数（T）	Spearman 相关系数（R）
社会适应	-.534**	-.484**	-.563**
生活满意	-.472**	-.426**	-.499**
城市认同	-.346**	-.316**	-.364**
心理融入	-.235**	-.210**	-.247**

** 表示显著性水平为 0.01（双侧检验）。

上述分析结果表明,进城农民工的失业时间与其在城市生活中的社会适应、生活满意度、城市认同感和心理融入度之间也都呈现负相关关系。其中,进城农民工的失业时间与他们的社会适应和生活满意度之间存在较强的负相关关系,其 Pearson 相关系数分别达到 -0.534 和 -0.472,Kendall's tau_b 相关系数分别达到 -0.484 和 -0.426,Spearman 相关系数分别达到 -0.563 和 -0.499,显著度均达到 P ≤ 0.01 的置信水平。进城农民工的失业时间与他们的城市认同感和心理融入度之间也存在一定的负相关关系,其 Pearson 相关系数分别为 -0.346 和 -0.235,Kendall's tau_b 相关系数分别为 -0.316 和 -0.210,Spearman 相关系数分别为 -0.364 和 -0.247,显著度也都达

到了 $P \leqslant 0.01$ 的置信水平。也就是说进城农民工的失业时间越长、就业越不充分，其对城市社会的适应程度往往越低、生活满意度越差、城市认同感和心理融入程度越弱。而那些从未经历失业或者失业时间较为短暂、就业较为充分的农民工，其在城市生活中的安全感往往越强，社会适应程度和生活满意度往往越高，通常也就越容易对城市持较为正面的认同态度，也就越容易融入城市社会中。

二 经济生活状况与农民工市民化的相关性分析

经济收入水平是个人经济生活中最核心和最基础的组成部分。由于我们的调研对象来自不同城市，其城市的人均收入水平、物价水平、生活成本等也不尽相同，因此如果对农民工的经济收入进行直接的量化比较，不仅无法反映各城市农民工经济收入的真实购买力，同时也缺乏令人信服的说服力。换句话说，不同城市之间农民工的经济收入事实上是不具可比性的。但作为行为主体，生活在不同城市的每个农民工都会根据其所处的生活环境，直观判断其经济收入是否能够满足他及家人生存与发展的需要，从而产生不同程度的满足或不满足感。当通过量表赋值法对进城农民工的经济收入满意度进行相应转换后，我们就有了进行横向比较分析的基础和依据。

如上所述，在对所有统计资料进行了数据处理后，我们以进城农民工的"经济收入"为自变量，以农民工在城市生活中的"社会适应"、"生活满意"、"城市认同"和"心理融入"为因变量，对进城农民工的经济生活与其市民化之间的内在联系进行了考察与分析。结果如表3－2－3所示。

上文说过，进城农民工的城市融入包含了社会适应、生活满意、城市认同、心理融入等一系列渐进的过程。相关性分析结果显示，进城农民工的经济收入与他们的社会适应之间存在着较强的正相关关系，其 Pearson 相关系数、Kendall's tau_ b 相关系数和 Spearman 相关

表 3 - 2 - 3　进城农民工经济收入与其市民化状况的相关性分析

(N = 1018)

经济收入与	Pearson 相关系数(r)	Kendall's tau_b 相关系数(T)	Spearman 相关系数(R)
社会适应	.390 **	.339 **	.389 **
生活满意	.467 **	.431 **	.481 **
城市认同	.243 **	.198 **	.224 **
心理融入	.098 **	.094 **	.109 **

** 表示显著性水平为 0.01（单侧检验）。

系数分别为 0.390、0.339 和 0.389，显著度均达到 P≤0.01 的置信水平。进城农民工的经济收入与他们的生活满意度之间存在着较为明显的正相关关系，其 Pearson 相关系数、Kendall's tau_ b 相关系数和 Spearman 相关系数分别为 0.467、0.431 和 0.481，显著度也都达到了 P≤0.01 的置信水平。进城农民工的经济收入与他们的城市认同感之间也存在着一定的正相关关系，其 Pearson 相关系数、Kendall's tau_ b 相关系数和 Spearman 相关系数分别为 0.243、0.198 和 0.224。而进城农民工的经济收入与他们对城市社会的心理融入之间仅表现出微弱的相关性，直接关联度不显著。

上述相关分析结果表明，在大多数情况下，进城农民工在城市中的经济收入越宽裕、经济生活越满意，他们对城市社会的适应程度就越好，对城市生活的总体满意度就越高，就越能够顺利地融入他们所在的城市社会。反之，那些经济收入相对窘迫甚至不足以维持其基本的生存发展需要、经济生活满意度相对较低的农民工，他们的社会适应往往也会出现困难，对城市社会的适应程度通常也较低，因此也就越不容易在城市中达到满意的生活状态并融入其所在的城市。

同时，相关分析结果还表明，进城农民工的经济收入与其生活满意度之间的相关性最强，与其社会适应程度之间的相关性次之，而与其城市认同、心理融入之间仅存在着微弱的相关关系。这说明，经济生活是影响农民工市民化的重要因素，特别是在农民工刚刚进入城市、努力适应城市社会并力图达到一种理想生活状态的阶段，这一因素发挥着极为重要的作用。但经济生活不是决定农民工市民化的唯一因素，在农民工培养城市认同和实现心理融入的发展阶段，该因素的影响是相对有限的。

三　充分就业对农民工经济生活及其市民化的影响

经济学概念上的充分就业（Full Employment）是指在一定的工资水平下，所有愿意接受工作的人，都获得了就业机会。充分就业并不等于全部就业或者完全就业，而是仍然会存在摩擦性失业和结构性失业，只不过这些失业的时间都非常短暂。换句话说，充分就业应该具备三个要素，即：相对充足的就业岗位、就业稳定性和相应的工资收入。充分就业不但符合进城农民工（家庭）实现收入最大化所追求的理性预期，对于改善其经济生活、促进其融入城市也有着不可替代的重大意义。

首先，在充分就业的情况下，进城农民工有了可靠的工作岗位和稳定的经济收入来源，个人和家庭生活才能够得到基本保障，才有可能实现自身及家庭在收入和其他方面的最大化发展，其生活满意度也将因此而明显提高。

其次，在充分就业的情况下，每个进城农民工都能够找到他所期望的就业岗位，并能在工作中体现自我价值，证明自己所拥有的自愿选择、自主决策和自我发展的权利，其个人的内在需求偏好也将得到极大满足。在此基础上，进城农民工才有可能在新的城市环境中实现符合自身意愿的全面发展。

再次，在充分就业的情况下，农民工在找到适当就业岗位的同时，也会找到自己期望的社会定位。如此，他们才能够证明自己的社会价值，拥有自己的社会归属，其精神需求将得到极大满足，身心将不再处于社会游离状态。他们将因此而更容易适应和认同所在的城市社会，同时也更加容易被所在的城市社会所接受与认可。其与城市主流社会的隔绝状态或边缘化状态也将在这一过程中逐步得到改善，其自身可能存在的失衡或失范心理也会在一定程度上得到矫正。

最后，农民工的充分就业意味着宝贵的人力资源得到了优化配置，实际经济产出接近或等于潜在产出，经济运行曲线处在生产可能性曲线的边缘附近，经济发展处于繁荣和高涨阶段。在此背景下，政府财政收入和个人家庭收入都将获得相应增长，人口发展，社会进步，社会各阶层之间的矛盾冲突减弱，社会包容性增强。这种宏观环境也将有助于农民工适应和融入城市社会。

总之，上述研究表明，进城农民工的生活满意度和城市融入状态与其职业获得、收入水平、经济能力之间密切相关，一般情况下，农民工的就业越充分、收入水平越高、经济能力越强，其在城市中的生活满意度越高，越能够适应和融入其所在的城市。而相反，当农民工经常处于失业状态或通过工作获取的经济收入不能支撑其必要的生活消费时，他们的生活满意度和城市融入意愿也会大大降低。这说明，尽管当前农民工进城的目的越来越呈现多元化趋势，但提高经济收入仍然是其最基本、最重要的目的之一。也只有当农民工实现充分就业，经济收入达到一定水平，他们才可能有能力和精力在生存性需要之外，拥有和融入更加丰富多彩的现代城市生活，进行自我发展和自我提升的积累，从而最终完成市民化进程。

第三节　农民工就业形势分析：
"刘易斯拐点"已经来临？

中国自2004年开始出现"民工荒"，2008年金融危机后，经过短暂的农民工"找工难"和"返乡潮"，从2009年下半年开始，新一轮的"民工荒"再次席卷而来。"民工荒"的出现带来了对中国劳动力市场供求变化的热烈讨论。2009 年，蔡昉、王美艳在其论文《农业部门劳动力需求与农民工中长期供给的变动趋势》中预言了中国"刘易斯拐点"的到来：从历史的纵向来看，农民工的职业流动很可能正经历一个由"被动失业"向"主动择业"的转变过程，自2004 年以来持续出现的"民工荒"表明我国正经历劳动力从无限供给到出现短缺的转变[1]。而张捷[2]、李剑阁[3]则认为"民工荒"显示中国的"刘易斯拐点"已经来临。所谓"刘易斯拐点"，是指在工业化、城市化过程中，随着农村富余劳动力向非农产业的转移，农村富余劳动力逐渐减少，劳动力市场步入由过剩向短缺的转折点。"刘易斯拐点"的到来意味着劳动力供求由买方市场转向卖方市场，进城农民工在就业过程中将拥有更多的话语权和选择机会，然而事实果真如此吗？

一 长三角、珠三角再遇"民工荒"

受 2008 年全球性金融危机的影响，有着"世界制造工厂"之称的长三角、珠三角地区持续一年多面临不同程度的出口型企业订单减少、生产开工不足、农民工"找工难"现象。然而，从 2009 年下半年开始，在国内外市场回升、企业订单增加、季节性用工短缺等多种因素作用下，长三角、珠三角的很多城市均出现了较大程度的用工缺口，劳动力市场也从"找工难"转为"招工难"，新一轮的"民工荒"再度席卷而来。

---

[1] 蔡昉、王美艳：《农业部门劳动力需求与农民工中长期供给的变动趋势》，载韩俊主编《中国农民工战略问题研究》，上海远东出版社，2009，第 70 页。

[2] 张捷为暨南大学经济学院院长，此为其在 2008 年"全球视野下的广东现代化之路"学术论坛上提出的观点。

[3] 李剑阁为中国国际金融有限公司董事长，其在 2010 年"香港高峰论坛"上提出"刘易斯拐点"已经到来的观点。

在广东省珠三角地区，随着国际金融危机影响的逐步消减国内经济的不断升温，2009年初劳动力市场整体供大于求、农民工大批返乡的局面发生根本性逆转，从农民打不到工的"民工慌"迅速变成企业招不到工的"民工荒"，企业"招工难"现象再度凸显。特别是那些过度依赖贴牌代工生产、处于产业链末端的外向型或半外向型企业，尽管采取了提高劳动报酬、放宽年龄限制等种种措施吸引工人，但仍面临异常严峻的招工形势。以东莞市为例，据市劳动部门相关统计数据显示，2009年一季度东莞市劳动力市场求人倍率仅为0.75，即面对1个求职者，市场只能提供0.75个岗位，是该市近年来的最低水平。而从2009年4月份起，随着市场的恢复性增长，劳动力市场的求人倍率一路上扬，至8月初求人倍率已经升至1.51，用工缺口超过了50%。

位于长三角地区的浙江省也同样身处困境。根据浙江省人力资源和社会保障厅的介绍，浙江省劳动力市场在2009年一季度跌至谷底，3月份随着国内经济的逐步回暖，求人倍率开始环比上升，至三季度达到1.63，比二季度大幅上升了0.22，用工缺口呈逐月扩大趋势。以温州市为例，2009年9月，温州市劳动力市场求人倍率为1.45，企业用工总缺口已经超过10万人。其他城市，如杭州市的求人倍率达到2.79、宁波市达到1.55、舟山市达到1.59，台州市则高达3.24，劳动力需求总量均远远大于劳动力供给。分行业来看，大约85.5%的用工需求集中在制造业、批发和零售业、住宿和餐饮业、居民服务及其他服务业，其中制造业对劳动力的需求量最大，约占总比重的43.1%。

与广东省和浙江省相比，江苏省人力资源市场供求关系相对缓和，2009年第三季度全省劳动力市场求人倍率为0.95，至9月底约达到1.0，供求关系基本平衡，但局部地区也出现了"招工难"现象。根据江苏省人力资源和社会保障厅的统计数据，全省就业形势从

2009 年 3 月份起逐渐回暖，招工人数增加，退工人数减少，到 7 月底已经实现新增就业 66.5 万人，月均增长 9.5 万人，其中仅 7 月份就新增就业 13.3 万人。特别是进入第三季度以来，以制造业为代表的一些行业用工需求急剧上升，企业"用工荒"再次困扰到苏南部分城市和地区，江苏省外贸大市苏州为应对越来越严重的用工缺口，从 6 月份起就由政府组织牵头，派出专门人员分赴苏北、安徽、河南以及西北、华南等地进行紧急招工。

二 造成当前"民工荒"的主要原因

从实地调研情况来看，长三角、珠三角地区目前确实存在企业急需招人而招不到人的所谓"民工荒"现象，但造成这种现象的原因却比较复杂。

（一）企业订单回升拉动用工需求迅速增加

首先，随着国际金融危机渐缓，不少国家经济开始触底反弹，对外贸易出现明显回暖迹象。以"民工荒"现象再度出现的 2009 年为例，根据国家商务部统计，2009 年前三季度中国出口规模逐步扩大、降幅收窄，特别是进入三季度以来，随着国际市场需求趋稳，中国出口连续 3 个月超过 1000 亿美元，9 月份达到 1159 亿美元，创下 2009 年以来单月出口新高，同比降幅也由二季度的 23.5% 收窄至 15.2%。与之相对应，广东省 2009 年 5、6、7、9 月份外贸出口降幅分别为 21.2%、17.8%、14.8% 和 12%，江苏省、浙江省外贸出口降幅则分别由 2 月份最高时的 35.6%、38.3% 降为 9 月份的 13.6% 和 11.1%，出口降幅均呈收窄之势；同时三省 9 月份的出口额均创下年内新高，分别达到 346.8 亿美元、197.5 亿美元和 129 亿美元，环比分别增长 11%、13.9% 和 7.0%，服装、鞋帽、箱包等传统劳动密集型产品，包括之前跌幅很大的机电产品、高新技术产品都在迅速反弹，再加上西方圣诞节、感恩节、万圣节临近等市场因素，突如其来的外贸订单拉动了用工需求的急剧增加，让尚处于金融危机思维中的企业措手不及。

其次，国家4万亿元投资的陆续到位、十大产业振兴计划的相继出台以及家电汽车下乡、以旧换新等促进消费政策对国内经济的拉动作用明显，电子业、信息业、机械制造业、汽车业、食品零售批发业等内需型行业、企业率先复苏，并带动经济整体回暖，进而促进了用工需求的快速大幅上升。

（二）劳动力市场分流导致人力资源局部供给下降

首先，在"扩内需、保增长"政策的指引下，国内经济普遍复苏，各地基础设施建设方兴未艾，民生投资项目大量增加，给农民工创造了大量的就业机会，劳动力市场出现分流，使用工需求量大的东部地区出现民工短缺。

其次，随着东部地区与中西部地区在工资、福利待遇等方面差距的缩小，加上国家陆续出台的一系列惠农和就业扶持政策，东部地区对外出农民工的相对吸引力下降。以珠三角为例，2009年深圳市最低工资标准为1000元/月，东莞市最低工资标准仅为770元/月，而在劳动力输出大省四川、重庆等地，普工的月平均工资也能达到1000元左右，并且生活成本更低，因此大量农民工在权衡利弊之后，选择就近就业或转向华北、西北等地区就业。这也使得劳动力市场出现地区性分流，东部地区出现用工紧张。

最后，虽然东部沿海地区从2009年第三季度出现了明显的用工需求上升，但从长远来看，国际金融危机对全球经济的影响远未消除，相当一部分企业的订单增长尚不稳定，企业生产回升和用工需求增加均具有短期性、临时性和不稳定性，尚未形成长期化的批量招工。而2008年底，受到金融危机冲击，因企业裁员、自然减员或放长假等因素返乡的部分农民工因对企业的发展预期不明朗、信心不足也表现得回流意愿不强，这使得东部地区劳动力资源的绝对供给特别是熟练劳动力的绝对供给同比大幅下降，与急速增加的用工需求形成鲜明落差。据统计，2009 年在长三角地区务工的农民工比上年减少了 7.8%、约 238 万人，在珠三角地区务工的农民工比上年减少了 22.5%、约 954 万人。

总体说来，金融危机后我国农民工就业趋向发生了明显变化：

一是外出农民工开始向中西部地区转移，输入地由原来的以珠三角、长三角地区为主，转向珠三角、长三角、环渤海以及中西部地区。根据国家统计局数据，2009 年在东部地区务工的外出农民工为 9076 万人，比上年减少 888 万人，下降 8.9%，占全国外出农民工总数的 62.5%，比上年降低 8.5 个百分点。在中部地区务工的外出农民工为 2477 万人，比上年增加 618 万人，增长了 33.2%，占全国外出农民工总数的 17%，比上年提高 3.8 个百分点。在西部地区务工的外出农民工为 2940 万人，比上年增加 775 万人，增长了 35.8%，占全国外出农民工人数的 20.2%，比上年提高了 4.8 个百分点[①]。2011 年在东部地区务工的农民工虽然比上年有所增加，但占农民工总量的比重由 2010 年的 66.9% 下降为 2011 年的 65.4%，比上年降低 1.5 个百分点；而与此同时，在中部地区和西部地区务工的农民工却分别比上年增加了 0.7 个和 0.8 个百分点[②]。

二是出口加工型企业依然吸纳了大量农民工，但内销型企业吸纳农民工的数量也急剧增加，农民工就业途径相对拓宽。

三是在输出地政府的积极引导下，农民工由转移就业向利用当地资源优势就地创业转变[③]。据统计，自 2008 年以来，全国外出农民工中，到省外务工的农民工数量逐年减少，其所占比重已经由 2008

---

① 数据来源：国家统计局发布的《2009 年农民工监测调查报告》。

② 数据来源：国家统计局发布的《2011 年我国农民工调查监测报告》。

③ 《企业订单增加短期用工增多，沿海再现"民工荒"应理性看待》，2009 年 11 月 5 日《中国信息报》。

年的 53.3% 降低到 2011 年的 47.1%，比重减少了 6.2 个百分点。目前，全国外出农民工中，选择在省内务工的农民工已经超出到省外务工的农民工 5.8 个百分点（见表 3-3-1）。

表 3-3-1　2008~2011 年全国不同地区外出农民工在省内、省外务工的分布

单位：%

地　　区	2011 年		2010 年		2009 年		2008 年	
	省内	省外	省内	省外	省内	省外	省内	省外
东部地区	83.4	16.6	80.3	19.7	79.6	20.4	79.7	20.3
中部地区	32.8	67.2	30.9	69.1	30.6	69.4	29.0	71.0
西部地区	43.0	57.0	43.1	56.9	40.9	59.1	37.0	63.0
全　　国	52.9	47.1	49.7	50.3	48.8	51.2	46.7	53.3

资料来源：根据国家统计局相关年份发布的《我国农民工监测调查报告》数据整理。

（三）劳动力年龄结构改变引发择业诉求多元化

据我国劳动部门统计，目前我国外出打工的农民工约有 1.59 亿人，其中 40 岁以下的占 81.8%，这其中绝大多数为 20 世纪 80、90 年代后出生的"80 后"、"90 后"。他们大多从小就随着父辈游走在城市与农村之间，从方方面面感受来自城市的生活方式和生活理念，而对于农业、农村、农民、土地等相对陌生。和父辈农民工相比，这些新生代农民工有着更高的教育水平和更多元化的择业诉求，除工资薪酬外，他们普遍更加注重生活品质和自我发展，包括工作环境、就业培训、社会保障、职业前景、发展机会等，更加渴望融入城市社会、享受现代文明。但与这些新生代农民工的择业诉求相反，相当一部分企业在招工时仍然以传统的"吃苦耐劳"为基本条件，而忽视了员工的自我发展需求，这使得很多新生代农民工不愿意再从事"苦"、"脏"、"累"的一线普工工作，从而进一步强化了局部地区的用工紧张。

（四）供需高峰错位加剧劳动力市场临时性失衡

根据多年来我国农民工的流动就业情况，每年春节后是农村剩余

劳动力外出求职的旺季。但以"民工荒"现象异常突出的2009年为例，2009年受国际金融危机的影响，国内外经济前景均不明朗，大多数企业因不敢贸然招工而错过了农民工的求职旺季。到了6月份以后，随着国内外市场的逐渐回暖，企业生产订单不断增加，部分企业急需大量招工，又恰逢传统的求职淡季和8、9月份的农忙季节，不少农民工需要回家从事农耕活动。这种劳动力供需高峰的错位也加剧了劳动力市场的临时性失衡。

三 对"民工荒"现象的基本判断

首先，从经济发展角度看，就业增长主要依靠经济增长来拉动，"十一五"期间我国GDP增速平均达到两位数以上（见图3-3-1），经济增长快、企业活力足、就业岗位增加迅速。然而从长期来看，经济增长不可能一直保持这样高的速度，国际金融危机也远未结束，经济发展依然存在很大变数。而经济增速的长期趋缓，必将对就业增长产生一定的不利影响。

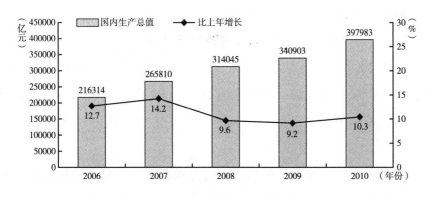

图3-3-1 "十一五"国内生产总值及其增长速度

资料来源：《2010年国民经济和社会发展统计公报》，2006年、2010年《中国统计年鉴》。

其次，从劳动力市场看，2009年我国劳动力资源是10.6亿，预计到2020年会达到11.5亿，到2030年将达到12亿以上，劳动力总量持续增加。同时，我国农村劳动力转移规模也很大，按照现有生产力水平估算，目前农村仍然有农业富余劳动力 1.2 亿，而且随着农业生产力水平的提高，农业富余劳动力人数还将进一步增加。如果我国城镇化率每年提高 1 个百分点，可以吸纳约 1000 万的农村劳动力，也就是说现有农业富余劳动力存量还需要 12 年才能够转移出来。根据人力资源与社会保障部统计，我国目前每年需要解决就业的劳动力总量大约在 2400 万左右，而随着人口数量的增加和快速推进的城镇化步伐，就业压力还会持续加大，劳动力供不应求的时代远未到来[①]。

最后，从国际经验来看，只有当农村劳动力降至劳动力总量的 10% 时，才有机会和可能到达"刘易斯拐点"，届时劳动者的工资增速将超过劳动力自身的增长幅度。但目前，我国农村劳动力所占比重仍然高达 25%～30%，所以尽管局部地区存在着"民工荒"现象，但短时期内尚无大面积出现"刘易斯拐点"的可能。

那么应该如何看待当前的"民工荒"现象？我国农民工的未来就业形势究竟如何呢？

（一）当前的"民工荒"具有短期性特征

尽管 2009 年下半年以来，长三角、珠三角地区企业订单持续回升，用工需求大幅增加，局部区域甚至出现了"民工荒"现象，但这并不代表我国经济已经全面复苏，更不代表劳动力供求拐点的来临。

从经济发展角度看，虽然我国的劳动就业已恢复至危机以前的水平，但国际金融危机的影响远未结束，国际市场需求依然低迷，外贸出口保持稳定增长的压力不断增大，内需市场也远未完全打开，经济回稳的基础还很不扎实，实体经济发展仍然面临很大变数。在国内外

---

① 深圳新闻网，《劳动力供求拐点远未到来》，http://www.sznews.com，2010 - 07 - 26。

宏观经济的双重压力下，未来形势仍不容乐观。在这种大环境背景下，大多数国内外买家仍然会持谨慎态度，企业的生产订单也多以短期订单为主。

因此，必须认识到2009年以来"民工荒"现象的发生，更多是由于各种临时性因素叠加影响造成的，具有一定的不确定性和短期性。政府和企业应高度警惕劳动力市场需求可能出现短期集中放量而后再度萎缩的情况，提早做好应对这种短期性用工"井喷"带来的"用工后遗症"问题。

（二）当前的"民工荒"具有结构性特征

从劳动力市场供求情况来看，尽管目前长三角、珠三角劳动力市场的整体需求较为旺盛，但求职农民工多以初级、低端劳动力为主，在技能水平上往往不能满足用工单位的需要，再加上部分求职者期望值过高、眼高手低、有业不就，使得大量就业机会由于劳动力市场的供求不匹配而流失。因此，当前长三角、珠三角地区的"民工荒"不能简单定性为劳动力供不应求的"用工短缺"，而更多的是企业招不到所需人才的"招工困难"，其具体表现是企业"招工难"与农民工"就业难"并存，具有典型的结构性特征。

根据人力资源与社会保障部的调查，2009年以来的"民工荒"在"珠三角"和"闽东南"地区表现得最为突出。以2009年为例，从缺工地区看，仅广州、深圳、东莞三市用工缺口就占到了广东全省的60%以上，泉州市就占了福建全省用工缺口的一半以上；从缺工行业看，主要集中在制造业、建筑业、居民生活服务业等行业；从缺工企业看，主要是一些工资福利待遇较低的中小企业，这些企业月工资水平普遍比不缺工企业低200~400元，且大多每周工作6天、每天工作10小时以上，而那些月工资水平较高、福利待遇较好的企业则相对容易招工；从缺工岗位看，主要是一些技术含量相对较高的技术类工种，如高级技师、机械加工人员等。上述数据再次显示了结构性问题是我国劳动力市场面临的长期的、深层次的矛盾。

（三）劳动力市场总体格局依然供大于求

目前我国正处于城镇化快速推进和经济发展加快转型时期，一方面，劳动力供给随着人口增长而快速增长，并预计在 2030 年左右达到 12 亿的峰值，同时农村富余劳动力的转移规模也相当巨大。另一方面，就业岗位的增加却面临着多重挑战。

首先，随着经济调整转型，经济增速必然放缓，而根据以往的经验，经济放缓不但会对劳动力的新增需求产生影响，已经就业的劳动力也可能重新面临失业。

其次，转变经济发展方式必然要淘汰落后产能，进而造成岗位流失。据统计，目前我国在控制过剩产能、淘汰落后产能和推行节能减排的过程中，淘退企业所带来的岗位流失已涉及 20 个行业上百万企业职工的安置①。而新兴产业的发展虽然会促使就业增长，但需要相当长的一段时间。

因此，无论是在当前还是未来一段时期，我国劳动力市场供大于求的总体格局不会改变。

第四节　影响农民工经济生活和市民化的就业壁垒

就业问题是影响农民工经济生活和城市融入的核心问题。如果农民工不能在城市实现稳定就业并获得必要的收入，就无法在城市稳固立足并充分参与城市生活中，也就更无从谈起社会层面和文化心理层面的城市融入。虽然当前农民工在就业方面处于"民工荒"的整体有利环境，但事实上企业"招工难"现象与农民工"就业难"现象普遍并存，结构性失业仍大量存在，农民工在进城打工过程中仍然面

---

① 深圳新闻网，《劳动力供求拐点远未到来》，2010 年 7 月 26 日，http：//www．sznews．com。

临一系列不容忽视的就业壁垒与种种困境。

"壁垒"是西方经济学中有关产业组织理论的重要组成部分，主要指潜在进入者在进入某一特定领域（如产业、市场等）时所面临的各种障碍，任何降低潜在进入者的进入可能性、进入范围、进入速度的因素都属于进入壁垒的范畴。农民工融入城市的就业壁垒主要反映了作为潜在进入者的农民工与城市原有居民之间的内在关系，就业壁垒的存在不仅直接影响城市的公平竞争、市场结构以及市场绩效，更直接关系社会公正与公民权利等深层次的社会问题。

目前，影响我国农民工融入城市的就业壁垒主要有三种类型，即制度性壁垒、经济性壁垒和市场化壁垒。

一 农民工就业的制度性壁垒

制度性壁垒又称制度性进入壁垒，主要指农民工在进入城市及其劳动力市场时所面临的各种制度性约束，包括法律、法规等外在的制度约束和文化、习俗等内在的制度约束等。

事实上，"农民工"现象并非中国所独有。克里斯·汉恩在其论文《三个世界的农民工》中，曾对这一现象进行了专门研究。他指出，西方国家在工业化初期也曾出现过农民工现象，1970年代东欧一些国家在工业化快速发展过程中，几乎有一半产业工人是来自农村的农民，只不过西方国家的工业化是与大城市化同步推进的，这些农民最后大多实现工人化了。

但中国的特殊国情造就了中国农民工的特殊性，他们在进入城市就业时首先面临着由城乡二元户籍制度所带来的身份壁垒。由于严格的户籍身份限制以及由此衍生的一系列制度性限制，农民工在城市中从事的通常是城里人不愿干的苦、脏、累、险的工作，事实上是在补充城市劳动者在某些方面的不足，具有典型的短期性、"边缘性"和不稳定性的特征。而一旦城市经济出现衰退或者企业不景气，这些农民工往往又会被逐回农村或者迅速陷入失业的困境。此外，城市政府为解决城市中大量下岗人员的再就业问题，也常常会对农民工就业采取一定的限制性政策[①]或设置一些准入门槛。再加上农民工自身对城市文化、观念、习俗等内在制度的不熟悉、不了解，更使他们在城市生活与就业中处处受到慢待与歧视。

上述种种外在的或内在的、显性的或隐性的制度性壁垒，导致农民工在城市就业以及工作之外的诸多方面都遭受不平等待遇，甚至连最基本的社会保障权益也无法获得。这些都使得他们在城市中的生活始终处于一种动荡与不安定的状态，缺乏最起码的经济基础和安全保障，并因此大大阻碍了他们融入城市的步伐。

二　农民工就业的经济性壁垒

经济性壁垒又可称为经济性就业市场进入壁垒，主要指由于各种经济因素导致农民工不能自由进入或平等进入城市就业市场或某些特定行业、职业、企业等的经济性障碍。

（一）人力资本壁垒

农民工在城市就业过程中所遭遇的最明显的经济性壁垒之一就是就业市场对人力资本（Human Capital）的要求，即人力资本门槛。所谓人力资本是指劳动者受到教育、培训、实践等方面的投资而获得的知识、技能和经验的积累。在当今信息化和知识经济时代，受教育水平和专业技能已经成为市场经济中劳动力附加值的重要来源和构成。同时，由于知识经济的时代特征和现代产业特点，人力资本也比以往任何时候都更加受到重视，被认为是

---

① 马万里、陈玮：《建立健全面向农民工的城市住房保障体系研究——杭州农民工基本住房状况调查与政策建议》，《城市规划》2008 年第 5 期，第 38～44 页。

创新型、创造性资源，比物资、货币等硬性资本具有更大的增值空间。

　　通常情况下，企业会根据劳动者的不同人力资本及其贡献度，确定劳动者在企业中的相应职位、收入及地位（见图 3 - 4 - 1），而进城农民工往往由于自身人力资本积累的不足，无法找到技术含量高、稳定性强、福利待遇好的工作，并在劳动力就业市场中普遍处于一种低职、低薪的地位。

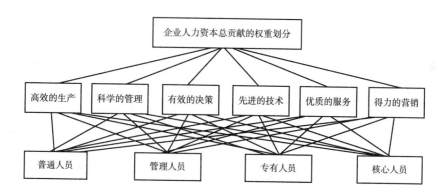

图 3 - 4 - 1　企业人力资本贡献及相应职位安排

资料来源：杨柳新：《人力资本与中国现代化》，山东大学出版社，2010。

（二）人力资本壁垒下的双重困境

　　劳动力市场的人力资本门槛也是造成部分劳动者失业或企业"招工难"的重要原因，具体情况如下。

　　一是部分劳动者因自身人力资本较低，无法达到劳动力市场的就业岗位要求，而被排除在劳动力市场之外。即企业的职位要求与劳动者人力资本之间发生偏差，造成劳动者的结构性失业，同时也使企业面临"招工难"或"用工荒"（见图 3 - 4 - 2）。

　　在图 3 - 4 - 2 中，横轴表示劳动力数量（Q），纵轴表示劳动者人力资本（C）。LS 为劳动力供给曲线，供给曲线随着人力资本的上升而下降，曲线向右下方倾斜，斜率为负。LD 为劳动力需求曲线，

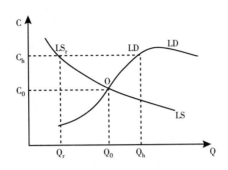

**图 3 - 4 - 2　就业岗位要求与劳动者人力资本偏差
造成的"就业难"与"招工难"**

在我们的调研中，针对农民工的劳动力市场需求通常先随劳动者人力
资本的上升而上升，在到达一定高度后（一般在达到大学程度后）
再逐渐下降，是一条先向右上方倾斜而后下降的双曲线。根据国家统
计局发布的《2011 年我国农民工调查监测报告》，目前我国农民工
中，文盲占 1.5%，小学文化程度占 14.4%，初中文化程度占
61.1%，而高中及以上文化程度者仅占 23.0%。但劳动力市场中企
业招工需求量最大的是高中或中专以上文化程度。设企业招工的人力
资本要求为 C_h，相应的用工需求量为 Q_h，但实际上能够达到企业用
工要求的劳动力供给量只有 Q_r，而 $Q_h - Q_r$ 即为企业的招工缺口。
LS、LD 相交的点（O）为劳动力供需平衡点，Q_0 为劳动力供需平衡
时的劳动力市场所吸纳的就业人数，而 $Q_0 - Q_r$ 即为因达不到企业招
工的人力资本要求而出现的结构性失业人群。图 3 - 4 - 2 表明，在企
业招不到足够适用人才的同时，有相当一部分农民工被人力资本门槛
阻隔在就业岗位之外，于是产生企业"招工难"与农民工"就业难"
并存的现象。

二是部分劳动者的职业期望高于其自身的人力资本，即劳动者的
职业期望与其人力资本之间发生偏差，造成结构性失业（见图 3 -
4 - 3）。

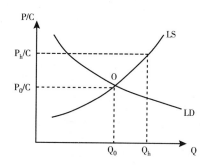

图3-4-3 劳动者职业期望与其人力资本
偏差造成的结构性失业

在图3-4-3中，横轴表示劳动力数量（Q），纵轴表示相对于
劳动者人力资本（C）企业所给付的劳动力价格（工资薪酬）。LS为
劳动力供给曲线，在不考虑其他因素的情况下，劳动力市场供给量随
企业给付的劳动力价格（工资薪酬）上升而上升，因此曲线向右上
方倾斜，斜率为正。LD为劳动力需求曲线，在不考虑其他因素的情
况下，劳动力市场需求量随劳动者所要求的劳动力价格（工资薪酬）
上升而下降，是一条向右下方倾斜的曲线，斜率为负。LS、LD相交
的点（O）为劳动力供需平衡点，Q_0为劳动力供需平衡时的劳动力
市场所吸纳的就业人数，P_0/C为劳动力供需平衡时的劳动力均衡价
格（工资薪酬），这也是企业根据市场情况和劳动者的人力资本贡献
所愿意支付的薪酬价格。假设劳动者的人力资本（C）不变，而劳
动者的期望薪酬为P_h/C，在这一价格下劳动力供给量为Q_h。但因
为劳动者的人力资本（C）并没有相应提升，企业所愿意实际支付
的劳动力价格仍然为P_0/C，接受者降低薪酬要求可实现就业，而坚
持期望薪酬但劳动力资本又达不到要求者则出现有职不就的结构性
失业。亦即农民工因其效用和目标函数导致劳动力供给函数及其在
劳动力市场的供求均衡点与厂商需求之间存在"缺口"（$Q_h - Q_0$），
出现农民工找不到期望工作的结构性失业和企业招不到工的"民工

荒"现象。

（三）其他经济性壁垒

除去上述人力资本门槛外，中国农民工在城市就业市场中，由于不具备合法的就业、定居身份，从而造成相应的就业成本升高（如居住成本、维护劳动力自身健康的医疗成本等），在与城市居民的就业竞争中处于成本劣势，在对特有经济资源（如社会资本等）的占有方面同样处于不利地位，这些都是影响农民工在城市稳定就业的各种经济性壁垒。

三　农民工就业的市场化壁垒

市场化壁垒又称市场化进入壁垒，主要指阻碍农民工进入城市及其劳动力市场的各种市场化因素，包括农民工在就业市场竞争中所处的不利地位、对非正规就业的种种制约以及市场信息的不对称性等。

（一）就业竞争中处于不利地位

尽管当前我国出现了"民工荒"现象，但这只是由于劳动力供需不平衡而导致的结果，并没有从根本上改变劳动力市场特别是低端劳动力市场供过于求的整体环境，农民工在就业市场中仍处于相对不利的地位。

从劳动力市场供给看，目前我国劳动力资源已经超过10亿，每年的就业岗位缺口达到1000多万。解决城市新成长劳动力的就业问题和下岗失业人员的再就业问题是每个城市政府所面临的重大难题，与农民工相比，城市政府一般会更倾向于把有限的就业岗位留给本地市民，并采取相应的倾斜政策，或对包括农民工在内的外来人口设置一定的就业门槛。

（二）非正规就业缺乏制度保护

进城农民工中非正规就业占据了相当比重，但在我国劳动力市场上，非正规就业缺乏必要的配套政策和制度保护。所谓非正规就业，就是指没有稳定劳动场所、没有稳定雇主、没有稳定收入、没有稳定劳动时间的换取报酬的商业性活动①，现阶段我国劳动部门一般称之为"灵活就业"。目前我国的非正规就业主要包括三类：一是非正规部门就业，包括小型生产服务企业、家庭企业和自雇型就业，如小摊贩、自营小店、网店等；二是正规部门的非正规就业，包括临时工、劳务工、小时工、季节工等；三是高科技、文化和中介服务领域的自由职业者，如自由撰稿人、设计人员、歌手、画家、模特等。

改革开放以来，我国非正规就业得到较快发展，这与我国正处于经济转型时期、市场化和经济结构调整不断深入的宏观背景密切相关，我们也可以从理论上认识这一趋势产生的内在机制（见图3-4-4）。

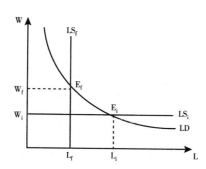

图3-4-4　经济转型时期的正规就业和非正规就业

如上图所示，横轴（L）代表就业量，纵轴（W）代表劳动者工资水平，LD为劳动需求曲线，LS_f为正规就业的劳动力供给曲线，LS_i为非正规就业的劳动力供给曲线。在经济转型时期，带有计划经济色彩的正规就业的供给曲线近乎完全无弹性，而非正规就业的供给曲线则接近于无限弹性。这样在经济转型条件下，劳动力

---

① 此为联合国国际劳工组织的界定概念。《10年后半数人将加入"非正规就业"大军》，浙江在线（杭州），2009年10月30日，http://news.163.com/09/1030/09/5MS72QNU000120GR.html。

市场供求将产生两个均衡点，一个是正规就业均衡点 E_f，其对应的正规就业工资和正规就业量分别为 W_f 和 L_f；另一个是非正规就业均衡点 E_i，其所对应的非正规就业工资和非正规就业量分别为 W_i 和 L_i。其中，$W_f > W_i$，而 $L_f < L_i$，即正规就业者工资高于非正规就业者，而正规就业量则少于非正规就业人数量。这是因为在市场经济条件下，企业经营者出于经济人理性必然倾向于用工成本最小化，从而使劳动力市场均衡更倾向于 L_i 而非 L_f。因此，在我国向市场经济转型过程中，非正规就业规模将随着市场化进程而逐步扩大。

如上所述，由于巨大的人口基数和庞大的农村富余劳动力转移规模，中国面临的就业压力在世界上首屈一指。相对于正规就业的刚性，非正规就业具有就业门槛低、包容性大、灵活性强的特点，是社会就业的"蓄水池"，也是当前阶段我国社会就业的重要形式，能够对我国城市化过程中的劳动力供给与需求起到有益的调节作用，是促进包括农民工在内的社会充分就业的重要途径。如 2009 年上半年，面对国际金融危机的冲击，仅淘宝网就创造了 69 万个就业机会（非正规就业），占全国新增就业的 1/12；从地方就业来看，仅来自电子商务的新增就业就占到上海新增就业总量的 1/2，占到浙江新增就业总量的 1/4，约占广东新增就业总量的 1/5[①]。仅以来自网络的非正规就业为例，它不仅带动了一批"创业族"，还带动了包括网络维护、网络营销、网络广告、基础服务、仓储物流、支付配送等众多延伸行业，并由此催生了网店、网络"小二"、"网模"、网店装修师、网络写手等一大批新兴职业，极大地弥补了我国正规就业吸纳能力有限的不足。

---

① 《网店增加就业人数》，中央电视台新闻联播，2009 年 10 月 3 日，http://www.56.com/u74/v_ NDY4MjA0NjM. html。

目前，由于认识的局限性和制度建设的落后，我国非正规就业市场尚缺乏必要的规范、配套政策和制度保护。如小商小贩经营在很大程度上便利了人们的日常生活，但政府对之缺乏产品质量管理、经营场地提供等必要的管理和服务，只是从维护市容的角度进行简单驱逐。又如由于网店无须进行工商注册，则按照现行社保规定，网店店主就无法为其雇佣的非本地户籍员工交纳社会保险，等等。这种非正规就业的市场壁垒，在很大程度上影响了我国就业岗位的增加和社会就业总规模的扩大，并使农民工的城市就业面临更少选择、更大压力。

（三）市场信息不对称

市场信息不对称是农民工在城市就业谋生时所遭遇的突出的市场性壁垒之一。由于城乡二元分割体制，大多数城市并没有真正地把城乡劳动力资源作为一个整体来通盘考虑，农民工往往不被纳入当地政府的就业计划、就业管理和就业服务，难以享受到城市公共就业服务机构提供的就业信息和就业服务。因此，大多数农民工获取就业信息的渠道非常有限。如在我们调研的长三角、珠三角、京津唐地区，八成以上的农民工找工作主要是通过亲戚、老乡、朋友的介绍或自己找，只有16.1%的人在就业过程中曾经通过政府获取相应的信息（见表3-4-1）。而在信息化时代，信息是市场竞争最重要的资源之一，农民工在就业市场上的信息不对称或信息缺乏往往意味着就业机会的缺乏、发展机会的缺乏。

上述种种就业壁垒，不仅使农民工无法在劳动力市场上与城市居民平等竞争，更使他们在实际上处于一种边缘化地位。进城农民工就好像生活在一个不受保护的孤岛上，处处遭受有形或无形的屏蔽与孤立，与城市居民隔离，与主流社会脱节，无法真正融入城市社会，处于一种贫困化不断加剧的困境中。

表 3 - 4 - 1　农民工就业信息来源及就业渠道

单位：%

找工作	北　京		杭　州		东　莞		总　体	
	所占比例	合计	所占比例	合计	所占比例	合计	所占比例	合计
亲戚老乡帮助	73.3	89.1	55.1	75.6	54.0	76.8	60.6	80.1
自己找	15.8		20.5		22.8		19.5	
包工头带走	3.8	4.7	0.0	2.0	1.4	7.3	1.4	3.8
外来人员招工	0.9		2.0		5.9		2.4	
乡政府组织	2.4	6.2	0.0	22.4	0.0	15.8	0.7	16.1
服务结构介绍	3.8		22.4		15.8		15.4	

　　人力资源在任何社会都是第一资源，任何社会的发展都首先取决于人力资源配置效率的高低。按照古典经济学理论，在市场这只"看不见的手"的调控下，劳动力会自发地向人力资源稀缺、劳动力价格高的地区流动。只有当劳动力市场中的各种壁垒降到最小，劳动力资源才会得到最有效、最优化的配置。因此，当前我国劳动力市场中存在的各种制度性、经济性、市场性障碍，不仅阻碍了进城农民工的市民化进程，也在很大程度上影响了劳动力资源的优化配置，从而最终抑制了区域乃至整个国家的经济社会发展。

第五节　小结

　　研究表明，进城农民工的社会适应、生活满意度和城市融入程度与其职业获得、经济收入之间呈显著正相关关系。一般情况下，农民工的就业越充分、收入水平越高、经济能力越强，其在城市中的生活满意度就越高，城市融入意愿就越强烈，就越能够适应和融入其所在的城市。而反之，当农民工的经济收入入不敷出、长期处于基本生存状态时，他们的城市适应和生活满意度就会大大降低，城市融入意愿也会随之降低。因此，努力提高进城农民工的经济收入、不断改善其生活水平是促进农民工融入城市的重要手段之一。

从目前情况看，在城市中找到一份相对稳定的工作并获得相应的经济收入，是进城农民工在城市立足和融入城市的基础性条件。而实现充分就业是影响农民工经济生活和城市融入的核心问题。目前，我国农民工在进城打工过程中仍然面临着一系列就业壁垒，主要包括制度性壁垒、经济性壁垒和市场化壁垒等。这些就业壁垒，不仅使农民工无法在劳动力市场上参与平等竞争，更使他们处于一种与城市社会相对隔离的边缘化境地。

综上所述，经济生活因素（主要指农民工的职业获得、经济收入、消费能力等）仍然是影响我国进城农民工社会适应、生活满意和城市融入的重要桎梏。

第四章

社会生活与农民工市民化

我们在调查中发现，进城农民工的市民化状况，如社会适应、生活满意、城市认同、心理融入等方面，与他们在城市中的社会网络构筑之间似乎有着某种相当密切的联系。那些对城市生活比较适应、比较满意、融入程度较高的农民打工者，他们的社会联系似乎也往往较多，社会交往对象更广泛，社会网络也更为广泛和完整。而那些对社会不适应、对生活不满意、城市融入程度较低的农民打工者，他们的社会联系往往也较少、社会交往网络也较为狭窄。换句话说，进城农民工的社会生活和社会网络能够在一定程度上影响他们在城市中的社会适应、生活满意度和城市融入状况。

第一节　进城农民工的社会生活状况

如前所述，农民工融入城市的市民化过程实际上也是他们社会网络重构的再社会化过程。所谓社会网络，是指人们在日常社会交往中所形成的具有一定强度和频度的共同纽带关系及社会互动网络，它既是人们社会生活与交往的轨迹，也是人们社会生活与交往的结果。本节将以社会网络为主要视角对进城农民工的社会生活状况进行深入考察。

一　量表设计及相关理论

农民工进入城市的过程实际上也是他们社会网络重构的过程。我们关心的是，在这一过程中，他们的社会网络会出现什么样的结构？呈现出什么样的特点和发展轨迹？他们在城市生活中重新构筑的这一社会网络能否为他们顺利融入城市、完成市民化进程提供强有力的支持？

（一）社会网络的相关理论

社会学认为，社会中的每一个人都生活在各种群体、组织、亲属和朋友的关系中，在这种人际关系中，个人可以看成点，个人与个人或个人与群体的关系可以看做线，这种点与线的连接结构和动态变化就是社会网络（J. A. Barnes，1954）。社会网络具有以下特点：

（1）社会网络指的是因社会人际交往而形成的关系网络，网中的点不仅指个体的人，也指群体。

（2）社会网络不仅包括人际间的直接交往，也包括那些间接交往，如朋友的朋友、同学的同学、同学的朋友等。

（3）社会网络是无法确立边界的。

（4）社会网络是以自我为中心的，因为任何一个网络都必须以某一特定的人作为出发点才能确定[①]。

为了描述和研究城市社会中这种人际交往以及由此而形成的社会关系网络，以费舍尔（Claude S. Fischer）、韦尔曼（B. Wellman）、雷顿（B. Leighton）和格兰诺维特（M. Granovetter）等人为代表的城市

[①]　参见 J. A. Barnes，"Class and committee in a Norwegian Island Parish，" *Human Relations*，1954；夏建中：《现代西方城市社区研究的主要理论与方法》，《燕山大学学报（哲社版）》2000 年第 2 期。

社会学家继承了社会人类学有关网络研究的理论，提出应用社会网络分析来研究现代城市居民的社会生活。所谓社会网络分析（social network analysis），就是把人际交往和社会互动中的个人与个人之间的关系、个人与群体之间的关系和群体与群体之间的关系当做一种社会结构化的过程，从群体、亲戚、朋友、同事等各种不同的社会交往中来研究个体的社会生活及其在社会中所处的位置。社会网络理论认为个人是社会关系网的产物，社会关系网中的所有纽带关系都会对个人的社会生活、社会行动产生影响。

法国社会学家布尔迪厄（Pierre Bourdieu）延伸了社会网络的内涵，他指出社会网络实际上是三种重要的资本形式之一——社会资本（其他两种为经济资本和文化资本）。所谓社会资本是指"现实或潜在的资源集合体，这些资源与拥有制度化的共同熟识和认可的关系网络有关"①。布尔迪厄认为社会资本由两部分构成：一是社会关系本身，它使个人可以摄取被群体拥有的资源，二是这些资源的数量和质量。通过社会资本，行动者能够摄取经济资源，提高自己的文化资本，从而与制度化的机构建立起联系。而"特定行动者占有资本的数量依赖于他所占有的网络的规模与数量"，社会成员和社会团体因在社会网络中"占有不同的位置而获得不同的社会资源和权利"。②

林南则进一步对社会资源与社会资本的概念进行了区分。他认为社会资源是指那些嵌入个人社会关系网络中的资源，如权力、财富、声望等，这种资源存在人与人之间的关系网络中，必须与他人发生交往才能获得。社会资源的利用是个人实现其目标的有效途径，个人资源又在很大程度上影响其所能获得的社会资源。而社会资本是

① Pierre Bourdieu, "The Form of Social Capital," *Handbook of Theory and Research for the Sociology of Education*; *ed.* John G. Richardson, (Greenwood Press, 1986), 248.
② 布尔迪厄：《布尔迪厄访谈录：文化资本与社会炼金术》，上海人民出版社，1997，第203页。

"投资在社会关系中并希望在市场上得到回报的一种资源，是一种镶嵌在社会结构之中并且可以通过有目的的行动来获得或流动的资源"。林南强调，任何人都可以通过有目的的行动获得这种社会资本。

边燕杰通过对中国城市生活的观察，指出社会网络的四个特征将影响社会资本的产出。一是网络规模。比起小规模的社会网络，大规模的社会网络拥有的社会关系多，信息和人情桥梁也多，因此占有社会资本优势。二是网络顶端。每个人的社会网络中都有拥有一定权力、地位、财富和声望的关系人，呈塔形结构。网络顶端高，即网内拥有权力大、地位高、财富多、声望显赫的关系人，将比网络顶端低的社会网络蕴含更多社会资本。三是网络差异。即社会网络中的关系人从事不同职业、处于不同地位，将比同质性强、资源相同或相近的社会网络拥有更多的社会资本。四是网络构成。个人的社会网络构成越合理，与资源丰富的社会阶层（如领导阶层、经理阶层等）拥有越多的关系纽带，其社会网络中蕴含的社会资本越丰富[①]。

总之，社会资本是个人社会网络的特质，是个人依赖社会网络或更广阔的社会结构获取稀有资源的能力，它能够通过协调行动提高社会效率和资本投入的收益率[②]，是影响个人目标达成及其行动功效的一种力量。社会资本产生于个人的社会网络中，社会网络的构成和特征将影响社会资本产出的大小，任何人都可以通过有意识的行动去构筑自己的社会网络并获取这种社会资本。

（二）调查量表设计

上面曾经说过，社会网络的特点之一是以自我为中心，它必须以某一特定的个体作为出发点才能进行描述与确定。格兰诺维特认为人

---

① 边燕杰：《社会网络与地位获得》，社会科学文献出版社，2012。
② 张文宏：《社会资本：理论争辩与经验研究》，《社会学研究》2003 年第 4 期。

们可以从四个方面考察其社会关系网络：①互动频率，互动频率高的是强关系，反之是弱关系；②情感强度，感情深厚的是强关系，反之是弱关系；③亲密程度，亲密程度高的是强关系，反之是弱关系；④互惠互利，互惠互利多的是强关系，反之是弱关系①。

根据上述特点及相关理论，我们从进城农民工的个人角度出发设计了以下几个问题：

1. 在日常生活中，您都和哪些人交往？

按照预调查的结果，作者将进城农民工的日常交往对象分为了10 种，分别是朋友、家人（夫妻、父母、兄弟姐妹）、亲戚、老乡、打工的同事、老板或雇主、当地居委会或政府干部、城里房东或熟人、家乡政府干部及其他（请注明），如果被调查者选择了"其他"，则要求其作进一步的说明。在每一种交往对象后，都有三个备选答案：①经常交往；②很少交往；③基本无交往或无交往。作者希望通过这个问题对进城农民工在日常生活中的交往对象和交往频率有一个整体的认识。

2. 当您遇到困难或挫折时，您一般会告诉谁？和谁商量？

备选答案分别是朋友、家人、亲戚、老乡、打工的同事、老板或雇主、当地居委会或政府干部、城里房东或熟人、家乡政府干部、无人商量及其他，如果被调查者选择了"其他"，则要求其作进一步的说明。作者认为当一个人遇到困难或挫折时，能够去找别人倾吐心声并商量问题，可以在一定程度上反映二者之间关系的亲密程度。

3. 您认为当您遇到麻烦时谁最有可能帮助您？对您来说，什么关系最可靠？

备选答案分别是朋友、家人、亲戚、老乡、打工的同事、老板或

---

① 参见 Granovetter M., "The Strength of Weak Ties," *American Journal of Sociology* 78 （1973）；边燕杰：《社会网络与求职过程》，《国外社会学》1999 年第 4 期。

雇主、当地居委会或政府干部、城里房东或熟人、家乡政府干部及其他，如果被调查者选择了"其他"，则要求其作进一步的说明。该问题意在探寻进城农民工具有较高情感强度和认同程度的社会交往群体。

4. 在以往的生活中，您主要曾从哪些人中获得过支持和帮助？

备选答案仍然是朋友、家人、亲戚、老乡、打工的同事、老板或雇主、当地居委会或政府干部、城里房东或熟人、家乡政府干部及其他，如果被调查者选择了"其他"，同样要求其作进一步的说明。作者希望能够通过这个问题进一步探究和了解农民工在进入城市过程中的实际社会支持网络和互惠互利情况。

二 进城农民工的社会交往

根据上述理论，我们从互动频率、情感强度、社会支持、亲密程度四个方面系统考察了北京、杭州、东莞的农民工在城市生活中的社会交往情况。

（一）进京农民工的社会交往

北京的调查结果显示，家人、朋友、打工的同事是进京农民工日常生活中社会交往的主要对象（见表4-1-1）。在我们的调查中，有89.6%的人表示经常和家人（父母、兄弟姐妹、夫妻）交往，有79.4%的人经常和朋友交往，有72.1%的人经常和一起打工的同事交往。从交往频度上看，家人、朋友、打工的同事共同构成了进京农民工社会交往中的首属群体，这种首属群体的构成与其在农村时的社会交往（一般以家人、同乡和亲戚为交往核心）已经发生了明显的变化，而更加接近于城市居民的社会网络构成。当然，亲戚、老乡这些传统的亲缘、地缘关系在进京农民工的社会网络中也仍占有重要地位，在我们的调查对象中，有58.3%的人表示经常和亲戚交往，有58.8%的人经常和老乡交往。值得注意的是，有48.6%的农民工表示经常和当地居委会干部交往，这是在我们以往历次农民工调查中，首次有城市性、制度内的关系进入农民工社会交往中较为重要的位置。这一方面映射了农民工在向城市转移过程中的社会网络变迁，另一方面也反映出社区在农民工的城市生活以及促进农民工融入城市方面正在发挥越来越重要的作用。

表4-1-1 进京农民工的社会交往情况

（N = 316）

单位：%

交往对象	经常交往	偶尔交往	基本无交往或无交往
朋　友	79.4	20.6	—
家　人	89.6	9.6	0.7
亲　戚	58.3	38.6	3.0
老　乡	58.8	36.8	4.4
打工的同事	72.1	27.1	0.7
老板或雇主	24.3	55.6	20.1
当地居委会或政府干部	48.6	45.0	6.4
城里房东或熟人	15.6	62.6	21.8
家乡政府干部	4.5	44.0	51.4
其　他	4.9	40.7	54.4

　　一个人的社会生活不但包括那些主要的、经常性的社会交往，也包括那些次要的、偶尔发生的社会交往，前者对于人们的生活固然重要，后者往往也同样具有不可忽视的意义。为了对进京农民工的社会交往情况有一个更全面、更直观的认识，我们用三级量表赋值法对上述统计结果进行了整理与衡量。测量结果表明，进京农民工的社会交往主要分为四个层次，第一层次包括家人、朋友和同事，他们是进京农民工社会交往的核心，这种社会交往的核心构成与城市居民已非常接近；第二层次既包括了亲戚、老乡这样传统的亲缘、地缘关系，也包括了社区居委会干部这样一些当地的制度内关系，他们在进京农民工的社会交往中同样占到较为重要的地位；第三层次是以老板、城里

人为代表的一些异质性群体，他们是进京农民工社会交往中的次要群体，但其重要性与我们以往的调研相比要明显上升。而以家乡干部等为代表的一些乡土联系和农村的制度内关系则基本上远离了进京农民工的当下生活（见图 4 - 1 - 1）。

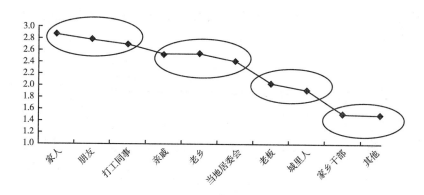

图 4 - 1 - 1　进京农民工的社会交往群体

北京市统计局发布的第六次人口普查数据支持了我们的上述判断。根据第六次人口普查数据，目前有超过七成的外来人口在京务工经商，与之前进城农民工多是"只身闯天下"不同，近年来进京的农民工多表现为"拖家带口"的举家迁移。一般情况下，先由少量人口来京务工经商，等站稳脚跟后，再召集家人、朋友等来京共同发展。随着这种"拖家带口"、"呼亲唤友"式的举家迁移，这些农民工的社会交往圈也随之由农村迁移到城市，并在与当地社区及相关政府部门落实子女入学、家庭暂住、生产经营的过程中，加深了与城市社会的联系。

（二）在杭农民工的社会交往

杭州的调查结果显示，朋友、家人、老乡、打工的同事是在杭农民工日常生活中社会交往的主要对象。在我们的调查中，有 72.2% 的人表示经常和朋友交往，有 74.3% 的人经常和家人（父母、兄弟姐妹、夫妻）交往，有 69.7% 的人经常和老乡交往，有 69.7% 的人经常和一起打工的同事交往（见表4-1-2）。从交往频度上看，家人、老乡这些传统的血缘、地缘关系仍然是在杭农民工社会网络中的核心部分，同时，随着生活方式的改变，业缘关系（打工的同事）在他们社会交往中的地位也迅速上升（当然这些业缘关系也仍然是以同质关系为主体的），他们共同构成了在杭农民工社会生活中的首属群体。

表4-1-2　在杭农民工的社会交往情况

（N＝518）

单位：%

交往对象	经常交往	偶尔交往	基本无交往或无交往
朋　友	72.2	25.0	2.8
家　人	74.3	14.3	11.4
亲　戚	29.4	55.9	14.7
老　乡	69.7	18.2	12.1
打工的同事	69.7	24.2	6.1
老板或雇主	21.9	43.8	34.4
当地居委会或政府干部	8.8	23.5	67.6
城里房东或熟人	26.5	52.9	20.6
家乡政府干部	3.0	15.2	81.8
其　他	6.7	13.3	—

　　为了对在杭农民工的社会交往情况有一个全面直观的认识，我们同样用三级量表赋值法对上述统计结果进行了整理。计算结果表明，在杭农民工的社会交往主要分为三个层次，第一层次主要是包括家人、老乡、朋友、同事在内的以血缘、地缘、业缘关系为基础的同质性群体，他们是在杭农民工社会交往的主要群体；第二层次既包括了亲戚这样的同质性群体，也包括了以老板、城里人为代表的异质性群体，他们共同组成了在杭农民工社会交往中的中间群体；第三层次是以当地居委会、政府干部以及家乡干部为代表的一些制度内关系，他们是在杭农民工社会交往中的次要群体（见图4-1-2）。

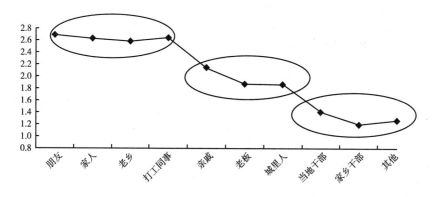

图 4 - 1 - 2 在杭农民工的社会交往群体

（三）东莞农民工的社会交往

东莞的调查结果显示，朋友、家人、老乡、打工的同事是东莞农民工社会生活交往中的首属群体。在我们的调查中，有 69.4% 的人表示经常和朋友交往，有 64.2% 的人表示经常和家人（父母、兄弟姐妹、夫妻）交往，有 59.8% 的人表示经常和老乡交往，有 62.4% 的人表示经常和一起打工的同事交往（见表 4 - 1 - 3）。从交往频度上看，东莞农民工社会交往的主要对象与杭州农民工具有较大的相似性，家人、老乡这些传统的血缘、地缘关系依然是东莞农民工社会网络中的核心构成。同时，基于同质关系的业缘关系（打工的同事）在他们社会交往中的重要性也迅速上升。

同样用三级量表赋值法对上述数据进行统计整理，结果表明，东莞农民工的社会交往主要分为两个层次，第一层次包括家人、朋友、打工的同事、亲戚和老乡，主要是一些以血缘、地缘、业缘关系为基础的同质性群体，他们是东莞农民工社会交往的主要群体；第二层次包括打工城市的当地干部、老板、城里人、家乡干部等，主要是以城里人等为代表的异质性群体和以当地干部等为代表的一些制度内关系，他们是东莞农民工社会交往中的次要群体（见图 4 - 1 - 3）。

表 4 - 1 - 3　东莞农民工的社会交往情况

（N = 184）

单位：%

交往对象	经常交往	偶尔交往	基本无交往或无交往
朋　友	69.4	30.0	0.6
家　人	64.2	34.1	1.7
亲　戚	41.1	50.6	8.2
老　乡	59.8	36.0	4.3
打工的同事	62.4	33.5	4.0
老板或雇主	21.9	43.8	34.4
当地居委会或政府干部	3.9	17.1	78.9
城里房东或熟人	6.0	37.7	56.3
家乡政府干部	5.3	17.8	77.0
其　他	4.3	30.9	64.7

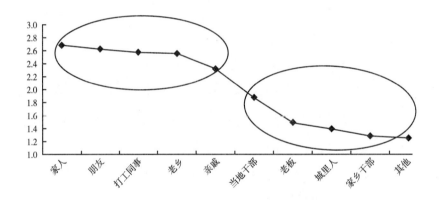

图 4 - 1 - 3　东莞农民工的社会交往群体

（四）农民工社会交往情况比较

通过对三市农民工社会交往情况的横向比较，以及将本次调查结果与以往调查进行纵向比较，我们发现调研区内的农民工社会交往具有以下几个特点。

一是与以往的调研相比，北京、杭州的农民工与当地城市市民、老板或雇主、社区居委会干部等异质性群体的社会交往显著增多，其交往对象中已经明显形成了一个以老板、城里人为主要构成的中间群体（见图4-1-1、图4-1-2），且其重要性在进京农民工和在杭农民工的社会网络中明显提升，这反映出北京、杭州农民工与当地居民的社会交往范围正在不断扩展、交往程度正在不断加深。可以说，较之东莞和全国其他许多城市，北京、杭州的外来农民工更多地走进和参与到了当地的社会生活中。

二是三座城市相比（见图4-1-4），东莞农民工与外界的社会交往程度较之北京、杭州的农民工均相对较低，这可能与其农民工大多在工厂工作，受到严格的作息时间限制，且工作时间普遍超长，因而鲜有时间和精力进行正常的社会交往活动有关。同时，东莞农民工的社会交往对象也仍主要局限于家人、亲戚、老乡、打工的同事等同质性群体，与当地城市居民、政府部门的社会交往甚少，这大大阻碍了他们融入当地城市社会的步伐。

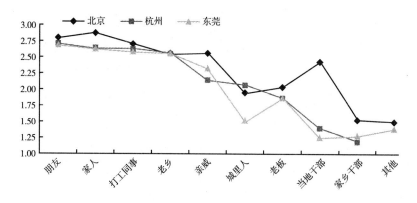

图4-1-4 三市农民工的社会交往比较

三 进城农民工的社会网络

上述不同交往频度的各种社会群体共同编织着进城农民工的社会网络，但这种社会网络的纽带关系及其紧密程度是否足以成为他们满怀憧憬开创美好生活的坚强后盾？是否能够在他们整合于城市社会、完成市民化的艰难历程中给予有力支持？根据格兰诺维特的强关系理论，我们又进一步从亲密程度、社会支持、情感强度三个方面对他们的社会网络进行了检验。

（一）社会关系的亲密程度

"当您遇到困难或困惑时，您一般会告诉谁？和谁商量？"这个问题反映了进城农民工人际关系之间的亲密程度。在回答这一问题时，选择和朋友商量的农民工分别占到北京、杭州、东莞农民工的64.6%、50.0%和66.3%，占全体被调查农民工总数的57.5%；选择和家人商量的农民工分别占到北京、杭州、东莞农民工的81.6%、78.9%和73.9%，占全体被调查农民工总数的78.8%；选择和老乡商量的农民工分别占到北京、杭州、东莞农民工的38.3%、28.4%和35.9%，占全体被调查农民工总数的32.8%；选择和一起打工的同事商量的农民工分别占到北京、杭州、东莞农民工的40.5%、31.8%和36.4%，占全体被调查农民工总数的35.3%。上述调查数据表明，在传统乡土社会中建立起来的血缘关系、地缘关系以及在城市生活中新建立的业缘关系，是大多数进城农民工日常社会交往中的亲密关系，也是他们在城市生活中获取精神支持的主要源泉（见表4－1－4）。

表4－1－4 农民工的社会交往——遇到困难同谁商量

单位：%

交往对象	北京 N＝316	杭州 N＝518	东莞 N＝184	合计 N＝1018
朋　友	64.6	50.0	66.3	57.5
家　人	81.6	78.9	73.9	78.8
亲　戚	38.0	7.9	31.5	21.5
老　乡	38.3	28.4	35.9	32.8
打工同事	40.5	31.8	36.4	35.3
老　板	7.6	5.3	1.1	5.3
当地干部	6.6	7.5	1.1	6.1
城里熟人	2.2	7.9	—	4.7
家乡干部	2.2	2.6	0.5	2.1
其　他	1.9	5.1	3.3	3.8

（二）社会关系的支持网络

"在以往的生活中，您主要曾从哪些人中获得过支持和帮助？"这一问题意在检视农民工在进入城市的过程中所形成的实际社会支持网络。在回答这一问题时，表示曾从朋友中获得过帮助的农民工分别占到北京、杭州、东莞农民工的 68.0%、51.9% 和 75.0%，占全体被调查农民工总数的 61.1%；表示曾从家人中获得过帮助的农民工分别占到北京、杭州、东莞农民工的 78.5%、65.8% 和 68.5%，占全体被调查农民工总数的 70.2%；表示曾从亲戚中获得过帮助的农民工分别占到北京、杭州、东莞农民工的 50.3%、23.7% 和 42.4%，占全体被调查农民工总数的 35.3%；表示曾从老乡中获得过帮助的农民工分别占到北京、杭州、东莞农民工的 42.7%、34.2% 和 46.7%，占全体被调查农民工总数的 39.1%；表示曾从一起打工的同事中获得过帮助的农民工分别占到北京、杭州、东莞农民工的 35.8%、31.6% 和 43.5%，占全体被调查农民工总数的 35.1%；另外还有 12.8% 和 11.0% 的人曾分别从老板和当地政府干部那里得到过帮助。上述调查结果表明，家人、朋友、亲戚、老乡、打工的同事等同质性群体是进城农民工获取社会支持的主要来源，而他们打工时的老板、雇主和一些制度内关系也是他们在困难时刻寻求帮助的重要途径（见表 4-1-5）。

（三）社会关系的情感强度

"您认为当您遇到麻烦时谁最有可能帮你？对你来说，什么关系最可靠？"这一问题反映了受助者和施助者之间的关系强度或称情感强度。在回答这一问题时，选择朋友的农民工分别占到北京、杭州、东莞农民工的 55.4%、44.7% 和 57.6%，占全体被调查农民工总数的 50.4%；选择家人的农民工分别占到北京、杭州、东莞农民工的 88.3%、68.4% 和 82.1%，占全体被调查农民工总数的 77.1%；选择亲戚的农民工分别占到北京、杭州、东莞农民工的 45.3%、21.1%

表 4 - 1 - 5　农民工的社会交往——社会支持的主要来源

单位：%

交往对象	北京 N＝316	杭州 N＝518	东莞 N＝184	合计 N＝1018
朋　友	68.0	51.9	75.0	61.1
家　人	78.5	65.8	68.5	70.2
亲　戚	50.3	23.7	42.4	35.3
老　乡	42.7	34.2	46.7	39.1
打工同事	35.8	31.6	43.5	35.1
老　板	10.8	15.8	7.6	12.8
当地干部	17.7	10.5	1.1	11.0
城里熟人	3.2	7.3	—	4.7
家乡干部	2.8	2.6	—	2.2
其　他	2.2	2.6	1.6	2.3

和 36.4% ，占全体被调查农民工总数的 31.4% ；选择老乡的农民工分别占到北京、杭州、东莞农民工的 31.3% 、23.7% 和 39.1% ，占全体被调查农民工总数的 28.8% ；选择同事的农民工分别占到北京、杭州、东莞农民工的 21.8% 、28.9% 和 24.5% ，占全体被调查农民工总数的 25.9% 。这说明对于进入城市的农民工来说，身份相同、背景相同、生活经历相同的同质性群体依然是他们日常生活中最可靠和最信得过的社会关系（见表 4 - 1 - 6）。

表 4 - 1 - 6　农民工的社会交往——遇到麻烦时谁来帮助

单位：%

交往对象	北京 N＝316	杭州 N＝518	东莞 N＝184	合计 N＝1018
朋　友	55.4	44.7	57.6	50.4
家　人	88.3	68.4	82.1	77.1
亲　戚	45.3	21.1	36.4	31.4
老　乡	31.3	23.7	39.1	28.8
打工同事	21.8	28.9	24.5	25.9
老　板	7.0	6.9	4.9	6.6
当地干部	25.0	5.6	3.8	11.3
城里熟人	2.2	7.3	1.1	4.6
家乡干部	2.2	0.0	1.1	0.9
其　他	0.9	5.3	1.6	3.3

四　农民工社会网络结构的演变及作用

（一）农民工社会网络的结构特点

从上述分析可以看出，朋友、家人、亲戚、老乡、打工的同事等同质群体是进城农民工社会交往中的强关系，老板、城里人、当地政府、家乡干部等异质群体或制度内关系是他们社会交往中的弱关系，不同群体的交往对象及其关系脉络按照关系强弱的差序格局共同构筑出进城农民工的社会网络，其中强关系构成了他们的主要社会支持网（见图4-1-5）。

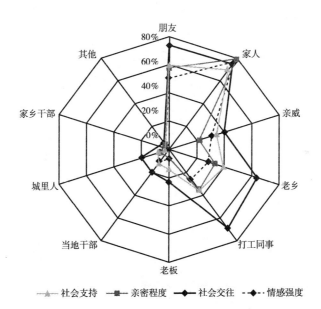

图4-1-5　进城农民工的社会网络及社会支持

在对进城农民工进行调查与访谈的过程中，我们发现这些农民工的社会网络正在发生一些明显的变化：

（1）来自传统农村社会的社会交往和支持网络正在不断弱化；

（2）以现代社会业缘关系为基础的新的社会纽带关系正在逐步建立，并且不断强化；

（3）进城农民工的社会关系网络正在由传统农村社会的封闭型网络逐步转向现代城市社会的开放型网络。

促成进城农民工社会网络产生上述转变的根本力量是其在城市生活中因现代化职业分工互动而建立起来的新型业缘关系。

正如中国千千万万的乡村一样，传统农村社会的社会网络是内敛的和相对封闭的，人们居住、生活和劳作在同一块土地上，村落就是他们最主要的社交场所。村里的每一个人都相互熟悉，互为对方社会网络中的成员，A 所认识的人往往也是 B 所认识的，人们的社会关系被局限在一个相当有限的地域空间内，社会网络极少有向外发展和延伸的可能（见图 4 - 1 - 6）。

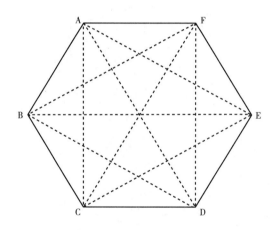

图 4 - 1 - 6　传统农村社会的封闭型社会网络

外出打工使农民工突破了传统地域社会的局限，职业的转换使他们在生活中建立起了全新的业缘关系，这种新鲜元素的加入打破了其原有的封闭式社会网络，使其关系脉络如同藤蔓的生长一样逐渐具有了向外扩张和延伸的功能，并因而渐渐呈现出一定程度的开放性。

我们访谈的 M. Y. H 在谈到她第一次出来打工的经历时就充分说

明了这个问题：

> 我原来是在深圳打工。那时在家里也没有事情做，就想出来
> 找点儿钱，顺便锻炼一下自己。听说深圳不错，工资高，就想去
> 那里，那里我们老乡也比较多，可以帮着找（工作）。开始她们
> 的厂子都不要人，后来我的一个老乡和她宿舍里一块儿打工的同
> 事出去玩，那人的一个朋友也去了，她们的电子厂正好招人，
> （我）就赶紧过去了。

就这样 M. Y. H 通过她的老乡——老乡的同事——同事的朋友找
到了她的第一份工作。在这里老乡的同事起到了重要的媒介作用，它
使 M. Y. H 借助老乡的业缘关系向外延伸了自己的关系网络，实现了
外出打工的理想。

根据社会学的定义，社会网络不仅包括那些直接的人际交往，还
包括那些间接的人际交往。在城市社会中，由于现代业缘关系的建
立，以及居住地和工作地的分离，交通、通信的高度发达等原因，农
民工的社会交往已逐步跳出地域社会的局限。正如上面所举的例子，
A 与 B 相识，是 B 社会网络中的一员，但 A 又同时拥有自己的社会
网络，B 与 G 可能并不认识，但可以通过 A 发生联系（见图 4 - 1 -
7），这种直接与间接相互交错的交往关系正使进城农民工的社会网
络越来越呈现出多元性和开放性。

（二）农民工社会网络的重要作用

在我们的调查中，许多打工者都已经意识到他们在城市生活中新
建立起来的这种同事关系的重要性，认为通过同事关系可以使他们建
立更多的社会联系、获取更多的社会资源。

在一家美容院做店长的 W. P. P 就是通过以前一块打工的同事找
到了目前这家工资待遇、工作环境都更让她满意的美容院，并且职位
也得到了升迁。

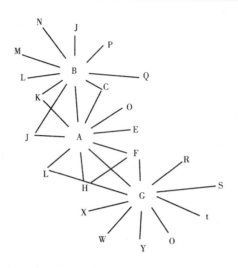

图 4 - 1 - 7　进城后农民工的社会网

……她（过去的同事）先过来的，觉得不错，就介绍我也过来了。……我们都来得比较早，算是元老吧。公司是连锁（美容院），正好开点儿（营业点），我们就都做了领班，各带一个点儿……

在一家饭馆做厨师的 Z. M. X 也曾数次在找工作时得到了以往同事的帮助，他在接受访谈时表示：

我现在更愿意参加同事的一些聚会，大家都叫上自己的朋友来，可以多认识一些人，多交一些朋友，说不准什么时候就用上了。我们这些人也都不是没想法的，也都有些手艺，或许将来大家可以合作干点儿自己的事业吧。……老乡聚会我觉得没（多）大意思，总是那几个人，喝点酒，发发牢骚，也不上进，搞不出个名堂来……

在超市做收银员的 X. H 谈到目前的社会交往时也认为：

　　还是和现在的同事交往更多吧。我现在跟老家联系多的也就是我爸妈了，跟其他人都不太联系了，也没什么共同语言和话儿说……

　　事实上我们在调查中发现，已经有越来越多的打工者开始认识到，如果在社会交往中仅依靠家人、老乡这样的关系所能获得的社会资源是非常有限的，而凭借这一网络实现向上流动的可能性更是微乎其微。那些建立在血缘、地缘基础上的关系已经不足以使他们在城市中更好地立足和发展，他们开始有意识地培育和发展新的关系，在不断的社会互动中调整和重新建构着自己的社会网络。一方面以血缘和地缘关系为基础的初级关系仍然是进城农民工社会网络中的强纽带关系，进城农民工主要从这种先赋性的强纽带关系中获得他们在城市生活所迫切需要的社会支持。另一方面，随着谋生方式由农业生产向非农产业的转移、生活重心由乡村向城市的迁移，进城农民工正在逐步建立起以城市社会为参照、以业缘关系为基础的新的社会纽带，并由此开始了他们从传统社会向现代分工社会的转变。这其中，有部分农民工与当地的城市居民、老板或雇主、社区居委会干部等异质性群体的社会交往显著增多，其交往对象中已经明显形成了一个以老板、城里人为主要构成的中间群体，并且重要性在其社会网络中日益提升，这些由农民工一手构建并不断拓展的社会网络正在成为他们融入城市社会向市民化迈进的重要资本。

　　上述调查结果验证了我们在研究之初的两项假设，即进城农民工正在日常生活中重新构建他们的社会网络，以血缘和地缘关系为基础的初级关系仍然是他们社会网络中的强纽带关系，进城农民工主要从这种强纽带关系中获得他们在日常生活中所需要的社会支持，但弱关系也正在成为其融入城市、实现市民化的重要社会资本。

第二节 社会生活与农民工市民化的内在关系

如上所述，社会网络既是人们社会生活与日常交往的轨迹，也是人们社会生活与日常交往的结果。本节将以"社会网络"为主要指标，对进城农民工的社会生活与其市民化状况之间的内在关系进行深入分析与研究。

一 社会网络与农民工市民化的相关性分析

首先，我们以进城农民工的"社会网络"为自变量，以农民工在城市生活中的"社会适应"、"生活满意"、"城市认同"和"心理融入"为因变量，对进城农民工的社会网络与其市民化之间的内在联系进行了考察与分析。结果如表4－2－1所示。

表4－2－1　农民工社会网络与其市民化状况的相关性分析

（N = 1018）

社会网络与	Pearson 相关系数（r）	Kendall's tau_b 相关系数（T）	Spearman 相关系数（R）
社会适应	.494 **	.401 **	.503 **
生活满意	.582 **	.498 **	.606 **
城市认同	.353 **	.290 **	.358 **
心理融入	.388 **	.312 **	.387 **

** 表示显著性水平为 0.01 （单侧检验）。

相关性分析结果显示，进城农民工的社会网络与他们的社会适应、生活满意之间均存在着较强的正相关关系，其 Pearson 相关系数分别为 0.494 和 0.582，Kendall's tau_b 相关系数分别为 0.401 和 0.498，Spearman 相关系数分别为 0.503 和 0.606，显著度均达到 P≤ 0.01 的置信水平。进城农民工的社会网络与他们的城市认同和心理融入之间也都存在着较为明显的正相关关系，其 Pearson 相关系数分别为 0.353 和 0.388，Kendall's tau_b 相关系数分别为 0.290 和 0.312，Spearman 相关系数分别为 0.358 和 0.387，显著度也都达到了 P≤0.01 的置信水平。

这说明，农民打工者在进入城市后建立的社会联系越多、社会交往网络越广泛，他们对城市社会的适应程度就会越好，对城市生活的综合满意度和认同感就越强，就越能够顺利地融入和整合于他们所在的城市社会。反之，那些社会联系越少、社会交往范围越狭窄的农民打工者，他们的城市适应就越困难，对城市社会的适应程度、生活满意程度就越低，因此也就越不容易认同并融入他们所在的城市社会。换句话说，农民打工者在进入城市后的社会网络构筑能够对他们的城市适应、城市生活、城市认同和城市融入产生明显的正面影响。

二　农民工的市民化历程及其内在相关性

中国农民离开故土进入城市打工的原动力和根本目的之一是为了改善他们当前较低的生活水平，追求更大的自我发展与生活满足。从这个角度讲，生活满意既是他们社会适应的高级阶段，又是他们社会适应的重要目标。而相关性研究也表明，进城农民工的社会适应程度与他们的生活满意度之间高度正相关，其 Pearson 相关系数、Kendall's tau_b 相关系数和 Spearman 相关系数分别达到 0.604、0.561 和 0.623。

同时，我们还发现进城农民工的社会网络与他们获得的社会支持之间、他们获得的社会支持与其所达到的生活满意度之间、他们的生活满意度与其城市认同感之间，以及他们的城市认同感与他们对城市的心理融入之间也都呈现出高度正相关或较为显著的正相关关系，显著度均达到 P≤0.01 的置信水平（见表 4-2-2）。

表 4 - 2 - 2　进城农民工城市融入历程及其相关性分析

（N = 1018）

城市融入历程及 其相关性	Pearson 相关系数（r）	Kendall's tau_b 相关系数（T）	Spearman 相关系数（R）
社会网络 ⇕ 社会支持	.542 **	.427 **	.546 **
社会支持 ⇕ 生活满意	.387 **	.344 **	.401 **
生活满意 ⇕ 城市认同	.488 **	.440 **	.486 **
城市认同 ⇕ 心理融入	.272 **	.231 **	.259 **

** 表示显著性水平为 0.01（单侧检验）。

这样，我们就逐渐梳理出进城农民工社会网络构筑对其社会适应、生活满意、城市认同直至心理融入的作用路径和意义脉络，即进城农民工在城市中建立的社会联系越多，社会网络越广泛，其拥有和可利用的社会资源和关系资本就越丰富，也就越容易在城市生活中获得更多的社会支持，其社会适应的过程就会越顺利，最终的社会适应程度就会越好，也就越能够较为顺利地达到其所追求的相对满意的生活状态。而较高的社会适应和生活满意度又能促进进城农民工对城市的认同感和归属感，使其更容易融入并整合于他所在的城市社会。

为了验证这一结果，我们把此次调查所取得的农民工资料分为 4 组，将那些对社会生活总体状况感到很满意或比较满意的人归为社会"满意人群"，将那些认为生活总体状况一般的人归为"一般人群"，将那些认为生活状况不太如意、不很满意的人归为社会"失意人群"，而将那些对生活状况感到很不满意的人归为社会"不满人群"，分别研究他们的社会网络构筑情况和社会支持的获得情况。各组资料经量化后的结果如图 4 - 2 - 1 所示。

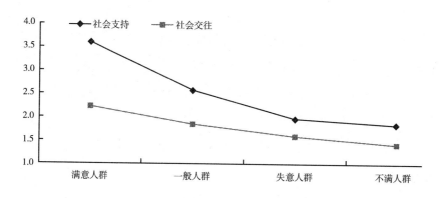

图 4 - 2 - 1 不同人群的社会交往与社会支持

从图 4 - 2 - 1 可以看出，对社会生活满意程度不同的各种农民工群体，他们的社会交往情况和社会支持的获得情况也明显不同。总体说来，那些对社会生活满意程度高的人群，如满意人群，他们的社会交往情况和社会支持获得情况也都处于一个比较高的水平，说明这些农民工在城市中的社会联系已经形成了比较合理的关系网络和相对坚强有力的社会支持网。相反，那些社会生活满意程度低的人群，他们的社会交往情况和社会支持获得情况也都处于一个比较低的水平，尤其是社会不满人群，他们的社会联系极为有限，对社会支持的获取能力也非常低，出现了明显的社会不适应状况，其社会网络和社会支持网络都随着情境迁移而发生断裂趋势。

图 4 - 2 - 1 再一次反向证明，能否在新的社会环境中构筑起合理有效的社会网络是进城农民工能否真正融入城市社会并最终获得生活满意的基本条件和关键性因素，它所提供的社会支持是这些农民工在城市社会中生存、发展的精神支柱和力量源泉。

第三节 弱关系的应用——进城
农民工的自我发展

上节我们重点分析了进城农民工社会网络中由强纽带关系为主要构成的社会支持网在他们城市适应和融入过程中的重要作用。确实，对于那些刚刚涉足城市生活的农民来说，强纽带关系是至关重要、无可替代的。我们以往访谈过的 L.L 在谈到他首次进京打工时的感受，曾用"两眼一抹黑"来形容。事实上，在这说不清、看不明、摸不透的陌生世界中，在情境失调、生存焦虑的危机状态下，他们所能信赖和本能依靠的就只有他们在乡土社会中就已经建立起来的初级关系了。这些基于血缘、地缘的同质群体是他们在城市社会中所能遇到的"自己人"，能够与他们分享共同的规范，彼此提供理解、慰藉与支持，能够暂时充当保护伞，使他们可以在紧张、陌生的都市生活中稍作喘息与调整，并彼此稀释想家的感觉。

但我们决不能因此而忽视了弱关系的作用。1973 年，美国社会学家格兰诺维特在其著名的论文《弱关系的力量》中提出，社会是群体的组合，弱关系是沟通不同群体之间的信息桥，在社会信息沟通方面，弱关系比强关系具有更强的社会构成作用。以后林南（Lin Nan）又对弱关系理论进行了扩展，他认为弱关系的重要性不只体现在信息沟通方面，还体现在社会资源的获得方面。由于弱关系联结着不同阶层、不同地位、拥有不同资源的人们，所以资源的交换、借用、摄取（Access）都可以通过弱关系来进行，强关系联结的是阶层相同、地位相同的人们，他们拥有的资源也十分类似，而类似资源的交换并不重要，也不具有实际意义。因此，在社会资源的摄取方面，弱关系往往比强关系具有更为重要的意义。同时，林南还进一步指出，当人们的行为越趋于工具理性时，通过弱关系摄取社会资源的几率就会越高①。

也有一些学者对弱关系理论作出修正。如边燕杰通过1988年天津的求职调查和1994年新加坡的求职调查发现，在伦理本位的中国社会，信息的传递往往是人情关系的结果，而以人情为基础的交换关系带有明显的强关系特征。但值得注意的是，对于这些从农村走入城市的农民工来说，他们的强关系一般也和他们一样是城市资源的稀缺者。因而当他们在城市站稳脚跟，当他们的社会适应基本完成并开始追求更高的发展时，就会不由自主地把眼光投向那些城市里的"陌生人"，就会自觉不自觉地努力扩充他们社会网络中的异质成分，他们的社会关系就会"像是一张能够自我生长的触角一样不断延伸，使社会网络不断扩张，触及越来越多异质的、制度化的社会关系。在这里，信任已经不再是社会网络唯一的维度，而是向能够为自身发展提供制度化保证的方向伸展，并充分发挥弱关系在获取信息、机遇和资源等方面的有效作用"②。

以往的大量研究表明，提高生活水平几乎是所有进城打工的农民最直接和最根本的动因之一。因此，我们认为社会生活满意度可以作为他们在城市中自我发展的一个标尺。我们把那些对目前生活总体状况感到"很满意"或"比较满意"的城市农民工看做是社会适应基本完成、正处于发展阶段的社会"高满意度人群"，把那些对目前生活总体状况感到"不太满意"或"很不满意"的城市农民工看做是正处于基本生存或社会适应阶段的社会"低满意度人群"。而心理融入程度是进城农民工城市融入状况的重要标志，我们同样按照受访者心理融入程度的高低将其分为"高融入度人群"和"低融入度人群"。

---

①　边燕杰：《社会网络与求职过程》，《国外社会学》1999年第4期。

②　渠敬东：《生活世界中的关系强度——农村外来人口的生活轨迹》，《都市里的村民——中国大城市的流动人口》，中央编译出版社，2001，第65页。

　　对于进城打工的农民来说，老板（或雇主）、社区干部等制度内关系以及房东等其他城里人是最具典型意义的异质性群体，同时往往也是他们首先发展并纳入自己社会网络中的弱关系。我们选择了"老板"、"城里干部"、"其他城里人"等具有代表性的指标，从社会交往和社会资源获取（社会支持）角度分别考察了不同农民工群体社会网络中的弱纽带关系，以及农民工对这些弱纽带关系的应用情况。在对调查资料进行量化处理后，结果如图4-3-1所示。

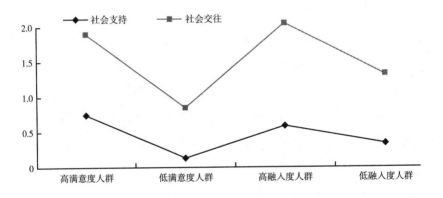

图4-3-1　进城农民工对弱关系的应用

　　从图4-3-1我们可以发现，那些生活满意度高、城市融入度高的人群，他们社会网络中的异质成分、与弱纽带关系的社会互动、对弱关系的应用以及对社会资源的摄取能力较之那些生活满意度低、城市融入度低的人群明显要高出许多。这在一定程度上反映出农民工在城市社会中由适应、发展到融入的不同阶段，其社会网络的生成和变化过程。这种过程不是由都市性取代乡村性的替代过程，而是在乡村性上增加都市性的叠加过程，一方面他们仍然倚重基于传统乡土社会的初级关系，另一方面他们又在自己的社会脉络中不断注入异质性的城市新鲜血液。他们的生活也由初涉城市时的茫然无助、随波逐流逐渐变得清晰明确起来，他们的社会行动中也更多地加入了工具理性的内涵，对弱关系的应用成为他们融入城市社会和达成目标的有效手段。他们开始有意识、有目的地去创造和把握属于自己的生活世界。也只有到了这一阶段，他们才真正开始了向市民和现代性城市生活的转变。

第四节　小结

进城农民工进入城市的历程分为社会适应和自我发展两个阶段。

在社会适应阶段，他们在城市中建立的社会联系越多，社会网络越广泛，其社会适应的过程也就越顺利，最终的社会适应程度就越高，也就越容易整合于他所在的城市社会。相反，那些社会网络狭窄甚至发生断裂的外来人口，其社会适应程度和社会整合性就差。因此，能否在新的社会环境中构筑起合理有效的社会网络是影响进城农民工社会适应的基本条件和关键因素。

在自我发展阶段，农民工社会网络中的异质性成分越多，与弱关系的联系越紧密，对城市社会资源的摄取能力就越强，其发展程度和社会满意程度就越好。因此，弱关系的建立、拓展和利用，是影响进城农民工自我发展的重要因素。

这验证了我们之前的假设，即进城农民工正在日常生活中重新构建他们的社会网络，他们在城市中的社会适应、生活状态和融入程度与他们的社会网络构筑有关。一方面，以血缘和地缘关系为基础的初级关系仍然是进城农民工社会网络中的强纽带关系，进城农民工主要从这种强纽带关系中获得他们在日常生活中所迫切需要的社会支持；但另一方面，弱关系也正在成为其融入城市社会、完成市民化进程的重要社会资本。

进城农民工的社会适应和自我发展过程，不是由都市性取代乡村性的替代过程，而是在乡村性上增加都市性的叠加过程。在这一过程中有两个具有现代意义的转变：一是城市农民工在他们传统的血缘、地缘关系上增加了新型的业缘关系，虽然这种关系更多的仍是基于同质群体，却开始了他们向现代分工社会的转变；二是城市农民工在他们的社会行动中加入了明确的目标动机和工具理性，这开始了他们向现代生活方式的转变。

第五章

制度设计与农民工市民化

在大多数情况下，制度不是外生变量，而是在不同历史阶段、不同约束条件下的内生产物。在不同的经济、社会和文化环境中，面对不同的约束条件，会产生不同的经济社会制度。这些制度既是经济社会发展的结果，又是影响经济社会发展的重要原因。换句话说，制度设计对于经济社会发展具有巨大的能动作用，先进的制度设计能够促进经济社会的发展；反之，落后的制度设计也将阻碍经济社会的发展。

农民市民化是我国经济社会发展到一定阶段，由工业化和城镇化推动的、与产业结构演进相对应的社会结构变动的必然趋势。它既是社会主义市场经济体制下生产要素自由流动和优化配置的必然要求，也是破解"三农"问题、消除城乡二元结构、推动城乡统筹发展的必经之路，具有内在的必然性和规律性。而根据当前经济社会发展阶段及其客观条件，以促进进城农民工的市民化为目标，对原有制度设计进行相应的调整与改革，是当前我国经济社会发展的内在要求和迫切需要。

第一节　相关政策的历史演进

自 1958 年《中华人民共和国户口登记条例》出台以来，随着经济社会形势的发展，我国有关农村人口迁移和市民化的政策也大体经历了四个阶段，即：20 世纪 80 年代以前，严格控制农村人口流动和农民非农化的限制阶段；20 世纪 80 年代中期，允许农民自带口粮进城务工的政策松动阶段；20 世纪 90 年代，引导农民工有序流动的政策引导阶段；以及进入 21 世纪以来，促进农民工融入城市的政策推动阶段。对我国农民工政策的历史演变进行系统梳理，分析政策设计对农民工市民化的内在影响，不仅有助于发现农民工政策中存在的问题，也有助于掌握农民工政策的发展方向，为有关政策的调整与转型奠定基础。

一　严格限制农村劳动力自由流动的政策控制阶段（20 世纪 80 年代以前）

新中国成立之后，经过三年的经济恢复，国民经济发展逐渐转入正轨，但整体上仍然是一个经济贫困落后的农业国。同时，由于帝国主义国家的重重封锁，再加上国内社会生产力低下、自然灾害等原因，粮食等主要农产品严重短缺。为加快社会主义经济建设，巩固新生的社会主义政权和社会经济秩序，克服当时物质生产资料和生活资料的严重短缺，国家一方面将城市地区的财产国有化，将包括土地在内的农村资产集体化，实行高度集中的计划经济体制；一方面在"一五"计划时期开始全面实施重工业优先发展战略，以尽快奠定新中国工业化和国防现代化的基础。

为推行这一战略，保证重工业发展所需要的资本和其他资源，国家借助计划经济调节和配置社会资源的功能和手段，将优势资源向重工业倾斜，确立了农业服务工业、农村发展服从于城市发展的资源划分[①]。

首先，为获得尽可能多的、价格相对低廉的农业剩余产品来保证重工业发展，国家垄断了主要农产品的收购和销售，对农产品实行统购统销政策和工农业产品交换价格的"剪刀差"，以牺牲农业和农民利益支撑城市重工业的发展。

其次，为加强对农村和剩余农产品的控制，国家又实施了农村社会资源和生产资料的集体化，从而保证了工业发展、城市发展中粮食以及其他生产生活资料的廉价供给。

再次，为保障重工业优先发展战略的顺利推进，国家只能将当时极为有限的社会资本向资本密集型的重工业发展集中，而对农业发展则主要采取了劳动密集型的生产方式，即以大量的农业劳动力的投入来实现对资本投入的替代，以此保障农业和农村经济的发展，满足社会对农产品的需求。

最后，在生产资料和生活资料严重短缺的背景下，为稳定农业生产、保证城市发展、处理好粮食产销平衡，国家实行了严格的户籍管理制度和粮票、粮食定量供应制度，禁止农民离开土地而擅自流入城市。

从1953年开始，我国开始实行城乡粮食统购统销政策，将粮食与户口挂钩。1955年，国务院先后颁布了《关于城乡划分标准的规定》和《关于建立经常户口登记制度的指示》，开始在全国进行统一的城乡户口登记工作。1956~1957年，国家进一步强化了对城乡居民的户籍管理，在短短不到两年的时间内，连续颁布了4个限制和控制农民盲目流入城市的文件。1958年，国家颁布《中华人民共和国户口登记条例》，第一次明确地将城乡居民划分为"农业户口"和"非农业户口"两种不同户籍，在城镇实行粮票制度与户口挂钩的政策，开始对人口自由流动实行严格的限制和管理。1975年，国家宪

---

① 漆向东、徐永新、刘利仄：《中国农民非农化研究》，经济科学出版社，2009，第282~283页。

法正式取消了有关公民迁徙自由的规定。

在 20 世纪 80 年代以前，国家对农村人口向城市流动和向非农产业转移都实行了严格的限制政策。这一政策在当时国家受到外部封锁、国力十分有限的情况下，一方面保证了农业生产和农业剩余产品对重工业发展的支撑，为新中国现代工业体系的建立和国民经济整体实力的提升发挥了积极作用；但另一方面，由于政策对生产要素自由流动特别是劳动力自由流动实行严格的限制，也在很大程度上人为阻断了劳动力由农业部门向非农部门转移的通道，使得我国劳动力由农业部门向非农部门的转移无法实现与工业化同步，因而出现了就业结构转换长期滞后于产业结构转换的现象。

二　允许农民自理口粮进城务工的政策松动阶段（20 世纪 80 年代）

改革开放以后，社会生产力被极大地激活。20 世纪 80 年代初，我国开始在农村地区实行家庭联产承包责任制，农民有了生产经营的自主权，并逐渐拥有了对农业剩余产品的支配权。广大农民的生产积极性空前高涨，农村社会生产力获得了极大的解放，农业劳动生产率大幅提高，粮食生产连年增产丰收。至 1984 年，我国粮食短缺时代基本结束，农产品有了较大的剩余，农村剩余劳动力问题也开始逐渐凸显出来。随着中国经济市场化改革，农产品和其他要素市场逐步得到发育，市场化调节开始在农村发挥作用，农村剩余劳动力向非农产业转移的经济社会条件日渐成熟。

1984 年 1 月，中央 1 号文件《关于 1984 年农村工作的通知》要求："各省、自治区、直辖市可选若干集镇进行试点，允许务工、经商、办服务业的农民自理口粮到集镇落户。"[①]

---

① 《关于 1984 年农村工作的通知》，《十二大以来重要文献选编》，人民出版社，1986 年，第 435 页。

1984年10月，国务院发布《关于农民进入集镇落户问题的通知》，要求各级人民政府积极支持有经营能力和有技术专长的农民进入集镇经营工商业。《通知》强调：凡申请到集镇务工、经商、办服务业的农民和家属，在集镇有固定住所、有经营能力或在乡镇企事业单位长期务工的，公安部门应准予落户，及时办理入户手续，发给"自理口粮户口簿"，统计为非农业人口。粮食部门要做好加价粮油的供应工作，可发给"加价粮油供应证"。地方政府要为他们建房、买房、租房提供方便。工商行政管理部门要做好工商登记、发证和管理工作①。

1985年1月，中央1号文件进一步提出，要扩大城乡经济交往，"在各级政府统一管理下，允许农民进城开店设坊，兴办服务业，提供各种劳务，城市要在用地和服务设施方面提供便利条件"。②

随着我国经济体制改革和对外开放、对内搞活，商品经济迅速发展，地区之间、城乡之间的人口流动越来越多。为了适应形势发展的需要，1985年7月，公安部发布了《关于城镇暂住人口管理的暂行规定》，确立了与城镇户口相衔接的流动人口管理政策，使农民向城市流动有了具体的法规和政策依据。

1986年7月，国务院出台《关于国营企业招用工人的暂行规定》，强调：企业招用工人，应当公布招工简章，符合报考条件的城镇行业人员和国家允许从农村招用的人员，均可报考③。这为农村剩余劳动力进入城市正规部门就业、从事非农生产开辟了路径。

1988年7月，劳动部、国务院贫困地区经济开发领导小组联合

---

① 《国务院关于农民进入集镇落户问题的通知》，http://hn.rednet.cn/c/2008/04/07/1478422.htm。

② 《关于进一步活跃农村经济的十项政策》，《十二大以来重要文献选编》，人民出版社，1986年，第617页。

③ 《关于国营企业招用工人的暂行规定》，http://www.ce.cn/xwzx/gnsz/szyw/200706/14.shtm。

发布《关于加强贫困地区劳动力资源开发工作的通知》，要求各地区按照"东西联合、城乡结合、定点挂钩、长期协作"的原则，组织劳动力跨地区流动：沿海经济发达地区、大中城市的劳动部门要有计划地从贫困地区吸收劳动力，要动员和组织国营企业招用一部分贫困地区的劳动力；鼓励和支持大中型企业与贫困地区建立挂钩联系，共同创办劳务基地，发展长期劳务合作。各地劳动部门、劳动服务公司要认真执行国务院有关农村剩余劳动力转移的政策，对农民进城自谋职业给予指导，维护其合法权益①。

20 世纪 80 年代，中国逐步进入经济体制改革和政策全面调整时期。在这一阶段，政策制定的主要思路是放松以前对农村人口向城市流动和非农化的严格限制，不再将农民紧紧束缚在农村土地和农业生产上，而是给予一定的政治、经济、社会生活的自由权，允许农民自筹资金、自理口粮，进入城镇开店设坊、务工经商。通过一系列政策措施的出台，农民进城务工经商的条件日益优越，政策日渐宽松，并由此开启了大规模的农民进城和非农化浪潮。

三　引导农民工有序流动的政策引导阶段（20 世纪 90 年代）

在政策的鼓励和支持下，20 世纪 80 年代后期，全国掀起了规模巨大的"民工潮"，大量农民涌入城市，给城市的交通、运输、就业、治安、管理、资源环境等带来了极大的压力，出现了一系列新的问题与矛盾。为解决问题、减缓矛盾，农民工政策也相应进入调整阶段，政策调整的目标就是控制和减少农村劳动力流动的盲目性和不确定性，尽可能减轻农民工盲目流动给城市社会秩序以及资源环境所带来的压力和负面影响。

在此背景下，1989 年 3 月，国务院办公厅下发了《关于严格控

---

① 《关于加强贫困地区劳动力资源开发工作的通知》，http：//www.law1818.com/pxlaw.asp。

制民工盲目外出的紧急通知》。1989 年 4 月，民政部、公安部联合发布了《关于进一步作好控制民工盲目外流的通知》，要求各地政府采取有效措施严格控制当地农民工盲目外出，并妥善解决农村剩余劳动力的出路问题。

1990 年 4 月，国务院再次下发《关于做好劳动就业工作的通知》，强调要合理控制农村劳动力的转移，严格控制"农转非"过快增长。对农村富余劳动力，要引导他们"离土不离乡"，因地制宜地发展林牧副渔业，促进农村富余劳动力就地消化和转移，防止大量农村劳动力盲目进入城市。建立临时务工许可证和就业登记制度，对农民进城务工实行有效控制和严格管理。对现有计划外用工，要按照国家政策做好清退工作，重点清退来自农村的计划外用工，使他们尽早返回农村劳动。把"农转非"纳入国民经济与社会发展规划，实行严格的计划指标管理等①。

1992 年中共十四大召开，明确了建立社会主义市场经济体制的改革目标，我国经济发展步入快车道。伴随着市场经济对生产要素自由流动的要求，国家有关农民工的政策指向也从控制农村劳动力盲目流动转为实行宏观调控下引导农民工有序流动。1993 年，中共中央发布了《关于建立社会主义市场经济体制若干问题的决定》，明确提出，鼓励和引导农村剩余劳动力逐步向非农产业转移和地区间有序流动。

1993 年 11 月，劳动部印发《农村劳动力跨地区流动有序化——"城乡协调就业计划"第一期工程》的通知，要求在全国形成与市场经济相适应的劳动力跨地区流动的基本制度、市场信息系统和服务网络，实现农村劳动力流动有序化。具体内容包括：引导农村劳动力外

---

① 国务院：《关于做好劳动就业工作的通知》，http：//china. findlaw. cn/fagui/p ＿ 1/ 123531. html。

出就业通过一定的组织形式和合法渠道，做到"输出有组织"；劳动力流入地应对外来劳动力就业建立起必要的市场规则和管理制度，做到"输入有管理"；建立健全对农村劳动力跨地区流动的全过程服务，确保"流动有服务"；推进立法，加强管理，搞好监测，对全国主要区域性劳动力市场形成监测体系，随时掌握农村劳动力流动的方向、规模和特点，以便进行调控，做到"调控有手段"；建立一套有效的疏导管理办法，引导每年春节前后高峰期间的劳动力流动，确保"应急有措施"①。

1993 年 12 月，劳动部出台《关于建立社会主义市场经济体制时期劳动体制改革总体设想》，进一步提出，要发挥市场机制在劳动力资源配置中的基础性作用，必须积极培育和发展劳动力市场体系。其目标模式是建立竞争公平、运行有序、调控有力、服务完善的现代劳动市场。要打破统包统配的就业政策，破除妨碍劳动力在不同所有制之间流动的身份界限，逐步打破城乡之间、地区之间劳动力流动的界限。要加强城乡劳动力统筹，以建立农村就业服务网络为突破口，合理调节城乡劳动力流动，逐步实现城乡劳动力流动有序化②。

1994 年 11 月，为加强农村劳动力跨地区流动就业管理，规范用人单位用人、农村劳动者就业和各类服务组织从事有关服务活动的行为，引导农村劳动力跨地区有序流动，劳动部颁布了《关于农村劳动力跨省流动就业的暂行规定》，首次提出了规范流动就业的证卡管理制度，即被用人单位跨省招收的农村劳动者，在外出就业之前，须持身份证和其他必要的证明，在本人户口所在地的劳动就业服务机构进行登记并领取外出人员就业登记卡；到达用人单位后，须凭出省就

---

① 劳动部：《农村劳动力跨地区流动有序化——"城乡协调就业计划"第一期工程》，http://www.law-lib.com/law/law_view.asp?id=57030。

② 劳动部：《关于建立社会主义市场经济体制时期劳动体制改革总体设想》，http://news.9ask.cn/fagui/zyfgk/201003/364163.html。

业登记卡领取当地劳动部门颁发的外来人员就业证；证、卡合一生效，简称流动就业证，作为流动就业的有效证件①。

1995 年，针对大规模人口流动对各种管理秩序造成的冲击，中共中央办公厅、国务院办公厅联合下发《关于加强流动人口管理的意见》，再次强调要引导农村剩余劳动力有序流动。《意见》中提出四点要求：促进农村剩余劳动就地就近转移；提高流动的组织化、有序化；实行统一的流动人口就业证和暂住证制度；整顿劳动力市场。

1997 年 6 月，国务院批转了公安部《小城镇户籍管理制度改革试点方案》和《关于完善农村户籍管理制度的意见》，提出积极稳妥推进小城镇户籍制度改革，允许已经在小城镇就业、居住并符合一定条件的农村人口办理城镇常住户口。对经批准在小城镇落户的人员，与当地原有居民享有同等待遇，以此促进农村剩余劳动力就地、就近向小城镇有序转移。

1997 年 11 月，国务院办公厅批转了劳动部、公安部、民政部、铁道部、交通部等部门《关于进一步做好组织民工有序流动工作的意见》。强调"组织民工有序流动是关系经济与社会发展的大事"②，要求各地区、各部门充分认识做好组织民工有序流动工作的重要意义，认真贯彻落实国家有关政策，鼓励和引导农村剩余劳动力就地就近转移，加强劳动力市场建设，把民工流动的管理服务工作纳入经常化、制度化轨道。

1998 年 10 月，中共中央出台了《关于农业和农村工作若干重大问题的决定》，再次强调要大力发展乡镇企业，多渠道转移农业富余劳动力。同时适应城镇和发达地区的客观需要，引导农村劳动力合理

---

① 劳动部：《关于农村劳动力跨省流动就业的暂行规定》，http：//www. bjld. gov. cn/LDJAPP/search/fgdetail. jsp？no = 733。

② 劳动部、国家经贸委、公安部、民政部、铁道部、交通部、农业部：《关于进一步做好组织民工有序流动工作的意见》，http：//www. hrssgz. gov. cn/zcfg/ldjyyzyjs/201101. htm。

有序流动。

这一时期，一系列农民工政策的密集制定和出台主要是基于以下经济社会背景，即随着国民经济的迅速发展，一方面社会主义市场经济体制逐步建立，要求包括劳动力在内的各种生产要素自由流动；另一方面，由于历史和现实的多种原因，我国经济发展很不平衡，地区之间、城乡之间差距较大，大量农村富余劳动力跨地区流动必然带有很大的盲目性，且不可避免地给城市社会、资源环境和各种管理秩序带来巨大冲击。这些宏观背景的变化，要求农民工政策发展到一个新的阶段：从控制转为引导农民工有序流动。

四　促进农民工融入城市的政策推动阶段（21 世纪以来）

进入 21 世纪以来，中国的经济社会发展迈上了新台阶。在"以人为本"科学发展观的指导下，在追求城乡统筹、全面建设小康社会与和谐社会的宏观政策背景中，我国农民工政策也逐步进入全面优化农民工的生活环境、促进农民工融入城市的政策推动阶段。

2000 年 6 月和 2001 年 3 月，中共中央、国务院先后出台了《关于促进小城镇健康发展的若干意见》和《关于推进小城镇户籍管理制度改革的意见》，提出凡在县级市区、县人民政府驻地镇及县以下小城镇有合法固定住所、稳定职业或生活来源的农民，均可根据本人意愿转为城镇户口，并在子女入学、参军、就业等方面享有与城镇居民同等待遇，不得实行歧视性政策①。同时，要求积极探索适合小城镇特点的社会保障制度。

2001 年 3 月，国家"十五"计划出台，提出要打破城乡分割体制，逐步建立市场经济体制下的新型城乡关系。改革城镇户籍制度，

---

① 国务院：《关于促进小城镇健康发展的若干意见》，http：//www.law‐lib.com/law/law_view.asp。

形成城乡人口有序流动的机制。取消对农村劳动力进入城镇就业的不合理限制，引导农村富余劳动力在城乡、地区间有序流动①。同年5月，国家计委发布了《关于印发国民经济和社会发展第十个五年计划城镇化发展重点专项规划的通知》，进一步强调，要积极开展面向城镇迁入人口的各类社会服务，为迁入人口提供创业、就业、生活等方面的条件。中心城市要建立劳动力市场信息网络，提供求职和用人等方面的就业服务。在住房、子女教育、医疗等方面，对进城务工的农民提供普遍服务。加强社会舆论宣传，在城市中形成接纳新市民的社会氛围，促进进城农民与城市社会的融合②。

2003年1月，国务院办公厅发布了《关于做好农民进城务工就业管理和服务工作的通知》。《通知》要求各地政府取消对农民进城务工就业的不合理限制，切实解决拖欠和克扣农民工工资问题，努力改善农民工的生产生活条件，多渠道安排农民工子女就学，做好农民工培训工作，加强对农民工的管理，全面做好进城务工农民的就业管理和服务工作。这是我国政府第一次专门针对农民工群体发布的综合性政策文件。

2003年10月，中共十六届三中全会通过了《中共中央关于完善社会主义市场经济体制若干问题的决定》，明确提出要改善农村富余劳动力转移就业的环境。主要内容包括：取消对农民进城就业的限制性规定，为农民创造更多就业机会；逐步统一城乡劳动力市场，形成城乡劳动者平等就业的制度；深化户籍制度改革，完善流动人口管理，引导农村富余劳动力平稳有序转移；加快城镇化进程，允许在城市有稳定职业和住所的农业人口，按照当地规定登记户籍，依法享有当地居民应有的权利与义务。

---

① 《中华人民共和国国民经济和社会发展第十个五年计划纲要》，http：//www.moc.gov.cn。

② 国家计委：《关于印发国民经济和社会发展第十个五年计划城镇化发展重点专项规划的通知》，http：//www.gov.cn/gongbao/content/2002/content_ 61815.htm。

2004年2月，中共中央、国务院发布1号文件《关于促进农民增加收入若干政策的意见》，强调要改善农民进城就业环境、增加农民外出务工收入。文件指出，"进城就业的农民工已经成为产业工人的重要组成部分"①，为城市创造了财富、提供了税收。城市政府要切实把对进城农民工的职业培训、子女教育、劳动保障及其他服务和管理经费，纳入正常的财政预算，及时落实和兑现进城就业农民工资、改善劳动条件、解决子女入学等问题。要推进大中城市户籍制度改革，放宽农民进城就业和定居的条件，依法保障进城就业农民的各项权益。文件首次把进城农民工纳入我国产业工人的范畴，这标志着农民工群体的重要地位及"工人"身份在国家层面得到正式认可。

2005年12月，温家宝总理在中央农村工作会议上作了题为《关于当前农业和农村工作的几个问题》的报告。在此基础上，2006年3月，第一份系统关注和解决农民工问题的政策文件《国务院关于解决农民工问题的若干意见》出台。文件将农民工问题上升到"事关我国经济和社会发展全局"的高度，明确指出"解决农民工问题是建设中国特色社会主义的战略任务"②，提出了解决农民工问题的五大原则和七大重点工作。即坚持公平对待、一视同仁，强化服务、完善管理，统筹规划、合理引导，因地制宜、分类指导，立足当前、着眼长远的原则，抓紧解决农民工工资偏低和拖欠问题，依法规范农民工劳动管理，搞好农民工就业服务和培训，积极稳妥地解决农民工社会保障问题，切实为农民工提供相关公共服务，健全维护农民工权益的保障机制，促进农村劳动力就地就近转移就业。在此之后的2006～2011年，连续6年中央1号文件都对农民工问题给予了高度关注，

---

① 中共中央、国务院：《关于促进农民增加收入若干政策的意见》，http://www.chinaacc.com/new/63/66/2004/2/ad6817193011182400221528.htm。

② 国务院：《国务院关于解决农民工问题的若干意见》，http://www.gov.cn/jrzg/2006-03/27/content_237644.htm。

进一步阐述了加强农民工工作的内容和方向，逐步完善了中央层面的农民工政策体系。

总之，进入 21 世纪以来，国家有关农民工政策的制度设计发生了一系列积极的新变化，主要表现为提出了统筹城乡发展的新思路，积极推动农村富余劳动力转移就业，努力建设一体化的城乡劳动力市场，着力解决农民进城务工中遇到的各种具体问题，尽可能优化进城农民工的生活环境，加快推进户籍管理、社会保障、公共服务等各种配套制度改革，等等。政策越来越具体，目标越来越明确，措施越来越具有针对性和可操作性，在促进农民工融入城市和实现市民化方面迈出了实质性的步伐。

第二节　制度设计对农民工市民化的主要影响

制度设计对于经济社会发展以及作为社会主体的人的自身发展具有巨大的能动作用。同样，我国当前有关农民工的政策设计和制度安排也直接影响着进城农民工的社会感受和市民化进程。

一　制度设计对农民工市民化的影响分析

根据我们的调研，在当前的制度设计与安排下，有六成以上（61.5%）的进城农民工认为自己在城市中没有受到公平待遇，有61.2%的进城农民工认为自己遭到了来自市民群体和城市社会的歧视性对待。其中，尤其值得注意和警惕的是，有 16.4% 的农民工认为自己在城市中受到的"歧视"与"压迫"，是影响其城市生活和城市融入的重要原因。

在对进城农民工的深度访谈中，"城里物价太贵、生活成本太高"、"对未来生活信心不足、缺乏安全感"、"工作不稳定、就业困难"、"房价、房租太贵，住房困难"和"社会联系少、情感孤独"

被农民工列为影响其城市生活和城市融入的前五位因素，这些影响因素被提及和选中的概率分别为 61.4%、31.5%、31.1%、22.2% 和 17.8%。而这些因素无一不反映着当前农民工政策中存在的制度缺陷（见图 5 - 2 - 1）。

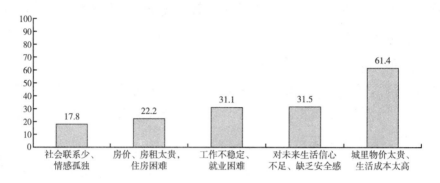

图 5 - 2 - 1　影响农民工市民化的主要因素

从调研结果中，我们可以发现：

（1）从目前情况看，制度安排和制度缺陷仍然是影响农民工市民化进程的重要原因。如在我们的调查中，有高达 1/3 左右的进城农民工对未来生活信心不足、缺乏安全感，反映出当前有关农民工的社会保障制度存在明显缺陷。又如，有近 1/3 的进城农民工认为就业不稳定、工作没保障、找工作困难，反映出当前我国劳动力市场和就业保障机制存在问题，等等。

（2）随着各地改革步伐的加快，农民工市民化的户籍门槛正在逐渐弱化，但附着在户籍制度之上的差别化的福利安排和高物价所导致的较高市民化成本，正在成为影响农民工市民化的又一重要门槛。近年来，在国家政策的导向下，各地纷纷开展了户籍制度改革，如北京、上海、广州、深圳、重庆、成都、石家庄、济南等城市先后就允许农民办理户口进城定居、就业、住房、教育等出台了一系列政策措施，在不同程度上降低了自己的"城市门槛"。但从各地的实践来看，如何支付城乡之间由于社会保障和差异化福利安排所导致的较高市民化成本，正在成为推动农民工市民化的关键和难点。同时，从农民工自身的角度，在我们的调研中也有超过六成的农民工将高成本列为影响其城市生活和城市融入的首要因素，认为城里物价贵，包括居住、教育、社会保险等在内的综合成本太高。因此，如何建立多元化的成本分摊机制来消化和负担农民市民化的成本，已经成为下一阶段推动农民工市民化的关键之举。

二　当前制度影响农民工市民化的主要原因

从历史演进和制度设计的角度来看，当前的农民工政策尽管在推动农村劳动力转移就业、促进进城农民工融入城市方面已经迈出了实质性步伐，但仍然存在影响农民工市民化的诸多障碍，主要原因如下。

（一）城乡分割下的公平缺失

尽管从改革开放以来，随着经济社会发展的需要，我国的农民工政策已经作出了一系列调整与改进，但究其本质仍然维系了城乡二元分割体制下的政策架构，即在制度设计上重城轻乡，在管理体制上城乡分治，在福利安排上工农有别。

城乡二元分割体制以及现行的户籍管理制度，把同一个国家的公民人为地划分为"农业户"和"非农业户"两大阵营，使之在出生之际即享有不同的福利和待遇。"市民"在很大程度上不再仅仅是简单的社会称谓，更代表了具有某种特权且可世代承袭的身份地位，而农民则被置于低人一等的、天然的"弱势"地位。

这种根深蒂固的城乡分治观念和重城轻乡理念也同样延伸到了我国的农民工政策上，使相关政策在设计、制定之初就没有把进城农民工和城市市民放在同等的地位上加以考虑，因而存在着不同程度的公平缺失和政策性歧视。反映在现实社会中，就是进城农民工与城市市民之间普遍存在着同工不能同酬、同工不能同权、同工不能同福利的现象。农民工在生活中受歧视，在政治上没地位，在事实上沦为城市的二等公民，从而大大影响了他们融入城市社会的市民化进程。

（二）城市导向下的目标偏离

同大多数发展中国家一样，为推进工业化和城镇化，我国以往和现行的政策体系中都存在着明显的"城市偏向"问题。而长期以来，我国的农民工政策主要是由城市政府来制定或者具体实施的。这些农民工政策无论是由城市政府自行设计和制定，抑或是城市政府对中央政策的贯彻和落实，其根本出发点大多是以城市发展为导向、为城市发展而服务的。而作为政策目标主体的农民工群体，在整个政策制定的过程中几乎没有任何发言权和主动权，只能处于被动接受的从属性地位。

这些由城市政府制定或实施、以服务城市发展为导向的农民工政策，必然会与农民工群体自身发展的真实诉求存在着较大偏差。反映到制度层面，就是很多农民工政策在价值取向上都表现为"重城市，轻农村"、"重管理，轻服务"、"经济吸纳，社会拒入"，从而在很大程度上影响了农民工融入城市社会的市民化进程。

（三）市民本位下的利益固化

长期以来，我国的农民工政策主要是由城市政府来制定或具体实施的，而城市政府主要代表的是城市和市民阶层的利益，其制定农民工政策的深层次原因也往往是从维护城市自身的利益和市民利益出发的。典型的如：为保证城市居民就业，对进城农民工的就业岗位实施限制政策；在经济形势紧张的情况下，对来自农村的计划外用工实施清退政策；为维护城市社会秩序，对部分外来农民工实施遣返政策等。

从经济学角度看，城市市民作为经济人具有追求利益最大化的天然属性。作为城市发展的既得利益者，他们在制定和实施农民工政策时，必然会以市民群体为本位，以维护和固化其既得利益为目标。而农民工作为城市发展的重要建设者和贡献者，也会要求分享城市经济社会发展的红利，二者之间的利益冲突不可避免。而这种利益冲突与矛盾必然会阻碍农民工融入城市社会的市民化进程。

第三节 当前农民工政策的缺陷分析

从上述制度设计对农民工市民化的影响分析可以看出，当前我国的农民工政策体系仍然存在着明显的制度缺陷。概括起来主要有以下几个方面。

一 在制度设计上"重城轻乡"

如前所述，我国的农民工政策主要是由城市政府来制定或者具体实施的。尽管这些政策的目标主体是农民工，但政策制定的根本出发点和落脚点往往并不是为了促进农民工自身的发展和福利，而是为了保障城市的发展和利益而服务的。

我国以往和现行的农民工政策体系在制度设计和价值取向上都存在着明显的"城市偏向"。如20世纪80年代以前，为保障重工业和城市的优先发展，而对农产品实行统购统销和对农村劳动力流动实行严格的限制政策；20世纪90年代，为既满足市场经济对生产要素自由流动的要求，又尽可能地维护城市社会的既有秩序，而对农民工进城务工实行宏观调控和引导政策等。这种制度设计上的"重城轻乡"和"城市偏向"，使农民工群体长期处于政策体系中的次要地位和从属地位，不利于农民工平等地融入城市社会和完成市民化进程。

二 在资源配置上"重工轻农"

我国在新中国成立初期推行重工业优先发展战略，为确保这一战略的顺利实施，国家借助计划经济调节和配置社会资源的功能与手段，将社会资本和优势资源向重工业和城市倾斜，对农产品实行统购统销政策，对农村劳动力流动实行严格限制政策，从而确立了农业服务工业、农村发展服从于城市发展的资源划分。

在物质资料极为匮乏的新中国成立初期，国家以这种资源配置的倾斜，迅速为工业发展提供了资本积累，奠定了我国现代工业体系的基础，不仅使国民经济发展在短期内有了跨越式的提升，而且打破了帝国主义国家对我国的重重封锁，进一步稳固了新中国的根基。事实证明，这种倾斜的资源配置政策在当时我国特殊的历史发展阶段是必要的、正确的和有效的。

但在城乡二元结构业已形成的今天，相关政策中仍然存在着这种"重工轻农"式的资源配置倾向，如在城乡居民之间教育投入、公共服务投入的不均衡，以及在城乡之间、工农之间建设资金投入的不均衡等。如果继续实施这种"重工轻农"式的资源配置政策，以牺牲农业、农村的发展来加速工业化、城镇化，势必会加剧工农差别、城乡差别以及经济社会二元结构，进一步阻碍农民工的市民化进程。

三　在管理体制上"城乡分治"

由于传统的城乡分割的二元户籍制度，目前我国大多数地区对进城农民工依然实行与当地城市居民差别化的管理，即将外来农民工排除在城市政府的正常管理和服务范围之外，并产生以下影响：

首先，这种"城乡分治"的管理模式与建立社会主义市场经济休制的目标相违背，削弱了经济要素的自由流动，阻碍了市场经济的可持续发展，不利于形成城乡统一的劳动力市场。

其次，这种"城乡分治"的管理模式还以法律形式限制农民进入城市定居、就业等，在事实上对农村富余劳动力的转移形成了体制性障碍，阻碍了城市化的顺利推进，影响了农民工的市民化进程。

最后，这种"城乡分治"的管理模式，直接与居民的住房、教育、社会保障等福利相挂钩，进一步加大了进城农民工和市民群体的贫富差距，加剧了社会分化和城乡割裂。

四　在福利安排上"城乡有别"

管理体制上的"城乡分治"必然会带来福利安排上的"城乡有别"。由于城乡割裂的二元户籍制度，进城农民工与城市居民具有两种完全不同的社会身份，这两种身份在社会上的地位不同，配置的社会资源和拥有的福利待遇也不相同。

拥有城市户籍的城市居民能够获得更多的资源配置，在教育、医疗、社会保障、公共服务等方面享有优厚的待遇和福利。而拥有农村户籍的进城农民工则无法获取这些资源和福利，或只能够享有低水平的、十分有限的资源和福利。

这种福利安排上的"城乡有别"，进一步拉大了进城农民工与城市居民的收入差距，不但直接影响着社会的公平正义，也障碍了农民工融入城市的步伐。

第四节　新时期的农民工诉求及其政策改进

自 1984 年中共中央、国务院发布《关于 1984 年农村工作的通知》，允许农民自理口粮进城务工经商以来，我国的农民工政策已经经历了 28 年的调整演变。随着时代的发展和农民工内部结构的变化，农民工群体的社会诉求也在发生变化。这些变化要求农民工政策作出适时调整与改进。

一　新时期农民工结构与诉求的变化

从 20 世纪 80 年代初，中国农村劳动力开始大规模地进城务工，时至今天，农民工内部已出现代际更替，从第一代农民工向第二代农民工快速转换。目前，以"80后"和"90后"为代表的新生代农民工迅速崛起，已经占据了外出农民工的六成左右，成为我国外出农民工的主体。

由于父辈进城打工的原因，新生代农民工大多较早地生活在城市甚至出生于城市。与第一代农民工相比，他们普遍受教育程度更高，对城市规范更为熟悉，在思想观念和生活方式上都更接近于城市市民。与父辈农民工相比，新生代农民工的权利意识更强，对城市生活的期望值也更高，他们不仅关心自身工资收入的增长，也关注社会公平、社会地位和生活品质的改善，他们的社会诉求正在由以往单纯追求收入增加向追求社会公平的综合权益转变。

二　农民工政策的调整方向：帕累托改进

农民工内部结构以及群体诉求的变化，要求农民工政策作出适时调整与改进。从目前情况看，要实现农民工群体的社会诉求，必须以社会公平为导向，以城乡分割的户籍制度改革为核心，以帕累托改进为路径对现行农民工政策体系进行调整与优化。

首先，农民工政策的调整与改进应以城乡分割的户籍制度改革为核心。我国现行的户籍制度是 1953 年粮食统购统销和农业集体化的配套制度，是当时中国政治经济制度的基石之一[①]。在将近 60 年的社会变迁中，户籍制度与其他制度相互联系、相互依存、相互作用，已经形成了一个以户籍制度为核心的庞大而复杂的制度群。要改革户籍制度，必须同时对附着其上的教育、医疗、社会保障等制度进行相应改革。否则，户籍制度改革就会丧失其意义。

---

① 李若、闫志刚：《走向有序：地方性外来人口管理法规研究》，社会科学文献出版社，2007，第 210 页。

其次，农民工政策的调整与优化应以帕累托改进为路径。农民工政策体系改革的最终目标，是使广大进城农民能够与市民一样，平等地享有城市的各种福利和发展红利。在这一过程中，原有城市居民是既得利益集团，而进城农民工则是寻求利益群体。在当前城市化率已经超过 50%、城市居民已经成为人口主体的今天，如果以简单的"利益再分配"为思路、以降低既得利益集团的既得利益为代价进行改革，势必会使改革受到很大阻力而一波三折。因此，对现有农民工政策的改革应以"帕累托最优"为目标，以"帕累托改进"为路径，在不损害城市居民现有利益的前提下，为进城农民工谋取更多的利益，而不是简单地、迅速地平均分配利益[①]。因此，对农民工政策体系的改革应是理性、稳妥和渐进式推进的。

第五节　小结

制度是不同历史阶段、不同经济社会条件下的内生产物。我国自 1958 年以来，随着经济社会发展，有关农村人口迁移和市民化的政策也经历了从严格控制、逐渐松动、有序引导到积极推动的发展演变历程。特别是进入 21 世纪以来，我国农民工政策在推动农村富余劳动力转移就业、构建城乡一体化劳动力市场、加快户籍、社会保障等配套制度改革、促进农民工融入城市等方面都迈出了实质性步伐。

然而，从目前情况来看，由于在管理体制上的"城乡分治"、在制度设计上的"重城轻乡"、在资源配置上的"重工轻农"、在福利安排上的"城乡有别"，当前的农民工政策仍然存在着一系列制度性缺陷，主要表现为：城乡分割下的公平缺失，城市导向下的目标偏

[①] 李若、闫志刚：《走向有序：地方性外来人口管理法规研究》，社会科学文献出版社，2007，第 212 页。

离，以及市民本位下的利益固化等。

根据我们的调研，在现有制度安排下，有六成以上的农民工认为自己在城市中没有得到公平待遇，有 61.2% 的农民工认为自己遭到来自市民群体和城市社会的歧视，有高达 1/3 左右的进城农民工对未来生活信心不足、缺乏安全感。这些都表明，目前的制度设计已经成为阻碍农民工市民化进程的重要因素。

当前，随着经济社会的发展、农民工内部的代际更替，以及农民工社会诉求的转变，政策制订的基础、主体与目标都已发生改变，要求农民工政策必需进行相应的调整与改进。其基本思路是：以社会公平为导向，以户籍制度改革为核心，以帕累托改进为路径对现行农民工政策体系进行调整与优化。

第六章

促进农民工市民化的经验借鉴

自 1996 年以来，中国城市化进入快速推进时期，城市化率年均提高 1.25 个百分点，西方国家伴随工业化而城市化的漫长进程，在中国得以大大浓缩。这种大规模、快速化的城市化一方面为我国经济社会发展注入了澎湃动力，另一方面也因为史无前例的人口转移规模而带来了严峻的社会整合问题。近年来，中国各地政府纷纷开展了促进农民工和谐融入城市的有益探索，而世界各国在城市化过程中也积累了不少促进新移民市民化的有益经验。本章我们将尝试从横向对各国经验进行归纳总结，同时以杭州为对象对地方促进农民工融入城市的具体做法进行纵向剖析。

第一节 促进农民市民化的国际经验

由农民涌入城市所形成的新城市移民问题是世界各国城市化过程中的普遍现象，其中印度和拉美等国家，在城市内部形成明显的二元结构，表现为先进与落后、富裕与贫困、文明与愚昧并存，陷入"经济有增长、社会无进步"的泥潭之中。而英国、德国、美国等早期工业化国家以及日本和韩国等新兴工业化国家，则通过破除制度壁垒、完善社会保障和加强教育培训等较好地解决了城市新移民的市民化和社会整合问题。

一 破除制度壁垒

消除劳动力自由流动的制度障碍是促进农民工市民化、保证城市化健康发展的必要前提和根本保障。

以英国为例，在工业革命以前，英国曾经实施《济贫法》、《定居法》等法律，对农村劳动力的流动实行了严格的政策性限制。工业革命以后，为满足大工业发展对劳动力的需求，加快促进农民市民化，英国政府颁布实施了一系列法律，如《贫民迁移法（修正案）》、《联盟负担法》等，并对原有《定居法》作出重大修改，彻底废止了贫民迁移遣返制度，放宽了对人口流动的限制。同时，通过提供居住地、提供最低生活保障等措施促进和加快农村劳动力的转移进程。

而日本政府更是在 1961 年先后制定颁布了《农业基本法》和《农业现代化资金筹措法》，明确要求在 4 年内将农村就业人口从 1400 万人减少到 1000 万人，在 10 年内将农村中 60% 的农户转移到非农产业。同时由国家补贴利息，向农户提供长期低息贷款，推动农业现代化，提升原有农业结构。在一系列政策、措施的推动下，日本农业人口占全国总人口的比重由 1960 年的 37.1% 迅速下降到 1970 年的 25.6%，农业人口净减少了 823 万人，农业生产也逐步向纵深发展、融入工业循环的大体系之中。

国际经验表明，只有进行适时有效的政策法规建构，及时破除农村劳动力转移中的制度壁垒，才能为人口自由流动和农民市民化创造条件，才能推动城市化健康有序发展。

二　促进充分就业

促进农民工充分就业，解决农民工收入低、增长慢、失业率高的问题，是保障和推动农民工顺利融入城市、实现市民化的核心问题。

英国在推进农民就业方面采取了城市、农村两手抓的方式，一是在城市大力发展第三产业，通过鼓励支持旅游、餐饮、住宿等第三产业发展，大量吸纳农村剩余劳动力。到 1970 年，英国第三产业就业人口已经占到全国就业人口的一半以上。二是在农村积极发展农工综合体，所谓"农工综合体"就是在农村发展食品加工、农副产品精深加工等非农产业，促使大量农业劳动力转移为非农劳动力。到 1970 年，英国在农工综合体就业人员已经占到全国劳动力总数的 10%。

19 世纪的德国，大量农民进入城市，成为新兴产业工人。但随着周期性经济危机的爆发，工人失业现象非常严重。为了解决这一社会性问题，德国政府于 1927 年颁布了《职业介绍法和失业保险法》，为农民工就业提供多方位的公共就业服务，同时规定包括农民工在内的全体职工都必须义务参加失业保险，从而历史性地在法律高度将农民工纳入失业保险范畴。

日本战后经济高速发展，大量农民离开土地进城工作。为此，日本政府一面积极发展第三产业和建设小城镇，大量吸纳农村转移人口；一面严格要求企业保障劳动者就业，采取"终身雇佣制"等方式确保农民进城后不会因失业而陷入困境。

印度政府为促进农民就业增收，先后启动了"自我雇佣式就业项目"和"工资性就业项目"，鼓励农民利用政府的帮扶资金进行自助发展和参与农村基础设施建设等工作，把政府投入与农村基础建设和农民的劳动创业结合起来。

上述措施在很大程度上避免了城市化过程中农民"失地"、"失业"所带来的严重后果，为农村富余劳动力顺利转移和融入城市社会提供了条件、奠定了基础。

三 完善社会保障

通过完善社会保障，解除农民工特别是离土进城农民工的后顾之忧，也是促进农民工市民化的重要国际经验之一。

英国是世界上最早开始工业化的国家，也是工业化、城市化过程中工人阶级贫困状况最突出、最典型的国家。在工业革命初期，英国工人生产条件差、工作时间长、工资薪酬低、生活环境恶劣，失业和贫困问题异常突出。为缓和日益尖锐的社会矛盾，1948 年英国政府颁布并实施了《国民救助法》，规定没有收入或者收入太低的英国居民，都可以领取国民救助金，这对于维持那些就业不稳定、收入低的农民工的正常生活起到了极大的保障作用。随后，英国又相继颁布了《工人赔偿法》、《国民救助法》、《工人住房法》、《国民卫生保健服务法》等，解决进城农民的住房、医疗、贫困救助等问题，并建立了包括进城农民工在内的全国性养老保险制度。

19 世纪的德国，由于周期性经济危机的爆发，包括大量进城农民工在内的产业工人失业严重，为此德国陆续发布了《穷人权利法规》、《黄金诏书》、《疾病保险法》、《残疾和老年养老保险法》、《职业介绍法和失业保险法》、《联邦住宅补贴法》、《联邦社会救济法》等法规，在西方发达国家中最早建立了覆盖全民的社会保障制度。

日本在工业化、城市化过程中，一直十分注重适时出台相关政策对之予以推进，先后制定颁布了《劳动基准法》、《工人赔偿法》、《最低工资法》、《就业措施法》、《劳动安全卫生法》、《雇用保险法》、《工资支付保障法》等，对包括农民在内的国民权益进行全方位的保护。相对完善的社会保障体系，保证了农民和农民工在就业、住房、医疗、养老等方面能够享有同等的国民待遇，解除了他们的后顾之忧，促进了农民市民化进程，从而保障了日本城市化的高水平和平稳顺利进行。

四　强化教育培训

西方国家在城市化过程中，十分注重对农民的基础教育和对农民工的技能培训，以加强进城农民工自身的人力资本积累，不断提高农民特别是进城农民工的社会竞争力，使之能够适应现代化产业生产和现代城市生活的要求。

日本政府一向非常重视教育事业的发展，早在 1947 年就颁布《基本教育法和学校教育法》，将义务教育从 6 年延长至 9 年。同时还在农村推行职业教育制度，对农民进行职业技能训练，鼓励企业、社团等积极开展岗前培训。由于义务教育和职业教育的普及，其农民在进入城市时已经是素质良好的劳工，能够迅速适应现代产业的要求。因此，尽管日本历史上也经历了迅猛的城市化过程，却始终没有出现很多国家在城市化过程中出现的严重社会问题，其中一个重要原因是由于其农民的教育水平一直远远高于城市化水平，使农民在城市中同样具有竞争力，从而能够较为顺利地融入城市。

德国是发展职业教育历史最悠久的国家之一，其职业教育类型多样、机制灵活、收费低廉（贫困者还可以申请免费），学员在学校里学习理论知识，然后到相应的工厂或企业中进行实践培训，既避免了理论脱离实际，又减轻了国家负担（实践经费由企业承担），大大提高了农民工的职业技能和就业率。

在瑞典等国家，失业培训不仅是免费的，参加者还可得到一笔失业救济金的培训补助。据统计，大多数参加培训者都能够自始至终完成培训，其中约 65% 经过专门培训的人，能够在 6 个月内重新在劳动力市场上找到工作。

美国政府非常重视教育和人才的培养，县级政府近50%的财政收入都投在教育上。其公立学校从小学到高中全部实行义务教育，移民工的孩子和城市孩子一样享受义务教育，学杂费全免。同时，美国还设立了《人力开发与培训法》、《就业机会法》、《就业培训合作法》、《再就业法》等法案，将职业培训纳入法制化轨道，要求全社会重视和支持职业培训。

目前，美国每年的再就业培训拨款已经高达70多亿美元，其他国家如英国每年的再就业培训拨款为30亿英镑，法国为170多亿法郎，德国为80多亿马克。

五　国际经验总结

发达国家的实践与经验表明，在推进城市化过程中，必须以促进农民充分就业增收和完善社会保障为核心，采取改善外部环境和提高农民工自身人力资本"双管齐下"的方式。一方面，在城市大力发展第三产业和积极发展小城镇，吸纳更多的农村剩余劳动力，为进城农民工创造更多的就业机会，同时通过政府的社会保障体系建构和根本性制度安排，创造公平、公正的社会环境，加快"准城市化人口"的市民化过程；另一方面，通过加强义务教育、强化职业教育，提高农民自身竞争力，使之能够适应现代城市社会的工作和生活方式，从而顺利融入城市。值得注意的是，在建立覆盖全民的社会保障体系的同时，高福利制度也会带来政府负担加重、财政赤字增加、经济增长乏力等"福利病"。因此，我国应吸取西方国家的经验教训，既要在城市化过程中通过制度设计对城乡居民一视同仁，避免人为造成城乡差别；又要量力而行，有计划、有步骤地推进社会保障体系构建，尽可能地为农村剩余劳动力转移和顺利融入城市创造良好的制度环境，让农民更多地分享到经济社会发展的红利。

第二节 国内促进农民工市民化的主要做法

一 各地促进农民进城的主要做法

（一）"宅基地换住房"的天津华明模式

华明示范镇位于天津市东丽区，距天津市中心区 10 公里，南临天津滨海国际机场。从 2005 年起，这里开始了"宅基地换住房"的创新实践，大多数农民不花一分钱，就迎来了"安居、乐业、有保障"的城市新生活。

1. 具体做法

华明镇是天津首批"宅基地换房"试点镇，共涉及 12 个村庄，试点面积 5.82 平方公里，总规划面积 2.1 平方公里，共有宅基地 12071 亩，原户均宅基地 0.8 亩。华明示范镇 2006 年 6 月动工兴建，2007 年 9 月底完工，2008 年初华明镇的 4 万多农民开始陆续搬入城镇新居，短短两年多的时间就完成了宅基地换住房。

华明镇改革的主要特点是"宅基地换住房"，即在坚持承包责任制不变、可耕种土地面积不减的基本原则下，尊重农民意愿，通过统一规划建设新型小城镇，鼓励农民以宅基地换取城镇住房，并配以相应改革，推动农村城镇化、农民市民化。其具体操作程序包括七个方面。

（1）区政府组织编制建设规划、土地整理复垦规划及年度实施计划，报市政府批准。

（2）组建开发建设投融资主体，按照市场化的原则，负责示范小城镇建设。

（3）由区政府向市国土房管部门申请建设用地周转指标，用于示范小城镇建设，而后再以原村庄宅基地整理复垦后的土地予以抵还。

（4）小城镇农民回迁住宅建成后，由小城镇开发建设投资机构交付村民委员会进行分配。

（5）村民委员会制定村民宅基地换住房的具体办法，并提交村民代表大会或村民大会通过。拟迁入小城镇的村民向村居委会提出申请，以其宅基地换取新建城镇住房。

（6）农民搬迁完成后由村民委员会负责组织村民对宅基地进行整理复垦，并经市国土房管部门验收。

（7）复垦出的农用地除用于抵还建设示范小城镇借用的建设用地指标外，其余的建设用地指标，在符合土地总体规划的前提下，经批准可以调剂使用。

2. 主要经验

建设小城镇需要大量的资金和土地，资金和土地是难点也是重点。在资金方面，华明示范镇的做法主要是让土地流动起来，实现资源资本化。由区县政府组建投融资建设公司，具体负责城镇建设的投融资、土地整理、建设开发等。在建设用地指标方面，华明示范镇建设采取了先由区政府向市国土房管部门申请建设用地周转指标，再以原村庄宅基地整理复垦后的土地抵还的方法。华明示范镇只用了8427亩地就高标准、高水平地完成了农民安置区建设，解决了农民进城后的居住问题。同时节约建设用地近4000亩，完成宅基地复耕任务，实现了建设资金平衡。

就业和社会保障是农民进城后面临的突出问题，也是决定其能否实现市民化的关键性问题。在就业方面，华明镇广开渠道努力解决镇上2.1万名适龄劳动力的就业问题。如通过农业示范园区、工业园区建设以及积极引进各类企业，吸收农民到园区和企业中就业；通过示范镇建设，为当地农民提供一批管理性和公益性的就业岗位；鼓励进城农民从事商业和服务业活动以及自谋职业等。通过示范镇建设为华明镇的村民提供了1.8万个以上的就业岗位。在社会保障方面，华明镇建立了四金制度，即薪金、股金、租金和保障金。其中，股金主要是将一些集体产业量化，让农民入股。租金是针对在企业工作的职工，其原有土地可以租给农业公司收取租金。华明镇18岁以下的未成年人能够享受到两金：租金和股金；成年人能够享受到三金：薪金、股金和租金；退休的老年人能享受到三金：股金、租金和保障金。

（二）"带着土地进城落户"的成都模式

2010年底，成都市政府发布了最新出台的《关于全域成都城乡统一户籍实现居民自由迁徙的意见》。这是2003年以来成都市第五次户籍政策调整，也是最系统、最深入、最全面的一次调整。根据政策，城乡居民户籍可实现自由迁徙，并将享有平等的基本社会公共服务和社会福利。

1. 具体做法

依据《意见》，成都市将在2012年底前建立以身份证号码为标识，集居住、婚育、就业、纳税、信用、社会保险等信息于一体的公民信息管理系统。城乡居民凭合法固定住所证明进行户口登记，户口随人的居住地变动而变动，农民可以带着承包地、宅基地等财产进城落户，享受平等的住房、教育、社保等基本公共服务和社会福利。

在居住方面，成都将建立区域统一的城乡住房保障体系，首次将住房保障体系由城镇扩展到了农村。依据意见，成都各区（市）县对城乡居民符合住房保障条件的家庭，要统一纳入城乡住房保障体系，以廉租住房、公共租赁房、经济适用房以及租房、建房补贴等方式解决其住房困难。力争在2012年底前将住房保障体系覆盖农村，实现城乡居民人人居有定所的目标。

在就业方面，成都将建立城乡统一的就业失业登记管理制度、失业保险待遇标准和就业援助扶持制度。这意味着就业援助制度长期以来重城镇轻农村的局面将得到根本改变，进城农民也能够及时得到就业失业登记和就业援助的政策保障。

在教育方面，成都将统一标准，使所有处于义务教育阶段的学生能够在户籍所在地就近入学、公平就学，并对就读中等职业学校的全市所有户籍学生实施助学政策。

在社会保障方面，成都将进一步完善城乡统一的社会保险制度：2010 年底前停止办理本市居民非城镇户籍从业人员综合社会保险，已有的非城镇户籍从业人员综合社会保险并入城镇职工社会保险；用人单位及其职工要参加城镇职工社会保险，其他居民可自主选择参加城乡居民社会保险或城镇职工社会保险；分区域建立统一的城乡"三无"人员供养标准和低保标准，从而从根本上实现城乡社保的公平。

2. 主要成效

成都从 2003 年以来经历了五次户籍政策调整：2003 年，取消了入户指标限制，以条件准入制代替"入城指标"；2004 年，打破沿袭 50 年的二元户籍登记制度，取消"农业户口"和"非农业户口"性质划分，统一登记为"居民户口"；2006 年，率先实现进城农民租住统一规划修建的房屋可以在城市入户；2008 年，进一步明确进城农民租住私人住房也可以在城市入户，彻底打破了由货币筑起的阻碍农民市民化的成本壁垒；2010 年，成都提出到 2012 年实现全域统一户籍，城乡居民可以自由迁徙。

通过上述一系列渐进式改革，成都逐渐破除了长期以来束缚城乡居民自由迁徙的制度障碍，建立了全域统一的户籍、居住管理体制机制；彻底废除了长期附着在户籍制度上的城乡权利不平等，从制度上保证了区域居民可以享有平等的教育、住房、社会保障等基本公共服务和社会福利。此次改革的一大亮点还突出表现为农民进城可以不以牺牲承包地、宅基地等财产权为代价，充分保障了农民的基本权益，降低了农民进城的社会成本。

（三）"住房换宅基地、社保换承包地"的重庆九龙坡模式

重庆是全国统筹城乡综合配套改革试验区，2007年九龙坡区作为重庆改革的先行示范区，探索建立了"用城市的社会保障换农村的承包地、用城市的住房换农村的宅基地"的九龙坡模式，初步走出了一条推动农民市民化的新型道路，取得了良好的成效。

1. 具体做法

2007年2月，作为改革先行示范区的九龙坡区探索制定了《城乡统筹发展户籍制度改革试行办法》、《农村土地承包经营权流转管理试行办法》等12个配套制度，以解决农民市民化过程中面临的突出障碍。

一是探索建立"住房换宅基地"的办法，解决进城农民的住房障碍。农民进城变为市民首先面临的是住房问题。九龙坡的解决思路是用农民在农村的宅基地来置换城里的住房。具体做法是：按照"城市建设用地增加与农村建设用地减少相挂钩"的试点要求，拿出农民原农村宅基地的20%左右，集中兴建新型农村社区，腾出80%左右的农村宅基地指标置换为城市建设用地，再用多得的土地出让金等收益来补贴农民在城市里购房。如作为第一个试点的清河、高田坎和高峰寺三个村共有740亩农村建设用地，按照城市住宅建筑密度，只用原来20%的建设用地就可以解决全部农民的住房问题。其余80%的建设用地转为城市建设用地指标，新建住宅成本价每平方米约900元，出售给进城农民为580元，差价部分从城市建设用地的土地收益中支出，再加上农民原有旧房的拆迁补偿费，这样算下来基本上农民不花钱每家就可以住上80平方米的城市住房。

二是探索农村土地承包经营权流转办法，用农村的承包地换取城市社会保障。九龙坡区规定，农民进城享受市民社会保障的同时，必须自愿退出土地承包经营权。如上述清河、高田坎和高峰寺三个村在用宅基地换城镇住房后，剩余的3000多亩耕地统一流转到九龙坡区花卉园区管理委员会，由园区统一招商用于发展花卉产业，以收益反补农民进城的社会保障资金。

三是加大对进城农民的就业培训和就业扶持。对进城农民中有劳动能力和劳动意愿的适龄劳动者，由区劳动和社会保障部门免费为其提供职业技能培训、创业培训、就业指导和职业介绍。对于一些符合条件的进城农民，还可以享受政府的小额担保贷款和就业再就业援助等政策。考虑到进城务工农民的收入仍不是十分稳定，其原有土地的流转收益也仍归农民所有。如上述三村的土地经营权流转到九龙坡区花卉园区后，通过产业发展，每亩土地农民每年还可以获得1350元的流转收益。

2. 主要经验

农民进城后能否依法享有与城市居民平等的就业、居住和社会保障等权益，是进城农民能否实现市民化的关键。目前，在这一过程中，农民市民化的较高社会成本和农民工自身较低的人力资本成为两大障碍。

重庆九龙坡区创造性地提出了"用城市的社会保障换农村的承包地、用城市的住房换农村的宅基地"的做法，通过城市建设用地与农村建设用地增减挂钩，解决了农民进城后的住房资金来源和建设用地问题。通过农村土地承包经营权流转和农村股份合作制，使进城农民在退出农村集体经济组织后，仍享有退出时集体积累资产的分配权利，可以按照股权参与集体资产收益分配，解决了农民进城后社会保障资金的来源问题。

同时，九龙坡区还针对进城农民工受教育水平普遍偏低、职业技能缺乏等问题，加大了对进城农民的就业培训和就业扶持力度，通过职业技能培训、创业培训、就业指导提升农民工自身的人力资本，增强其在劳动力市场上的竞争力。

重庆九龙坡模式通过"社会保障换承包地、住房换宅基地"的办法，因地制宜地解决了进城农民平等享有城市住房、教育、医疗、养老等社会保障和社会福利的成本障碍，逐步建立了城乡统一的户籍管理体系，引导和鼓励有条件的进城农民工由"两栖"流动向在城市永久居住的市民化转变。

（四）中西部的主要做法

据国家统计局调查，从 2009 年开始，农民工的外出就业范围由东部地区逐步向中西部地区扩散。而中西部地区政府为了增强对农民工就业的吸纳能力和服务能力，也纷纷出台了相应的农民工服务与管理办法。

2009 年 3 月，安徽省合肥市制定了《合肥市困难职工帮扶中心小额贷款贴息实施办法》，帮助包括农民工在内的有能力、有意愿进行创业的劳动者走上自主创业的道路。

2009 年 12 月，甘肃省政府出台了《甘肃省引导鼓励农民工回乡创业的意见》，提出了一系列引导鼓励农民工回乡创业的政策措施。如甘肃省农民工回乡创业从事个体经营的，3 年内免收属于省内权限的管理类、登记类和证照类等有关行政事业性收费；对农民工回乡创办公司且属于当地重点发展的产业或行业的，适当降低注册资本最低限额，允许注册资本分期到位；对农民工回乡创业给予最高 5 万元的小额担保贷款，并提供廉租厂房等，鼓励农民工自主创业，并带动更多劳动者实现就业。

上述各地吸引农民进城而采取的种种措施，可归纳为下表（见表 6 - 2 - 1）：

表6－2－1　各地促进农民进城的主要经验

主要模式	经　　　验
天津华明模式	2005年,天津华明镇探索出"宅基地换住房"推进农民市民化的新路,即在坚持承包责任制不变、可耕种土地面积不减的基本原则下,通过统一规划建设新型小城镇,鼓励农民自愿以其宅基地换取城镇住房,并配以相应改革,推动农村城镇化、农民市民化。
成都模式	2010年成都出台《关于全域成都城乡统一户籍实现居民自由迁徙的意见》,提出建立以身份证号码为标识的统一的公民信息管理系统,实现城乡居民的自由迁徙;在区域内实施城乡统一的住房保障体系、就业援助扶持制度和社会保险制度等,从根本上实现城乡社保的公平;农民进城就业、参加社保可以不以牺牲承包地、宅基地等财产权为代价,充分保障了农民的基本权益,实现城乡要素的自由流动。
重庆九龙坡模式	2007年重庆九龙坡区创造性地提出了"用城市的社会保障换农村的承包地、用城市的住房换农村的宅基地"的促进农民市民化的新模式。通过城市建设用地增加与农村建设用地减少相挂钩,拿出农民原农村宅基地的20%左右,集中兴建新型农村社区,腾出80%左右的农村宅基地指标置换为城市建设用地,再用多得的土地出让金等收益来补贴农民在城市里购房。促进农村土地承包经营权流转,用农村的承包地换取城市社会保障。

二　各地完善进城农民工社会保障的主要做法

近年来,各地区政府纷纷开展了促进农民工市民化的有益探索,特别是在农民工社会保障体系建设方面取得了明显进展。其主要模式有以下几种。

(一) 城镇模式

城镇模式又称为完全市民待遇模式,即将进城农民工直接纳入现行城镇职工基本社会保险体系,使进城农民工与城镇户籍职工一样,享有相同的社会保险权利。实施该模式的代表地区有广东省、江苏省等。

1. 广东模式

广东省作为农民工大省,政府非常重视农民工的参保问题,相继出台了多项切实有利于农民工的社会保险政策。

在养老保险方面,1998年11月《广东省社会养老保险条例》正式实施,2000年2月广东省政府又进一步颁布了该条例的实施细则,《条例》及《实施细则》均将农民工包含在内。养老保险实施社会统筹和个人账户相结合方式，农民合同制职工在中止或解除劳动合同后，可以一次性领取养老保险个人账户中的资金，个人账户基金可以跨省转移。2006 年 7 月，广东省发出《关于贯彻国务院完善企业职工基本养老保险制度决定的通知》，主要针对在企业就业的农民工，规范了参保缴费的内容。农民工在广东省参加社会养老保险，参保模式与缴费比率一直与城镇职工保持一致，但在全省各地级市之间缴费比率还有差别。

在工伤保险方面，1992 年 1 月广东省政府颁布《广东省企业职工社会工伤保险规定》，将农民工列入参保职工的范畴中。1998 年 11 月《广东省工伤保险条例》正式出台，2000 年《广东省社会工伤保险条例实施细则》颁布实施，明确了农民工作为被保险人的身份。2003 年 4 月，国务院颁布《工伤保险条例》后，广东省又对《广东省工伤保险条例》进行了进一步的修订与完善。

在医疗保险方面，1998 年 12 月广东省政府发出《转发国务院关于建立城镇职工基本医疗保险制度的决定》，明确农民工应被涵盖在基本医疗保险的范畴内。2004 年，广东省劳动厅又发布了《转发劳动和社会保障部办公厅保险的意见的通知》，规定农民工参保的重点是大额医疗保险。

在失业保险方面，1999 年广东省出台《广东省失业保险规定》，农民工被包含在被保险人的范围内。2002 年 8 月《广东省失业保险条例》出台，规定农民工在参保时不用缴费。

广东模式是城镇模式的突出代表，其主要特征在于：将进城农民工直接纳入现行城镇职工基本社会保险体系，农民工与城镇户籍职工一样参加社会保险，享有相同的社会保险权利；农民工参加工伤保险，在参保模式、缴费比率及保险待遇等各方面，与城镇职工一致；农民工参加养老保险，在保险账户模式、缴费期限及待遇等方面与城镇职工一致；在医疗保险方面，除深圳市实行统一的企业劳务工医疗保险，所有劳务工以同样的模式与缴费比率参加医疗保险外，其余城市的农民工主要参加重大疾病保险、住院保险，与城镇职工的医疗保险在参保项目与缴费比率上均有差别；农民工失业保险处于起步阶段。

2. 江苏模式

江苏省是较早提出对农村进城务工人员实行市民化待遇的地区，其对农民工实行的社会保障模式也属于典型的城镇模式。

1999 年，江苏省苏州市颁布了《关于进一步加强外埠员工参加基本养老保险的意见》。2002 年，江苏省南京市颁布了《关于外来人员参加社会保险有关问题的通知》。2006 年，江苏省劳动和社会保障厅、财政厅共同出台了失业保险政策。该项政策明确，对该省农村劳动者在城镇单位就业的，实行城乡统一的失业保险制度。2009 年 4 月，江苏省政府出台《关于解决农民工医疗保险问题的意见》，规定所有用人单位（含有雇工的个体工商户，下同）应当为所招用的农民工办理与其他职工同样的城镇职工基本医疗保险，参保费用由用人单位和个人分别按当地规定同时缴纳。

（二）独立模式

独立模式又称为综合模式，是指在城镇职工社会保险体系之外，结合农民工流动性强和收入水平低等特点，建立一套在费率水平、基金运行方式、待遇支付水平和方式等方面相对独立、与本地城镇职工社会保险政策不同的综合社会保险体系。上海是综合模式的开创者，也是实施综合模式的典型。

上海是全国第一个以地方规章的形式确立农民工社会保障制度的地方政府。2002 年，为切实保障进城务工人员的利益，上海市颁布了《上海市外来从业人员综合保险暂行办法》，确立了"三险合一"的综合保险制度。2004 年，上海市又进一步对《暂行办法》做了调整与修订，修订后的《办法》规定，凡符合条件的单位和个人必须办理综合保险，包括单位聘用的外来从业人员、无固定工作单位的外来从业人员、外来施工企业的外来从业人员都适用于本办法。

上海外来从业人员综合社会保险主要为参保的外来从业人员提供工伤（或意外伤害）补贴、住院医疗补贴和老年补贴等三方面的保障，其费率固定，费基统一，缴费周期为每 3 个月缴一次，待遇一次性发放，并委托商业保险公司进行管理。

上海外来从业人员综合社会保险无论在缴费率还是享受的待遇水平方面，均低于本地城镇职工的社会保险，具有"一个保险三项待遇"、缴费方式灵活、引入商业保险公司参与项目运营等特点。

（三）准城镇模式

准城镇模式又称为准市民待遇模式或城镇差异模式，其特点是降低社会保险的参保门槛，将农民工纳入城镇职工社会保险体系中，但与城镇职工社会保险又略有差别。杭州、北京是实施准城镇模式的典型。

1. 浙江模式

2003 年，针对浙江省城市职工基本养老保险缴费比例偏高、进城农民工参保不起或不愿参保的现象，浙江省颁布出台了《关于完善职工基本养老保险"低门槛准入，低标准享受"办法的意见》，通过降低企业和农民工个人养老保险费缴费比例，即将农民工养老保险的企业和个人缴费比例分别降至 12% 和 4%。为鼓励农民工积极参加社会保险，浙江省又先后提出了"低门槛、广覆盖、可选择"、"城乡统筹、全民覆盖、一视同仁、分类享受"等管理理念，为收入偏低的进城农民工参加社会保险开辟了新的渠道。

2006 年，浙江省委、省政府联合印发了《关于进一步加强和改进对农村进城务工人员服务和管理的若干意见》，指出要力争在 2007 年底之前，在浙江全省范围内取消农业户口、非农业户口的户口性质划分，实行统一登记为浙江居民户口的新型户籍管理制度。这意味着浙江省对农村进城务工人员在社会保障等方面均要实行市民化管理，进一步推动进城农民工的市民化进程。

2. 北京模式

北京对进城农民工也实施准市民待遇模式的城镇差异模式，主要特点为：低门槛准入，低标准享用。

在社会养老保险政策方面，早在 1999 年，北京市政府就出台了《农民合同制职工参加北京市养老失业保险暂行办法》。2001 年，市政府又进一步制定了《北京市农民工养老保险暂行办法》。其特点是将城市农民工纳入城镇职工基本养老保险体系，实行单位和个人共同缴费，推行社会统筹与个人账户相结合的社会养老保险制度。2010年，北京市按照《国务院办公厅关于转发人力资源社会保障部财政部城镇企业职工基本养老保险关系转移接续暂行办法的通知》的实施意见，调整农民工参加基本养老保险的相关政策。对于参保农民工，要求按照城镇企业职工标准参加养老保险。缴费基数依据其实际工资确定，最低缴费基数为本市上一年工资的 40%。

在工伤保险政策方面，2006 年，北京市发布了《关于做好北京市建筑业农民工参加工伤保险工作的通知》，规定在建筑业参加工伤保险的责任由总承包单位承担，凡是在工地打工的农民工都享有该项保险。2009 年 8 月，北京市又根据实际情况对《工伤保险条例》进行了进一步的修订与完善。

在医疗保险政策方面，2004 年 7 月，北京市颁布《北京市外地农民工参加基本医疗保险暂行办法》，将农民工纳入城镇职工医疗保险覆盖范围内，着力解决农民工看病难的问题。实行过程中，为了适应农民工缴费能力有限、流动性较大等特点，政策作了相关调整，如农民工个人不缴费而由企业缴费，降低了保险给付的起付标准和最高支付限额等。

（四）农村模式

农村模式又称为农民工社会保障的"返乡模式"。典型的如山西，将农民工纳入农村社会保障体系中，实行弹性的个人账户，农民工参加社会保险的缴费基数与缴费率可做弹性选择，单位与个人缴费记入个人账户，账户随个人转移而转移。2009 年 6 月，山西省根据人力资源和社会保障部《关于印发农民工平安计划二期工作方案的通知》的要求，将建筑、矿山等高风险行业的农民工覆盖在工伤保险的范畴内。以进城农民工大病统筹为重点，推进农民工社会医疗保险制度建设，并将参保范围逐步扩大到服务行业。各地促进农民工市民化的模式和主要经验，见表 6 - 2 - 2。

表 6 - 2 - 2　各地完善进城农民社会保障的主要经验

模式	典型地区	经　　验
城镇模式	广东	又称完全市民待遇模式，即农民工与城镇户籍职工一样，享有相同的社会保险权利。在工伤保险的参保模式、缴费比率及保险待遇等各方面与城镇职工一致；在养老保险的保险账户模式、缴费期限及待遇等方面与城镇职工一致；在医疗保险方面，实行统一的企业劳务工医疗保险
	江苏	对江苏省农村劳动者在城镇单位就业的，实行城乡统一的失业保险制度、医疗保险制度
独立模式	上海	结合农民工流动性强和收入水平低等特点，在费率水平、基金运行方式、待遇支付水平和方式等方面与本地职工社会保险政策相对独立。主要特点为：一个保险三项待遇，缴费率低、缴费方式灵活，享受待遇水平低于城镇社会保险项目，引入商业保险公司参与项目运营
准城镇模式	浙江	又称准市民待遇模式或城镇差异模式。主要特点是降低社会参保的门槛，将农民工纳入城镇职工社会保险体系中，但与城镇职工社会保险又略有差别。
	北京	主要特点是低门槛准入，低标准享用
农村模式	山西	即将农民工纳入农村社会保障体系中，实行弹性的个人账户，缴费基数与缴费率可做弹性选择，单位与个人缴费记入个人账户，账户随人的转移而转移

第三节　促进农民工市民化的杭州经验解读

杭州是我们此次调查中外来农民工城市适应和生活满意度最高的城市。近年来，在一系列公开评选中，杭州也多次被中央电视台等一些媒体和专家评选为"最受农民工欢迎的城市"、"中国最具幸福感的城市"。

作为东南沿海经济最发达的城市之一，近年来，随着工业化、城市化进程的加快，杭州市经济社会快速发展，从全国各地到杭州工作、居住的农民工每年以 15% ~ 18% 的速度递增。截至 2010 年底，全市共有外来农民工 235 万人，占常住人口的 27.06%，见图 6 – 3 – 1。为了让他们能够在杭州安居乐业，尽快融入当地社会，杭州市政府紧紧围绕"构建和谐杭州，共建共享生活品质之城"的总体目标，针对农民工在城市生活中遇到的普遍问题、难点问题进行了一系列的理念创新、组织设置和制度安排，并取得了明显的成效。杭州做法不仅提升了在杭农民工的生活满意度，促进了在杭农民工的城市融入和市民化步伐，也为其他城市解决农民工问题乃至制定全国性农民工政策提供了有益的经验与借鉴。

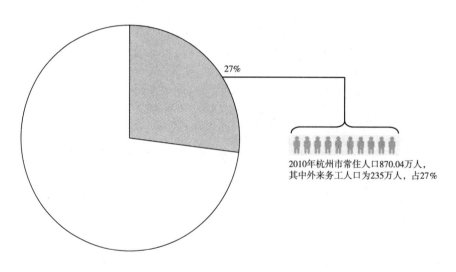

27%

2010年杭州市常住人口870.04万人，
其中外来务工人口为235万人，占27%

图 6 – 3 – 1　杭州市外来人口占比示意

资料来源：根据杭州市第六次人口普查数据。

一　"新杭州人"：称谓改变传达社会认同信号

2008 年初，身为人大代表的杭州市市长蔡齐在京接受媒体采访，当有记者问到农民工问题时，蔡市长随口纠正道："在我们那里准确的叫法是'新杭州人'"。一个称谓的改变，传达出的是杭州市政府以及区域社会群体对于外来农民工的认同态度。

当我国多数城市仍把农民工列为城市编外人员时，2005年杭州市出台了《关于做好外来务工人员就业生活工作的若干意见》。该文件除提出要在5年内实现外来务工人员与本地居民的"同城待遇"外，还强调今后要用"外来务工人员"代替从前的"农民工"、"流动人口"、"外来人口"等称谓。2007年，杭州市政府更进一步提出了要把杭州建设成为"覆盖城乡、全民共享"的"生活品质之城"，表明在建设"生活品质之城"的过程中，既要关注城市居民，又要关注农村居民；既要关注本地居民，又要关注外来创业务工人员；要让全体市民共创生活品质、共享品质生活。因此，现在在政府工作人员口中、各种媒体上、城市社区里，外来农民工都被更多地称为"新杭州人"。而在市区街头的公益广告上也醒目地写着："丽水人、衢州人、江西人、广东人，我们都是杭州人"，热忱地表达着杭州对来自全国各地的打工者的欢迎之情。政府有关工作人员解释说，之所以采用这样的称谓，一是出于对进城务工农民价值和身份的尊重；二是因为"就杭州而言，外来务工人员今后就是杭州的主人"。

称谓的变化反映出地方政府已经清醒地认识到农民工对于当地经济发展、社会稳定的重要性，也认识到解决农民工问题的根本是使他们能够更加和谐地融入当地社会中，而不是维持原有的城市中的"城乡二元"结构。杭州市政府希望通过这一称谓变化，引发、带动当地干部群众思想观念的转变，引导当地居民尊重外来农民工，消除对农民工的群体性歧视和偏见，营造有利于农民工融入城市的社会氛围，推动社会和谐发展。同时，市政府也希望以此称谓改变向外来农民工传递出明确的社会认同信号，促进农民工对自身"新城市人"身份的认知，引导他们自觉地接受城市规范，努力以城市人的行为规范要求自己，从而更加主动地融合到当地的城市社会中。

二 "石桥之变"：开启外来人口市民化管理

2003 年，石桥镇在杭州第一个响亮地提出了"外来人口市民化管理"的理念，推行外来人口与市民管理并轨，并由此开启了杭州市关于外来人口市民化管理的大胆改革。

和所有曾经地处城市边缘的乡镇一样，近十几年来石桥镇乘着城市化浪潮迅猛发展。服装业、机械制造业、各种专业市场、建筑工地以极大的容量吸纳着来自天南地北的外来人口，使这里既充满了新兴城市的欣欣向荣，也存在城郊接合部特有的杂乱。如何更好地管理这一数量庞大的外来人口，是镇政府一直思考的问题。按照镇委领导的说法，当时石桥镇外来人口已经达到 11 万多人，而常住人口只有 5 万多人，管好了外来人口，也就做好了石桥工作的2/3。他们思索的答案是：管理市民化，服务亲情化，在管理中融入服务。

实行市民化管理后，在石桥镇的外来农民工只要领取了暂住证，就可以和杭州市民一样办理市区公园年票、车辆注册登记、报考驾驶证、边防通行证和申请赴港澳进行商务旅游活动等，外来农民工子女还可以凭暂住证就近入托、入学，无须缴纳任何借读费而和城里孩子一样享受正规的基础教育。

"管理市民化、服务亲情化"还体现在许多细节处。在石桥镇外来人口服务站，办理暂住证的农民工在领证的同时，还可以拿到一本橘黄色的《温馨提示》。在这本只有 9 页的小册子里集中了农民工进入城市后最急切想了解的内容，如怎样申领暂住证、当地社保、卫生、教育等各政府部门提供的服务内容，如何防火、防盗、购买车船票以及常用电话号码等。它无疑给那些刚刚踏入城市的农民工提供了一份宝贵的城市生活指南。考虑到外来农民工中有相当一部分文化程度不高，劳动技能缺乏，镇里还特地与浙江工业大学、杭州广播电视大学等合作，为他们开办了各种实用性很强的劳动技能培训班。此外，镇里还针对农民工的娱乐特点，为他们设计印制了 3 万副宣传扑克牌，上面有基本权益保护、法律知识、城市生活常识、寻找就业岗位等方面的宣传内容，以提高外来农民工遵纪守法、依法维护自身权益的意识。

管理市民化——以一视同仁促进社会公平，服务亲情化——以友爱关怀推动社会融合，寄管理于服务中。目前，这种新型的外来人口管理模式已经在杭州市域全面推开，外来农民工可以凭暂住证办理市民卡，享受众多和杭州市民一样的服务。杭州正以其充满人文关怀的博大胸怀为外来农民工开启城市的大门。

三　破解"七"难：促进农民工顺利融入城市

同许多大城市的农民工一样，就业难、住房难、看病难、维权难、子女上学难、社会保障难等曾经是在杭农民工面临的突出问题，也是杭州推动农民工融入城市所迫切需要解决的问题。对此，杭州市政府采取了非常务实的态度，成立了由市政府牵头、24 个市级部门参加的农民工工作联席会议制度，针对当时在杭农民工工作生活中面临的突出问题、难点问题，进行了一系列极具针对性的政策设计和制度安排。

（一）做好外来务工人员就业服务——破解农民工"就业难"

一是全面推进城乡统筹就业。2002 年，杭州市从推进城乡统筹就业出发，按照"公平对待、合理引导、完善管理、搞好服务"的原则，逐步消除了各种针对外来农民工的就业限制和就业歧视，建立了城乡劳动者平等就业的政策体系和公共服务体系。全市公共就业服务机构全部向农民工免费开放，为农民工提供与城镇人员同等的求职登记、职业指导、职业介绍、政策咨询、劳动事务代理等"一站式"和"一条龙"的服务。

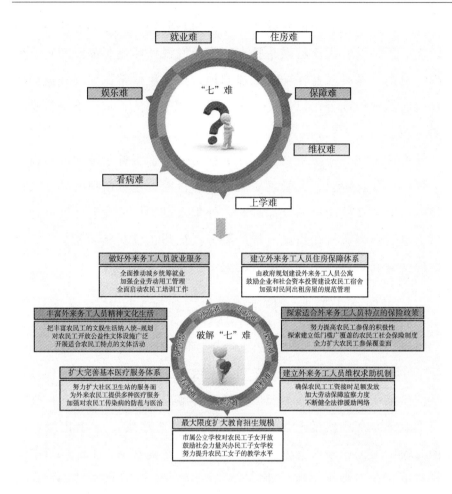

图 6 - 3 - 2　杭州破解农民工"七"难问题的主要路径

　　二是加强企业劳动用工管理。由政府相关部门指导和监督用人单位严格按照《劳动法》的规定与外来务工人员签订劳动合同，依法建立劳动关系，对不签订和不履行劳动合同的用人单位依法予以处罚。针对建筑企业劳资纠纷较多的情况，特别制定了《杭州市建设工程劳务管理办法》，进一步规范建筑企业劳动用工行为。另外，杭州市政府还建立了用人单位诚信用工信息库及社会查询系统，定期向社会公布严重失信企业名单，打击各类非法用工行为。

三是全面启动农民工培训工作。为了提升在杭农民工的素质和就业能力，杭州市政府广泛动员各种社会力量对农民工开展职业技能等培训。目前，经市劳动和社会保障局认定的就业再就业培训基地就已经达到 56 家，对农民工开展了包括职业引导、适应性教育、职业技能培训等在内的多种培训。一些地区还启动了蓝领成才工程，通过学费优惠、优先学员奖励等措施，鼓励青年农民工走进课堂，接受高等教育。如在杭州经济技术开发区实施蓝领成才工程的两年内，通过成人高考的农民工就由 2005 年的 14 人上升到了 2007 年的 150 多人。2012 年，杭州市总工会又启动了"资助千名农民工上大学行动"，让所有愿意上大学的农民工都可以有渠道申请资助。同时，政府还出台了农民工职业技能培训鉴定补贴政策和高技能人才户口进杭实施办法，鼓励、引导农民工通过各种培训，提高自身的职业素质和技能水平。

表 6 - 3 - 1 杭州"资助千名农民工上大学行动"的资助标准

项 目		资助标准	
学科分类		文 科	理 科
		1980 元/人年	2200 元/人年
资助等级	普通农民工	给予 70% 的学费资助	
	市区级技术能手、创新能手、职业技能带头人、工会先进工作者	给予 80% 的学费资助	
	区、县(市)和市直系统劳模(先进工作者)	给予 90% 的学费资助	
	市本级以上劳模(先进工作者)	给予学费的全额资助	

（二）建立外来务工人员住房保障体系——破解农民工"住房难"

一是由政府规划建设外来务工人员公寓。在外来务工人员比较集中的区域，由城区政府根据市场需求统一组织、统一规划、统一建设一批外来务工人员廉租公寓，以相对低廉的租金出租给在杭工作的务工人员。如位于下沙的杭州经济技术开发区就有一个由 13 幢大楼组成、居住了上万农民工的廉租公寓群——邻里社区。社区采用全封闭

管理，每个房间 20 多平方米，带有卫生间、淋浴、空调，住 4～6
人，人均月租金仅 40 元。社区建有图书馆、网吧、健身俱乐部、迪
吧、室外健身场所等文化娱乐设施，除了网吧为私人承包外，其他的
都属于福利设施，这里的农民工每月只需花 20 元就可以在所有的场
所随意消费。据介绍，像这样的外来务工人员公寓，近年来杭州每年
都要建造二三十万套。如杭州市 2008 年政府工作报告中就明确提出
当年要在寸土寸金的主城区再新开工建设 10 万平方米的外来务工人
员公寓。

二是鼓励企业和社会资本投资建设外来务工人员集体宿舍。首
先，鼓励外来务工人员较多的企业在符合城市规划的前提下，利用合
法的闲置厂房改造建设成外来务工人员集体宿舍，提供必要的生活设
施。其次，按照"谁投资、谁受益"的原则，鼓励社会资本投资建
设外来务工人员集体宿舍，政府依照有关规定给予经济房建设的政策
待遇，逐步形成多元化的投资机制，缓解外来农民工"住房难"问
题。

三是加强对民间出租房屋的规范管理。按照"谁出租、谁负责、
谁受益，谁负责"的原则，做好房屋租赁备案登记，落实房东的管
理责任，定期进行考核评定，逐步推行星级化管理。如在杭州拱墅区
瓜山南苑社区中，167 户房东都被打上了从一星到三星不等的星级：
三星级代表"优秀"，二星级代表"良好"，一星级代表"合格"。
对非法出租房屋尤其是危房出租、违规出租房屋等依法进行查处。

**（三）探索适合外来务工人员特点的保险政策——破解农民工
"保障难"**

一是努力提高农民工参保的积极性。原来杭州市职工基本养老保
险缴费比例偏高，农民工参保不起或不愿参保的现象比较普遍。2006
年，杭州市政府专门针对这一问题出台了《关于杭州市农民工基本
养老保险低标准缴费低标准享受试行办法的通知》，通过降低企业和

农民工个人养老保险费缴费比例，为收入偏低的农民工参加养老保险提供了新的渠道。

二是积极探索建立适合农民工特点的社会保险制度。近年来，杭州市积极探索建立适合农民工特点的社会保险制度。如，2007 年市政府根据"城乡统筹、全民覆盖、一视同仁、分类享受"的思路，出台了《杭州市基本医疗保障办法》和《杭州市基本养老保障办法》，形成了较为完善的农民工养老保险、医疗保险政策体系。与此同时，针对建筑业人员流动性大、工伤发生率高的特点，政府还专门出台了《关于推进杭州市建筑施工企业农民工参加工伤保险的办法》，规定所有在杭的建筑施工企业必须以建设工程项目为单位，为参加建设的全部农民工按建设工程造价的一定比例统一办理工伤保险参保缴费手续，从而在制度安排上解决了建筑业农民工全员参加工伤保险的难题。

三是全力扩大农民工参保覆盖面。按照"低门槛、广覆盖、可选择"的原则，杭州市目前已经将与用人单位建立劳动关系的农民工纳入了养老保险、医疗保险、失业保险、工伤保险和生育保险等五大社会保险的参保范围，切实保障了农民工的基本生活待遇。截止到 2008 年 5 月，全市农民工参加养老保险达到 80.58 万人，参加医疗保险达到 27.82 万人（其中市区农民工"低缴费、保当期、保大病"医疗保险参保 1.71 万人），参加工伤保险达到 104.68 万人，参加生育保险达到 71.50 万人。

（四）建立外来务工人员维权救助机制——破解农民工"维权难"

一是确保农民工工资按时足额发放。首先，政府通过不断完善农民工工资核定发放办法，严格实行最低工资制度，基本实现了外来农民工与普通产业工人同工同酬，保证了农民工所得最低报酬不低于当地最低工资标准。其次，对纠纷高发型企业（如建筑企业、交通施工企业等）建立了工资支付保证金制度，目前全市建筑企业职工工资支付保证金已达 4 亿余元，涉及建筑企业近 800 家。最后，通过建立欠薪农民工生活保障应急周转金制度（目前全市设立的欠薪应急周转金约为 1600 余万元），切实保障农民工的基本生活。

二是加大了劳动保障监察力度。2007 年，杭州市区全部实现了劳动保障监察网格化管理，区、县等也陆续开展了网格化管理的工作试点，建立了街道（乡镇）劳动保障监察中队，基本形成了"两级执法、三级监管、四级网络"的劳动保障监察新体系，实现了处理突发事件的关口前移，方便了农民工投诉。同时，杭州市政府相关部门还加强了日常巡视检查、举报投诉专查和劳动用工专项检查等执法活动，成立了建筑企业专项监察组对农民工集中的建筑企业予以重点监控，大大提高了监察执法的有效性和针对性。

三是不断健全法律援助网络。2007 年 4 月，杭州市第一家外来务工人员法律援助站正式启动，专门为农民工维权提供法律支持。该站成立后，除工作日对外服务外，还经常不定期地组织律师深入工地和外来人员比较集中的驻地进行法制宣传和现场咨询，帮助农民工增强法制观念和自我保护意识。一些有条件的乡镇、街道也陆续建立了法律援助志愿者队伍，调动各种社会力量参与农民工法律援助工作，如拖欠农民工工资、医疗事故、交通事故、工伤事故赔偿等。劳动保障部门、司法部门也加大了对农民工法律援助案件的办理力度，切实维护农民工的合法权益。

（五）最大限度扩大教育招生规模——破解农民工子女"上学难"

一是广开途径接受农民工子女上学。长期以来，杭州市政府高度重视农民工子女上学问题，将让农民工子女"上好学、好上学"当做政府工作的重点工程来抓。一方面，充分挖掘全日制公立学校的潜力，尽可能多地接受农民工子女入学；另一方面，积极扶持各种社会力量兴办民工子弟学校。1999 年，在许多地区还在讨论该不该取缔条件简陋的民工子弟学校时，杭州市就已批准建立了国内第一所以流入地政府管理为主、国有民办、设施优良的民工子弟学校——天成小学。如今杭州市几乎每个城区都开办了民工子弟学校，使之成为公办学校外另一条为农民工子女提供教育的重要途径。现在，农民工子女上学问题已经纳入了杭州市教育事业发展"十一五"规划，并与全市新建、扩建学校及学校布局调整结合起来。

二是加大了对农民工子女教育的扶持力度。市政府每年从教育费附加中安排专项经费，按照公办学校和教育部门民工子弟学校接收农民工子女的入学数量给予相应的资金补助。同时，政府还专门出台了《杭州市教育局关于外来务工人员子女在杭就学的暂行管理办法（试行）》，实行对农民工子女在杭上学收费与本省学生一视同仁。对于特困家庭学生，还可以允许他们申请享受学校助学金或实行分期付款。

三是努力提升对农民工子女的教学水平。近年来，杭州市政府采取了一系列措施着力提升对农民工子女的教学水平。主要包括：积极推进杭州市名校集团化战略，让外来农民工子女享受到杭州优质教育资源；按照公办学校教师标准对民工子弟学校的教师进行资格认定、职称评定、业务培训和教科研活动等，努力提高其师资水平；建立农民工子女学校督导制度，定期或不定期地进行检查、指导、评估，依法取缔或限期整改不合格学校。

（六）扩大完善基本医疗服务体系——破解农民工"看病难"

一是努力扩大社区卫生服务机构的覆盖面。近年来，杭州市不断加强社区卫生服务站建设工作，努力扩大社区卫生服务机构的覆盖面，充分发挥社区卫生服务站的服务作用，使其服务对象由户籍人口扩大到辖区内的常住服务人口，社区预防保健经费也由按户籍人口拨款改为按常住服务人口拨款。

二是为外来农民工提供多种医疗服务。根据杭州市规定，在杭农民工既可以依托居住地医疗机构就近就诊，也可以由工作单位与指定医疗机构建立医疗合作关系。各城区要求设立"爱心门诊"，为农民工困难人员提供质优价廉的医疗服务。修订杭州市外来人口孕产妇保健管理办法，实行现居住地属地管理，在设置产科的城区妇幼保健机构及市级医院中实行困难农民工孕产妇限价或费用包干分娩制。

三是加强了对外来农民工的传染病防范。由政府制定出台《杭州市外来务工人员传染病管理办法》，对在杭外来农民工检查出血吸虫病的，免费提供病原治疗药物；对外来农民工中的艾滋病患者实行免费初筛检测和抗病毒治疗；对孕妇实施免费艾滋病咨询、筛查和抗病毒药物治疗；对传染性肺结核病人实行免费检查和治疗；同时，卫生部门还加强了对外来农民工子女的免疫接种工作。

（七）丰富外来务工人员精神文化生活——破解农民工"娱乐难"

一是把丰富农民工的文化娱乐生活纳入全市统一规划。在杭州，丰富外来农民工的文化娱乐生活已经被纳入市"十一五"文化基础设施建设和文化事业发展规划，同时，外来农民工的人均文化活动经费、人均拥有文化设施面积等也将纳入全市人均文化活动经费、人均拥有文化设施面积体系中进行统一安排。

二是进一步对农民工开放公益性文体设施。按照杭州市政府要求，市区现有文化馆、图书馆、艺术馆、体育场馆、工人文化宫、少年宫、妇女活动中心等的服务范围都将扩大到外来务工人员，社区公益性文化活动中心也要向外来农民工免费开放，为他们提供便利、优质的文化服务。

三是积极开展适合农民工特点的文体活动。在政府工作导向下，杭州市各城区、社区、街道、社会团体等都积极开展了适合农民工特点的文化体育活动。如下城区石桥街道建立了农民工电影超市，举办了农民工"卡拉OK"大赛、趣味运动会、"我的情感我做主"交友联谊会等文化娱乐活动；富阳春江街道免费向农民工开放了图书馆、电子阅览室、远程教育超市等，还为他们举办了街道文艺汇演、农民工才艺大赛、新富阳人体育运动会、集体婚礼等；下沙白杨街道还为农民工成立了蓝翎艺术团、文学社、篮球队、舞蹈队等文艺团体，组织了 30 余场群众性文化体育活动；杭州慈善总会义工分会则为来杭探亲的农民工子女举办了留守儿童夏令营，等等。这些文体活动极大地丰富了外来农民工的文化精神生活，促进了他们与当地居民群众的交流互动。

四　"我们的价值观"：培育引导社会共识

结合杭州经济社会转型发展的特点，针对社会上复杂多元的世界观、人生观、价值观，从 2011 年初开始杭州市委市政府陆续推出了一系列"我们的价值观"主题实践活动。如在《杭州日报》、杭州网、杭州电视台、浙江在线等媒体向社会公开征集"我们的价值观"，引导社会各界广泛参与。围绕企业家与企业员工和谐劳动关系、企业家与社会和谐关系等主题，探讨"杭商价值"，促进社会各阶层互动。结合学习型城市建设，通过举办"杭州学习节"、"市民体验日"、"新杭州人文化乐园"、"市民大学堂"等活动，搭建城乡覆盖、全民共享的公共文化服务网络，营造"人人皆学、时时能学、处处可学"的全民学习氛围。建立"湖滨晴雨工作室"，创新社区治理模式，通过在街道建立"民情气象台"，在社区建立"民情气象站"，及时反映人民群众关心的问题，邀请相关部门深入基层调研，促进问题的解决。率先运用电视、报纸、广播、网络等多种媒体形式，搭建"我们圆桌会"、"杭网议事厅"、"民情热线"等平台，推动社会各界的交流、互动和了解，等等。

"我们的价值观"主题实践活动用群众耳熟能详的语言、喜闻乐见的方式，弘扬了"爱国、敬业、诚信、友善、感恩、奉献、关爱、创新"等社会主义核心价值体系，不但引导培育了广泛的社会共识，在全社会形成了积极向上的精神追求，还大大增强了"新市民"对杭州的认同感和归属感。

五　杭州经验总结

在提高农民工生活满意度、推动农民工尽快融入城市的进程中，杭州市采取了以政府为主导、以社会为依托的方法，充分发挥政府在公共资源配置中的主导作用，以"认同接纳"为指导思想，以"共建共享"为行动原则，根据农民工融入城市过程中面临的突出问题、难点问题，进行了一系列改革创新，形成了颇具特色的"杭州经验"。其主要借鉴与启示如下。

（一）发展理念：以人为本、共建共享

2007 年，杭州市第十次党代会正式把"生活品质之城"作为杭州的城市定位和城市品牌。2008 年，杭州市委十届四次全会进一步把杭州城市定位表述为：覆盖城乡、全民共享的"生活品质之城"，明确提出要"构建和谐杭州，共建共享生活品质之城"。"生活品质"包括经济生活品质、社会生活品质、文化生活品质、环境生活品质、政治生活品质"五大生活品质"，它把城市发展放到一个现实而又终极的意义上去把握，充分体现了以人为本、以民为先、共建共享、和谐发展的执政理念，是杭州落实科学发展观、构建和谐社会的大胆探索和生动实践。

杭州在贯彻"构建和谐杭州，共建共享生活品质之城"的发展理念中，始终坚持既关注共建，也关注共享；既关注杭州市民的共享，也关注"新杭州人"的共享；既关注新老"杭州人"共享民生改善成果，也关注新老"杭州人"共享民主建设成果。杭州在全国较早提出了让农民工有收入、有房住、有书读、有医疗、有社保、有组织、有安全、有救助"八个有"目标，努力让农民工在杭州安居乐业。杭州也因此被评为"中国最具幸福感城市"和"最受农民工

欢迎的城市"。

（二）发展路径：政府主导、全民参与

共建共享生活品质之城，促进农民工顺利融入城市，是一个系统工程，不能仅仅靠政府、农民工或社会当中的某一方，而需要多方面共同努力、共同行动。杭州在这一过程中，一是充分发挥了社会主义国家特有的政府对公共资源配置的主导性作用，以政府之力全力推动农民市民化进程，从制度创新、政策设计、组织安排、公共资源配置等方面着手，为农民工的就业、住房、社会保障等提供相应的公共服务和政策保障，努力减少农民工融入城市的制度性障碍。二是鼓励各种社会力量广泛参与，使之成为政府的重要补充，为农民工提供法律援助、就业培训等服务。三是注重从经济、社会、文化、思想观念等层面引导和激发农民工市民化意识的觉醒，努力提高其自身的人力资本积累和城市融入能力。在全社会形成"自上而下、上下结合"的促进农民工融入城市的良好氛围。

（三）制度设计：针对问题、各个击破

农民工市民化是一项复杂的社会系统工程，需要进行经济、政治、文化、社会等多方面的配套改革和制度设计。针对农民工"就业难"、"住房难"、"保障难"、"维权难"、"上学难"、"看病难"、"娱乐难"等突出问题，杭州通过对农民工市民化涉及的就业制度、公共服务制度、社会保障制度、住房制度、财税制度等进行政策设计和制度安排，较为有效地破解了农民工市民化的"七难"问题，逐步将农民工纳入城市体制之内。

（四）管理创新：市民化管理、亲情化服务

杭州在 2003 年底结束外来人员市民化管理的试点工作之后，逐步将外来农民工市民化管理模式在全市推开。市民化管理的主要内容包括，杭州有关部门在政策和条件允许的情况下，尽可能给外来人员和普通市民一样的待遇，其目标是以一视同仁促进社会公平。市民化

管理使得农民工的城市市民特质逐步增加，公平地获得了在城市社会中生活、工作、获取资源和发展机会的权利。

同时，在促进农民工顺利融入城市的过程中，杭州还以社区为载体，通过大力培育社区组织，创新改革管理办法，为外来务工人员提供了优质、快捷、温馨、全方位的亲情化服务。使外来务工人员生活有保障、精神有家园、政治有归属，实现与城市居民共建共享"品质之城"的幸福生活，以亲情化服务和友爱关怀推动了社会融合。

如今，在杭州市政府的努力和引导下，已经有越来越多的杭州市民认识到外来农民工对于杭州发展的重要性，因而在心态上更多地采取了认同和接纳的态度。而外来农民工也因为得到当地政府和市民的认同与接纳而提高了对这一城市及城市群体的认同，从而更加自觉地参与到当地的社会生活和城市建设中。外来农民工和当地市民群体之间正在形成一种积极的"共建共享"式的良性互动。

第七章

主要结论及对策建议

从上述研究分析可以看出，目前我国进城农民工在总体上仍处于"半城市化"状态，市民化程度较低。由于我国城乡二元结构的长期性、市场经济的趋利性和社会利益结构的凝固性，农民工问题异常复杂[①]。推动农民工市民化，不仅涉及城市和乡村，也涉及不同人群、不同部门、不同制度和制度的不同层面，必须统筹兼顾、突出重点、针对问题、有序推进。

第一节 主要结论

通过上述研究与调查数据分析，我们可以得出以下结论。

一 进城农民工的总体生活状况仍不容乐观

从经济生活层面看，目前我国进城农民工的总体生活状况仍不容

---

① 全国总工会新生代农民工问题课题组：《关于新生代农民工问题的研究报告》，2010 年 6 月 21 日《工人日报》。

乐观。

在就业方面，与普通市民相比，农民工群体就业具有转换工作频率快、失业率高、就业稳定性差等特点，频繁的主动或被动"跳槽"和失业使他们的城市生活始终处于一种动荡和不稳定的状态。

在收入方面，目前进城农民工的收入水平仅能满足他们低层次的生存需要，尚不足以支撑他们形成与当地市民相同或相接近的生活方式，整体低下的收入水平使很多农民工在城市生活中经常捉襟见肘甚至入不敷出。

在消费方面，目前进城农民工的日常消费支出仍主要以购买生活必需品（如食品、日用品等）和缴纳房租等生存性支出为主，鲜有余钱用于文化娱乐等消费和自我发展的积累。

在居住方面，除了极少数的自购住房者以外，绝大多数农民工都住在单位宿舍、简易工棚、雇主家或租赁房等临时性住所里，从全国情况看，2010 年全国农民工的房租支出已经超过其家庭总支出的 1/5，有 40% 以上的农民工认为目前的房租已经达到或超过其承受能力[1]。

在社会保障方面，目前我国针对进城农民工群体的社会保障和福利体系尚不完善。尽管从调查情况看，大多数农民工都同企业签订了劳动合同，但各类社会保险的实际参保率相较于中央提出的"建立覆盖全民的完善的社会保障体系"这一发展目标仍然存在较大差距。同时，企业对农民工的劳动保护和劳动权益保障意识普遍比较薄弱，农民工在污染环境中工作、缺乏必要的保护措施、劳动强度大、工作时间严重超时等现象非常普遍。

二　当前农民工的城市融入和市民化程度较低

从文化心理层面看，目前我国进城农民工的城市适应和社会满意

---

[1]　国家人口和计划生育委员会流动人口服务管理司：《中国流动人口发展报告（2011）》，中国人口出版社，2011。

度普遍不高，对所在城市的认同度和归属感不强，城市融入程度较低。在我们调查的区域内，进城农民工对城市社会的总体适应程度处于"一般"和"比较适应"之间偏向于"比较适应"的水平，社会满意度处于"一般"水平，城市认同度处于"一般"到"比较认同"的中间水平，心理融入程度则基本处于"尚未融入"到"一般"之间的水平。总体说来，我国进城农民工的城市融入程度整体偏低，要完成农民工的市民化进程依然任重道远。

这其中，尤其值得注意的是，新生代农民工正在成为外出农民工的主体，他们在思想观念和生活方式上比第一代农民工更加接近于城市市民，对城市生活的期望值更高，也更渴望融入于城市社会。但期望与现实的巨大落差，往往让他们在城市中体验到了更为强烈的剥夺感。因此，他们的城市生活满意度和心理融入度等往往更低，城市与农村"两不靠"的边缘特征更为突出，对城市社会的不满情绪和对立情绪也更加严重，更容易出现过激行为和失范行为，并成为社会不稳定的重要因素。

三　经济生活与农民工市民化之间存在着显著的正相关关系

研究发现，进城农民工的市民化状况，如社会适应、生活满意度和城市融入程度等，与其在城市中的经济生活如职业获得、经济收入之间存在显著的正相关关系。一般情况下，农民工的就业越充分、收入水平越高、消费能力越强，其在城市中的社会满意度就越高，就越能够适应和融入其所在的城市。而反之，当农民工的经济收入经常出现入不敷出、长期处于生存性消费状态时，他们的城市适应和社会满意度也会大大降低，并直接影响到他们的市民化进程。

我们的调查研究显示，在目前市场经济条件下，经济因素仍然是农民工在城市立足和进入城市社会的首要因素和基础性条件，而实现充分就业是影响农民工经济生活和城市进入的核心问题。目前，我国农民在进城打工过程中仍然面临着一系列就业壁垒，如制度性壁垒、经济性壁垒和市场化壁垒等，这些就业壁垒不仅使农民工无法在劳动力市场上与城市市民平等参与竞争，更使他们处于一种与城市社会相对隔离的边缘化境地，已经成为影响和阻碍我国进城农民工市民化的重要桎梏。

四　农民工的社会网络重构正在成为其融入城市社会的重要资本

研究表明，进城农民工正在日常生活中逐渐调整和重新编织自己的社会网络。一方面以血缘和地缘关系为基础的初级关系仍然是他们社会网络中的强纽带关系，进城农民工主要从这种先赋性的强纽带关系中获得他们在城市生活所迫切需要的社会支持。另一方面，随着谋生方式由农业生产向非农产业的转移、生活重心由乡村向城市的迁移，进城农民工正在逐步建立起以城市社会为参照、以业缘关系为基础的新的社会纽带关系，来自城市社会的异质性群体是他们社会网络中的弱关系，也是他们攫取社会资源、获得自我发展的重要手段。生活情境的变换、谋生方式的转变、城市社会的浸染使他们的社会网络由封闭走向开放，并具有了向外扩展和自我生长的能力，这些由进城农民工一手构建的社会关系网络正在成为他们在城市中赖以生存和发展的重要资本。

农民工进入城市的过程分为社会适应和自我发展两个阶段：在社会适应阶段，他们在城市中建立的社会联系越多，社会交往网络越广泛，其社会适应的过程也就越顺利，最终的社会适应程度就越高，也就越容易进入和整合于他所在的城市社会。相反，那些社会交往网络狭窄甚至发生断裂的外来人口，其社会适应程度和社会整合性就差。在自我发展阶段，他们社会网络中的异质性成分越多，与弱关系的联系越紧密，对城市资源的攫取能力就越强，其自我发展程度和城市进入程度就越高。因此，能否在新的城市环境中构筑起合理有效的社会网络也是影响农民工城市融入和实现市民化的基本条件和关键因素。

进城农民工的社会适应和城市融入的过程，不是由都市性取代乡村性的替代过程，而是在乡村性上增加都市性的叠加过程。在这一过程中有两个具有现代意义的转变：一是城市农民工在他们传统的血缘、地缘关系上增加了新型的业缘关系，虽然这种关系更多的仍是基于同质群体，却开始了他们向现代分工社会的转变；二是城市农民工在他们的社会行动中加入了明确的目标动机和工具理性，这开始了他们向现代生活方式的转变。

五　当前的制度设计仍然存在着影响农民工市民化的严重缺陷

从目前情况来看，由于在管理体制上的"城乡分治"、在制度设计上的"重城轻乡"、在资源配置上的"重工轻农"、在福利安排上的"城乡有别"，当前的农民工政策仍然存在着一系列制度性缺陷，主要表现为：城乡分割下的公平缺失，城市导向下的目标偏离，以及市民本位下的利益固化等。这些制度设计不仅严重影响着社会的公平正义，也大大阻碍了农民工市民化的步伐。

经济社会的发展、农民工内部结构及其社会诉求的变化，要求现有农民工政策必需以社会公平为导向，以户籍制度改革为核心，以帕累托改进为路径进行相应的调整与优化。

六　农民工市民化的户籍门槛正在逐步弱化、但成本门槛日益凸显

随着各地改革步伐的加快，农民工市民化的户籍门槛正逐步弱化，但附着在户籍制度之上的差别化的福利安排所导致的较高市民化成本，正在成为影响农民工市民化的又一重要门槛，建立多元化成本分摊机制已成为推动农民工市民化的关键之举。

第二节　对策建议

一　加快城乡二元体制改革，破除农民工市民化的体制障碍

要改善农民工城市融入的现状，必须改革现行户籍制度以及在此基础上产生的诸如劳动就业、社会保障等方面的制度弊端，打破城乡二元结构，为农民工融入城市创造良好的制度环境。

（一）加快户籍制度改革

城乡分割的户籍制度是农民工融入城市的一大瓶颈，现行户籍制度不改，农民工就永远不可能真正融入城市社会。因此必须加快户籍制度改革，积极探索有利于促进农民工在城市定居的户口登记制度，给予农民工公正、公平的国民待遇。对在中小城市、小城镇实现稳定就业创业而又放弃农村责任地的农民工，应取消城镇准入门槛；大城市和特大城市应积极研究放宽农民工进城落户的相关政策，采取积分制落户办法，将教育水平、技术资格、工龄、社保缴纳年限等作为积分内容，促进符合条件的农民工逐步转化为市民；对于农民工劳模、农民工高级技术人才等有突出贡献或人力资本积累较高的农民工，优先解决其城市户口问题；逐步剥离附着在户籍之上的就业、社保、住房、子女教育等差别化政策，消除农民工进入城市的体制和政策障碍。

（二）建立城乡一体的劳动力市场

随着工业化、城市化和产业结构的转型升级，必然要求劳动力资源的重新配置。必须打破城乡二元化的劳动就业体制，逐步消除劳动就业的地方保护主义，建立城乡一体的劳动力市场，充分发挥市场机制在配置劳动力资源方面的基础性作用，使农民工能够自由流动并在激烈的市场竞争中与其他劳动者处于平等的地位，加速其市民化进程。

（三）把农民工纳入城市公共服务体系

把进城农民工作为城市的平等市民，在城市规划、基础设施建设和公共服务体系建构中予以充分考虑。建立按照常住人口配置土地、公共设施、公共财政预算等公共资源配置制度，将农民工纳入常住地城市公共财政预算；赋予农民工与城镇职工平等的同城化待遇，将农民工纳入城市公共服务体系，逐步提高农民工平等享受公共产品和公共服务的均等化水平，并最终实现公共服务的统一政策、统一管理和统一服务。

二　促进农民工充分就业，奠定农民工市民化的经济基础

充分就业是农民工融入城市的首要前提，只有实现了充分稳定就业，农民工才能具有融入城市的经济条件和物质基础。当前情况下，应加强政府、企业和个人的多方合作，多管齐下，努力形成有利于促进农民工充分就业的长效机制，为农民工融入城市奠定坚实的经济基础。

（一）政府：深入开展就业创业服务，加速人力资本积累

就业是民生之本。在经济发展模式和产业结构深度调整时期，及时开展职业和技能培训，加强就业和创业扶持，不仅可以减轻当前的就业压力，还可以为将来的经济发展积累人力资本，具有重要的政策含义。

首先，正视和扶持非正规就业发展，为农民工充分就业开辟多元途径。我国正处于经济转型时期，随着市场化和经济结构调整的不断深入，非正规就业规模必将逐步扩大。应充分认识非正规就业对于促进我国社会就业的巨大贡献，加紧制定促进非正规就业发展的战略规划。根据当前经济调整时期和信息化时代非正规就业的特点，尽快出台相应的配套政策，消除非正规就业发展的各种制度壁垒。培养非正规就业发展的市场体系，为农民工提供更多就业岗位。加强对非正规

就业的政策支持，逐步建立非正规就业的社会保障和公共服务体系，多渠道、多形式促进农民工充分就业。

其次，加强与企业的沟通合作，广泛开展职业和技能培训。经济调整带来产业结构的重大调整，相当一批企业需要淘退、转产或减产裁员，部分企业员工的职业技能将面临岗位转换或永久性淘退。在此情况下，政府应根据地方产业结构调整和区域间产业转移与承接，及时发布劳动力供求信息，引导和调整劳动力供给结构；根据不同地区的劳动力市场需求，与企业紧密配合提供有针对性的免费或低收费的职业技能培训与市民化素质教育培训，加速人力资本积累；实施积极的就业政策，加大对就业创业的扶持力度，促进农民工实现再就业、转移就业和稳定就业。

再次，完善政府公共就业服务体系，加强对农民工的就业服务。政府应及时开展企业用工需求调查，搭建企业用工信息平台，通过媒体、网络等迅速准确地发布劳动力供求信息，引导农民工合理流动，尽量减少人员和岗位在地域之间的不匹配以及人员技能与岗位需求之间的不匹配，帮助农民工尽快找到工作，帮助企业尽快招到人才。完善劳务协作制度，加强输出地和输入地政府劳动就业部门间的合作，开展有组织的就业培训和"订单式"劳务输出。加强劳动力市场建设，对进城登记求职的农民工提供必要的就业指导、职业介绍和政策咨询等服务，推行"技能培训、就业服务、权益维护"三位一体的工作模式，推动农民工平等就业、素质就业和稳定就业。

最后，政府在开展进城农民工就业创业培训的具体工作中，要坚持做到"四个贴近"：一是贴近当地经济社会发展的需要，根据地区经济社会发展特别是产业发展的主要方向、特点，科学确定培训项目、内容和方式，提高培训的针对性和适用性；二是贴近农民工自身发展的需求，根据农民工个性特长和自身需求组织培训，农民工需要学什么，培训班就教什么；三是贴近方便农民工的需要，把部分培训班直接办到企业，既方便农民工，又增强培训效果；四是贴近企业用人的需要，根据用人单位的需求"订单"，确定培训内容的项目"菜单"，让农民工真正学到实用技能，让企业真正招到适用人才。

（二）企业：创新用工模式，稳定员工队伍

2010 年中央一号文件强调提出要"着力解决新生代农民工问题"，这是中央文件中第一次使用"新生代农民工"这个词，表达出党和国家对于农民工问题的高度关切。当前，"80 后"、"90 后"新生代农民工已经成为我国农民工的主体，劳动力市场出现结构性变化，随着平均受教育程度的提高，农民工的择业诉求也正在发生重要变化。除工资薪酬外，就业环境、生活环境、职业前景以及自身发展机会等越来越成为农民工就业选择时的重要考虑因素。因此，要从根本上改变当前"招工难"、"民工荒"的局面，企业仅靠提高工资已经不足以吸引工人，必须革新传统的用工模式，从生产、培训、社会保障等方面全面规范用工环境、保障劳动者的合法权益，唯如此才能长久地吸引人才、稳定员工队伍。而这也正是此次"民工荒"中江苏省受到冲击较小的主要原因。

（三）农民工：提高自身素质，加强专业技能

回顾以往历次企业招不到工人的"民工荒"或农民找不到工作的"民工慌"，农民工自身素质和职业技能不能适应岗位需求一直是其主要的原因之一。在我们的调查中，劳动者自身素质和人力资本积累的不足也是影响农村劳动力向城市转移的重要限制性因素。根据《中国农民工调查报告》，目前，我国农民工中接受过短期职业培训的占 20%，接受过初级职业技术培训或教育的占 3.4%，接受过中等职业技术教育的仅占 0.13%，而没有接受过职业技术培训的高达 76.4%。绝大多数农民工都没有接受过专业化培训，处于边干边学状态。但随着沿海地区乃至全国性的产业结构调整和升级，就业岗位对劳动者的技能要求必然会越来越高，缺乏职业教育的农民工会越来越

缺乏市场竞争力。因此，农民工必须努力提高自身素质，积极参加各种职业培训，以适应和跟上时代及产业发展的要求，增强"自我造血"功能。

三　完善社会保障体系，解除农民工市民化的后顾之忧

社会保障制度是劳动者的"安全网"和"减震器"，对于身处弱势地位、生活漂泊动荡的农民工群体尤其如此。社会保障的完善程度和水平高低直接关系进城农民工的民生问题能否得到妥善解决、生活品质能否得到有效提升、能否真正融入城市社会。因此，必须加快建立健全农民工社会保障体系，解除农民工离土进城的后顾之忧。

（一）农民工社保体系的构建方向

政府的责任之一就是保护弱势群体，而农民正是弱势群体的代表，因此改革相应制度以完善农民工社会保障体系，正是政府责任的体现。

首先，应积极推进立法工作，尽快出台《农民工社会保障法》等相关法律，从法律高度对农民工的各项社会保障予以确定，使农民工社会保障建设有法可依。

其次，针对农民工特点构建符合其实际情况、实际需要的社会保障体系。农民工群体人数多，流动性强，经济能力弱，在社会保障制度设计上必须充分考虑农民工流动性高的特点，完善社会保险关系异地转移接续办法，确保人走关系走、人到关系到；在参保费用上，要坚持低标准入保，以兼顾农民工对社会保障的迫切需求与其现实能力之间的差距；在保障类型上，可分类分层次优先解决其目前所急需解决的突出问题。

（二）农民工社保体系的建设重点

农民工是我国现代化建设进程中一支不可缺少的力量，也是一个迫切需要特殊救助的群体，应针对农民工群体的特点和需要，尽快将

农民工纳入城市最低生活保障和医疗救助范围，做到对农民工群体应保尽保、应救则救，加强服务与管理。

首先，应逐步建立面向农民工的最低生活保障以及社会救助制度。将已在城镇实现稳定就业、有固定住所且工作达到一定年限的农民工，将其纳入城市最低生活保障制度，与城市居民享有同等待遇；对未在城镇实现稳定就业、流动性较大的农民工，可建立"公共劳动"制度，为其遭遇困境时提供暂时的栖身之所和劳动就业机会，以维持其基本生活；对遇到意外伤害或重大疾病陷入困境的农民工，可由政府提供临时性应急救助。

其次，加大农民工社会保障推行力度，建立灵活务实的农民工社会保障体系，将符合条件的农民工尽快纳入城镇工伤、医疗、失业、养老等社会保险覆盖范围。如，针对农民工工作风险高、劳动强度大等特点，强制推行和建立流动人口工伤保险制度，以有效分散和化解其职业风险。建立农民工医疗保险和大病保障制度，对于那些已在城镇居住多年、就业稳定、有固定收入的农民工，应实行与城镇职工相同的社会统筹与个人账户相结合的医疗保险制度；对未在城镇实现稳定就业的农民工，建立大病医疗保险。建立有差别的社会养老保险制度，将已在城镇实现稳定就业、有固定住所且工作达到一定年限的农民工，纳入城镇职工社会养老保险体系；对未在城镇实现稳定就业的农民工，则可设计一种过渡性方案，实行低费率、低缴费基数，费用由用人单位和农民工共同负担；等等。

最后，将农民工纳入城市廉租房、公租房和经济适用房享受范围，鼓励建设农民工公寓，确保农民工"居者有其屋"，能够在城市安居乐业。探索建立农民工住房公积金制度，鼓励有条件的城市将有稳定职业且在城市居住一定年限的农民工纳入城镇住房保障体系；探索农民工住房保障与其农村土地流转、农村房产处置相挂钩的体制。

（三）农民工社会保障的资金来源

建立以国家、企业、个人共同出资的农民工社会保障制度，扩大资金筹集渠道，加强基金运营管理。

首先，强化个人、企业、国家在完善农民工社会保障中各自的义务。地方政府要转变职能，各级财政应调整预算支出，拨出专项财政资金用于建立农民工社会保障体系；企业或单位应将农民工纳入社会保险和住房公积金等福利开支范围，通过出资、出力等方式积极主动参与；农民工个人则应严格履行参保、缴费、出资等义务。

其次，扩大资金筹集渠道，同时充分发挥农民工的自我保障能力。如采取完善国有资产收益和国有土地有偿使用收入充实社保资金的办法，以增加公共财政的社会保障投入；尝试"以土地换保障"，把土地转让费所得收入转入个人社保账户；发行社会福利彩票等。条件具备的话，国家还可以进一步发挥财政转移支付功能，建立全国统筹的社保准备金和最低保障标准，并设立一个平均的社保缴纳和中央、地方财政补贴标准，对个人社会保障水平和各地社保基金实行一定程度的"削峰平谷"，为全国统筹打下基础。

最后，要做好社保资金的运营管理工作，确保社保基金安全运营，防止侵吞和挪用。

四　创新外来人口管理，促进农民工市民化的社会网络重构

（一）确立以社区为主体、以服务为导向的管理范式

要确立以社区为主体、以服务为导向的管理范式，促进进城农民工的社会网络重构和再社会化。加快改变现行的城市流动人口管理中"重管理轻服务、重义务轻权益、重城市轻农村"的政策取向，转变过去那种以公安局为主要管理部门的防范式管理，逐步建立起以社区为主体、以服务为导向的外来人口管理新模式。将进城农民工视为城

市的有机组成部分，按照常住地原则将他们纳入城市基层组织——社区的管理和服务范围中，在居住、生活、就业、子女入学、社会保障等方面给予平等的市民待遇，并尽可能为他们提供多方位、全程化的服务，更好地保障他们的合法权益。要逐步建立流入地企业、社区、政府相结合的农民工社会支持网络，引导农民工积极参与流入地社会事务，促进农民工与当地居民的良性互动，增强农民工的社会保障机制和社会融入机制，培养农民工对流入社区的认同感和归属感。

（二）引导社会形成包容、认同、接纳农民工的良好氛围

要引导社会尊重农民工、善待农民工，在全社会形成认同、接纳、包容的良好社会氛围。首先，要尊重劳动，尊重农民工在改革开放过程中为全体中国人民作出的巨大牺牲和创造的巨大财富。其次，要尊重农民工权益，注重人文关怀，消除对农民工的歧视，努力提升农民工的政治地位和政治参与，增强农民工在社会阶层中的地位和向上流动的可能性。最后，要努力改善农民工的生存居住环境，给予其均等化的公共服务。在农民工聚集的地区，政府应加大投入，着力改善农民工及其家属在城市的居住、生活和教育条件，关心农民工在物质精神等方面的生存、发展和提升的需求。农民工流出地和流入地应该加强交流与合作，切实解决农民工在探亲、两地分居、土地流转、社保关系转移等方面的困难。

附录 1

外来人口城市融入状况调查表[*]

亲爱的朋友：

您好。我们是中国社会科学院研究人员，正在承担一项国家社会科学基金研究课题，主要任务是调查研究进城农民工在城市的工作生活状况以及城市融入情况，为政府部门制定相关政策提供依据和建议。同时也对改善农民工的城市生活状况、提高农民工市民化程度的有效路径进行探索。我们此次进行的调查采取不记名方式，答案也无所谓对错，绝不会影响您的生活，请您根据实际情况放心填写，谢谢您的合作！

中国社会科学院

农民工市民化研究课题组

---

[*] 本调查表是我们在北京、杭州、东莞对进城农民工市民化状况进行实地调研时所用的问卷调查表，该表在使用中根据每个城市当时当地的实际情况做了一些细微的调整（如在东莞调研时增加了有关金融危机的问题），但基本内容不变。根据此问卷调查表整理的数据资料也是本书研究的主要数据来源之一。

A　您的基本情况（请根据实际情况填写或在相应答案后划"√"）

　A1　性别：①男□　②女□

　A2　年龄：　　　岁

　A3　籍贯（老家）：

　A4　婚姻状况：

　　　①未婚□　　　　②已婚□

　　　③离婚□　　　　④丧偶□

　　　2.0　没有孩子□　　2.1　有 1 个孩子□

　　　2.2　有 2 个孩子□　　2.3　有 3 个或以上孩子□

　A5　受教育程度：

　　　①没有读过书□　②小学□　③初中□

　　　④高中□　⑤大专□　⑥大学或以上□

B　您的工作情况（请根据实际情况填写或在相应答案后划"√"）

　B1　您现在的职业是：

　　　①普通工人□　②专业技术人员□

　　　③办公室文员或管理人员□

　　　④宾馆、饭店、商店等服务员或售货员□

　　　⑤保姆□　⑥清洁工□　⑦司机□

　　　⑧个体户或企业主□　⑨其他（请注明）

　B2　到目前为止您一共打了几年工？　　　　　年

　B3　您现在的工作是您自打工以来做过的第几份工作？

　　　第　　份工作

　B4　您换工作的主要原因是：

　　　①工资低□　②待遇差□　③工作太辛苦□

　　　④没有发展前途□　⑤老板拖欠工资□

　　　⑥自己不适应□　⑦想多走走、开阔眼界□

　　　⑧被老板裁员或辞退□　⑨其他（请注明）

B5　您当初是和谁一起进城打工的？（可以有多项选择）

①和老乡一起□　②和亲戚朋友一起□　③和家人一起□

④自己一个人□　⑤其他（请注明）

B6　您在外出打工时，一般通过什么途径获得工作？（可以有多项选择）

①亲戚帮助□　②老乡介绍□　③和老乡一起外出找□

④乡村政府组织□　⑤包工头带走□　⑥外来人员招工□

⑦职业介绍所、人才交流中心等劳动服务组织介绍□

⑧广播、电视、报纸等媒体的招聘广告□

⑨无人帮助，自己找□　⑩其他（请注明）

B7　在工作前您是否参加过有关培训？

①有参加过□　　　　②参加过□

B8　您现在每月的平均收入是多少钱？

①500 元以下□　②500～999 元□　③1000～1499 元□

④1500～1999 元□　⑤2000～2499 元□　⑥2500～2999 元□

⑦3000～3499 元□　⑧3500～3999 元□　⑨4000 元及以上

B9　您最初打工时的月收入是多少钱？

①500 元以下□　②500～999 元□　③1000～1499 元□

④1500～1999 元□　⑤2000～2499 元□　⑥2500～2999 元□

⑦3000～3499 元□　⑧3500～3999 元□　⑨4000 元及以上

B10　您现在每天工作多少小时？

①8 小时及以内□　②9～10 小时□　③11～12 小时□

④13 小时及以上□

B11　您现在每周工作多少天？

①5 天及以内□　②6 天□　③7 天□

B12　您有没有与公司（或老板）签订劳动合同？

①有□　②没有□

B13　您是否遇到过老板拖欠工资的情况？

　　①经常遇到□　②偶尔遇到□　③从没遇到过□

C　您的生活情况（请根据实际情况填写或在相应答案后划"√"）

C1　您每月的工资主要用于哪些方面？

　　①寄回老家所占的比例：_____%

　　②日常生活支出所占的比例：_____%

　　③子女教育支出所占的比例：_____%

　　④文化娱乐消费所占的比例：_____%

　　⑤存款储蓄所占的比例：_____%

　　⑥其他支出（请注明）

C2　您每月的个人平均消费是多少？

　　①200元以下□　②200～500元□　③501～999元□

　　④1000元及以上□

C3　出来打工后，您是否遇到过身上完全没有钱的时候？

　　①出现过□　②没有出现过□

C4　您业余时间的主要活动是：（选最主要的3个）

　　①电视、电影、录像□　②看书报或听广播□

　　③家务劳动□　④上网□　⑤照看子女□

　　⑥参加学习或培训□　⑦找朋友打牌、聊天、逛街□

　　⑧唱卡拉OK、跳舞□　⑨休息、什么也不干□

　　⑩其他（请注明）

C5　您目前在城里住的是：

　　①自己买的房子□　②租的房子□　③住亲戚朋友家□

　　④住单位宿舍□　⑤住工棚□　⑥自己搭的简易房□

　　⑦住老板或雇主家□　⑧其他□

C6　您目前是：（可以多选，如与妻子、孩子同住，则在②、③后都划"√"）

①自己单独住□　②与父母（或夫妻）同住□

③与孩子同住□　④与亲戚同住□　⑤与老乡同住□

⑥与打工的同事同住□　⑦其他□

C7　打工期间您是否经常变换住处？

①是□　②不是□

C8　打工期间您变换住处的主要原因？（可以多选）

①换工作了□　②房租涨价□　③房东收房□

④想改善居住环境□　⑤为方便孩子上学□

⑥其他（请注明）

C9　您的孩子在哪里上学？（没有孩子或孩子没到上学年龄的不填）

①全部在城里上正规（公立）学校□

②全部在城里上民工子弟学校□

③全部在老家上学□

④有的在城里上学、有的在老家上学□

⑤在城里辍学（到上学年龄而没上学）□

⑥在老家辍学（到上学年龄而没上学）□

C10　如果您的孩子在城里公立学校上学，学校如何收费？

①和城里孩子一样收费□

②需要交赞助费或借读费□（每学年交多少赞助费或借读费？_____元/学年）

D　您的社会交往情况（请根据实际情况填写或在相应答案后划"√"）

D1　您平常主要和谁交往？（请在各行相应的答案下划"√"）

	①基本无交往	②偶尔交往	③经常交往
①朋友	□	□	□
②家人	□	□	□

③亲戚　　　　　　　□　　　　　□　　　　　□

④老乡　　　　　　　□　　　　　□　　　　　□

⑤打工的同事　　　　□　　　　　□　　　　　□

⑥老板或雇主　　　　□　　　　　□　　　　　□

⑦当地居委会或政府干部□　　　　□　　　　　□

⑧城里房东或熟人　　□　　　　　□　　　　　□

⑨家乡政府干部　　　□　　　　　□　　　　　□

⑩其他　　　　　　　□　　　　　□　　　　　□

D2　当您遇到困难或困惑时，您一般会告诉谁？和谁商量？（可以有多项选择）

①朋友□　②家人□　③亲戚□　④老乡□

⑤打工的同事□　⑥老板或雇主□

⑦当地干部（居委会、派出所、政府部门等）□

⑧城里的房东或熟人□　⑨家乡政府干部□　⑩其他□

D3　您以往曾经从哪些人中获得过支持和帮助？（比如借钱等，可以有多项选择）

①朋友□　②家人□　③亲戚□　④老乡□

⑤打工的同事□　⑥老板或雇主□

⑦当地干部（居委会、派出所、政府部门等）□

⑧城里的房东或熟人□　⑨家乡政府干部□　⑩其他□

D4　您认为当您遇到麻烦时谁最有可能帮助你？对您来说，什么关系最可靠？

（可以有多项选择）

①朋友□　②家人□　③亲戚□　④老乡□

⑤打工的同事□　⑥老板或雇主□

⑦当地干部（居委会、派出所、政府部门等）□

⑧城里的房东或熟人□　⑨家乡政府干部□　⑩其他□

E 您的社会保障情况（请根据实际情况填写或在相应答案后划"√"）

E1 出来打工后，您是否遇到过完全没有工作（失业）的情况？

①遇到过□ ②没有遇到过□

E2 出来打工后，您最长一次失业时间大约有多长？（没有可不填）

①不到 1 个月□ ②1～2 个月□ ③3～5 个月□

④6～11 个月 ⑤12 个月及以上

E3 你失业时靠什么生活？

①靠自己以前的积蓄□ ②父母家人支持□

③向亲戚朋友借钱□

④其他（请注明）

E4 出来打工后，您是否生过病？

①从没生过病□ ②偶尔生病□

③有时生病□ ④经常生病□

E5 如果在城里打工时生病，您一般会怎么办？

①能忍则忍，不管它□ ②自己买点药吃□

③去私人诊所看病□ ④去正规医院看病 □

E6 您看病的钱一般由谁负担？

①全部自己负担□

②单位（或老板）报销一部分□ （请注明报销比例）

E7 您自己参加了哪些社会保险？（没有可不填）

①没办过任何保险□ ②养老保险□ ③医疗保险□

④失业保险□ ⑤工伤保险□ ⑥其他保险（请注明）

E8 您没有参加社会保险的主要原因？（参加的可不填）

①没有钱□ ②不知道怎么参加□ ③认为参加了没有用□

④没有听说过、不了解情况□ ⑤其他原因（请注明）

E9　公司（或老板）为您购买了哪些保险？

①没购买任何保险□　②养老保险□　③医疗保险□

④失业保险□　⑤工伤保险□　⑥生育保险

⑦其他保险（请注明）

E10　您在工作中都有哪些福利待遇？（可以多项选择）

①没有□　②提供住宿（或租房补贴）□

③提供工作餐□　④年终奖□

⑤提供劳保或高温费等　⑥其他福利（请注明）

E11　您最希望加入哪些保险？

①不需要、不如多给些钱□　②养老保险□

③医疗保险□　④失业保险□　⑤工伤保险□

⑥最低生活保障　⑦其他保险（请注明）

F　您对城市生活的感受（请在相应答案后划"√"）

F1　您现在对城市生活感到适应吗？

①很不适应□　②不太适应□　③一般□

④比较适应□　⑤很适应□

F2　请回忆一下，刚到城市时您对城市生活适应吗？

①很不适应□　②不太适应□　③一般□

④比较适应□　⑤很适应□

F3　您对自己目前在城市里的生活还满意吗？

①很不满意□　②不太满意□　③一般□

④比较满意□　⑤很满意□

F4　您觉得您在城市里是否受到了公平待遇？

①很不公平□　②不太公平□　③一般□

④比较公平□　⑤很公平□

F5　您觉得城里人对您怎么样？

①很不友好□　②不太友好□　③一般□

④比较友好□　⑤很友好□

F6　您对目前在城里工作的下列情况是否满意？（请在各行相应的答案下划"√"）

①很不满意 ②不太满意 ③一般 ④比较满意 ⑤很满意

①经济收入　□　　　　□　　　　□　　　　□　　　　□

②工作环境　□　　　　□　　　　□　　　　□　　　　□

③消费水平　□　　　　□　　　　□　　　　□　　　　□

④居住条件　□　　　　□　　　　□　　　　□　　　　□

⑤生活状况　□　　　　□　　　　□　　　　□　　　　□

⑥精神状况　□　　　　□　　　　□　　　　□　　　　□

⑦社会地位　□　　　　□　　　　□　　　　□　　　　□

⑧发展机会　□　　　　□　　　　□　　　　□　　　　□

F7　与进城打工前相比，您的下列情况是更好些还是更差些？

①很不满意 ②不太满意 ③一般 ④比较满意 ⑤很满意

①经济收入　□　　　　□　　　　□　　　　□　　　　□

②工作环境　□　　　　□　　　　□　　　　□　　　　□

③消费水平　□　　　　□　　　　□　　　　□　　　　□

④居住条件　□　　　　□　　　　□　　　　□　　　　□

⑤生活状况　□　　　　□　　　　□　　　　□　　　　□

⑥精神状况　□　　　　□　　　　□　　　　□　　　　□

⑦社会地位　□　　　　□　　　　□　　　　□　　　　□

⑧发展机会　□　　　　□　　　　□　　　　□　　　　□

F8　与留在家乡的人相比，您的下列情况是更好些还是更差些？

①很不满意 ②不太满意 ③一般 ④比较满意 ⑤很满意

①经济收入　□　　　　□　　　　□　　　　□　　　　□

②工作环境　□　　　　□　　　　□　　　　□　　　　□

③消费水平　□　　　　□　　　　□　　　　□　　　　□

④居住条件 □ □ □ □ □

⑤生活状况 □ □ □ □ □

⑥精神状况 □ □ □ □ □

⑦社会地位 □ □ □ □ □

⑧发展机会 □ □ □ □ □

F9　与其他打工的人相比，您的下列情况是更好些还是更差些？

①很不满意 ②不太满意 ③一般 ④比较满意 ⑤很满意

①经济收入 □ □ □ □ □

②工作环境 □ □ □ □ □

③消费水平 □ □ □ □ □

④居住条件 □ □ □ □ □

⑤生活状况 □ □ □ □ □

⑥精神状况 □ □ □ □ □

⑦社会地位 □ □ □ □ □

⑧发展机会 □ □ □ □ □

F10　与城里人相比，您认为您的下列情况是更好些还是更差些？

①很不满意 ②不太满意 ③一般 ④比较满意 ⑤很满意

①经济收入 □ □ □ □ □

②工作环境 □ □ □ □ □

③消费水平 □ □ □ □ □

④居住条件 □ □ □ □ □

⑤生活状况 □ □ □ □ □

⑥精神状况 □ □ □ □ □

⑦社会地位 □ □ □ □ □

⑧发展机会 □ □ □ □ □

F11　您认为自己现在是属于：

①农村人□　②半个城里人□

③城里人□　④说不清楚□

F12　您对目前所在的城市感觉如何？

①非常陌生，很难融入这个城市

②虽然熟悉，但觉得自己始终是外乡人和过客

③比较亲切，有一点家的感觉

④很亲切，有一种家的感觉

G　您未来的打算（请根据实际情况填写或在相应答案后划"√"）

G1　您打算在城里干多长时间？

①没想过□　②不清楚，干一天算一天□

③挣一笔钱就回家□　④只要能挣钱，越长越好□

⑤干到年纪大了就回乡务农

⑥通过打工，争取留在城市里生活□

G2　您对未来有没有明确的目标？

①不去想，因为想了也没有用□　②没有想过□

③目前还没有想，但会考虑□　④正在考虑□

⑤有明确的目标□

G3　您对未来有何打算？请说明。

_____

_____

_____

H　您对城市生活的期望与要求（请根据实际情况填写或在相应答案后划"√"）

H1　您为什么选择到城市工作：（可以有多项选择）

①更多就业机会□　②追求现代化生活环境□

③多挣钱□　④提高自身社会地位□

⑤能接受更多职业技能培训□　⑥开阔眼界□

⑦生活更加丰富多彩（文化娱乐活动多）□

⑧让子女接受更好的教育□

⑨其他□（请注明：_____）

H2　在城市里打工，您遇到的困难主要有哪些？（可以有多项选择）

①城里物价太贵□　②工作不好找□

③社会联系少，感情孤独□

④房子太贵（或房租太贵）、住不起□

⑤生活艰苦□　⑥受当地人歧视□

⑦受老板压迫□　⑧被拖欠和克扣工资□

⑨没有安全感□　⑩受到伤害和损失无处申诉□

⑪孩子上学困难□　⑫看不起病□

⑬受当地政府管理人员的刁难和欺负□

⑭其他□（请注明：_____）

H3　您最希望城市当地政府为您解决哪些问题？（可以有多项选择）

①创造更多就业机会□　②提供廉租房□

③提高社会地位□　④解决子女在城里的上学问题□

⑤提供职业技能培训□　⑥增加文化娱乐活动□

⑦创造与城市人交往的机会□　⑧提供医疗保障□

⑨其他□（请注明：_____）

附录2

金融危机对农村劳动力
就业影响调查表[*]

亲爱的朋友：

　　您好。为了准确把握金融危机对当前农村劳动力就业的影响以及外来人口在城市的工作生活状况，为政府部门制定相关政策提供依据，我们特进行此次调查。调查采取不记名方式，答案也无所谓对错，绝不会影响您的生活，请您根据实际情况放心填写，感谢您的合作。

中国社会科学院

青年人文社会科学研究中心课题组

2009 年 3 月

---

[*] 2009 年 3 月，为落实中央"四保"政策，深入了解国际金融危机对我国经济和农村劳动力就业的影响，中国社会科学院青年人文社会科学研究中心、中国社会科学院团委共同组织一些青年学者赴江西、重庆、广东、江苏等农村劳动力输出和输入大省进行实地调研。作者承担了赴广东、江苏两个农村劳动力输入大省调研的任务，本调查表是作者和课题组其他成员为此次调查所设计的问卷。根据此次调研搜集整理的数据也是本书研究的资料来源之一，所以特将此调查表列入本书的附录。

1. 您的性别（在相应的数字上打钩，下同）：

   ①男　②女

2. 您的实足年龄：

   ①18 岁及以下　②19～24 岁　③25～30 岁

   ④31～35 岁　⑤36 岁及以上

3. 您的文化程度：

   ①本科及以上　②大专　③高中　④初中　⑤小学及以下

4. 您是哪个省市的人：

5. 您的婚姻状况：

   ①已婚　②未婚

6. 您的生育状况：

   ①未育　②已育

7. 您的外出务工年数累计共有：

   ①1 年以下　②1～2 年　③3～5 年　④5 年及以上

8. 您目前从事的职业是：

   ①普通工人　②专业技术人员　③办公室文员或管理人员

   ④宾馆、饭店、商店等服务从业人员　⑤个体户或企业主

   ⑥其他职业（请注明）　⑦没有工作（转到问题 18）

9. 您目前的收入情况：

   ①500 元及以下　②501～1000 元　③1001～1500 元

   ④1501～2000 元　⑤2001～2500 元　⑥2501～3000 元

   ⑦3001～3500 元　⑧3501～4000 元　⑨4000 元以上

10. 同去年初相比您的收入增加/下降了　　　　　　元/月。

11. 您现在每天工作多少个小时（多于半个小时算一小时，少于半小时忽略）：

    ①8 小时及以下　②8～10 小时

    ③10～12 小时　④12 小时以上

12. 您对目前的工作收入满意吗？

　　①很满意　②基本满意　③一般　④不太满意　⑤很不满意

13. 您的个人月基本消费情况：

　　①200 元以下　②200～500 元

　　③501～999 元　④1000 元及以上

14. 您的工资主要用于哪些方面的支出：

　　①赡养父母　②日常支出　③子女教育　④娱乐、服装消费

　　⑤存款储蓄　⑥其他

15. 您有没有与公司（或老板）签订劳动合同？

　　①有　②没有

16. 单位都为您办理了哪些社会保险：

　　①没办任何保险　②养老保险　③医疗保险

　　④失业保险　⑤工伤意外保险　⑥其他保险（请注明）

17. 单位或雇主为您提供了哪些福利待遇？（可以有多项选择）

　　①没有　②提供住宿（或租房补贴）　③提供工作餐

　　④年终奖　⑤提供劳保或高温费等　⑥其他福利（请注明）

18. 您一般主要通过什么途径获得工作？

　　①亲友老乡介绍　②广播、报纸等媒体的招聘广告

　　③地方政府组织　④包工头带走　⑤外来人员招工

　　⑥职业介绍所、人才交流中心等劳动服务组织介绍

　　⑦无人帮助，自己找　⑧其他

19. 您之前是否参加过相关工作培训？

　　①没有参加过　②参加过

20. 您目前在城里如何居住：

　　①自己买的房子　②租房子　③住亲戚朋友家　④住单位宿舍

　　⑤住工棚　⑥自己搭的简易房　⑦住老板或雇主家

　　⑧其他（请注明）

21. 这次金融危机对您的工作有什么影响？

　　A. 被公司裁员或失业

　　　　①失业 1～3 个月　　②失业 4～6 个月

　　　　③失业 7～12 个月　　④至今失业

　　B. 月收入减少

　　　　①月收入减少 100～300 元　　②月收入减少 400～600 元

　　　　③月收入减少 700～900 元　　④月收入减少 1000 元以上

　　C. 加班时间减少

　　　　每周加班时间减少_____小时。

　　D. 其他（请在下面具体说明）

　　　　_____

　　　　_____

22. 如果找不到工作（或失业），您有何打算？

　　　　_____

　　　　_____

23. 如果以后不出来务工，您打算在农村老家做什么？

　　　　_____

　　　　_____

24. 这次金融危机对您的生活有何影响？您目前在城市生活的最大困难是什么？

　　　　_____

　　　　_____

附录 3

金融危机对江苏和广东两省
农民工就业的影响[*]

受金融危机的影响，江苏和广东省的许多出口型企业订单减少，生产开工不足，工作时间缩短。由于农民工收入的相当一部分来源于加班工资，因此，工作时间的缩短，意味着他们实际收入的较大幅度下降。据粗略估算，受金融危机影响，农民工实际收入普遍下降了约30%。金融危机对农民工就业的影响还体现在使农民工的流动性显著下降。此外，金融危机还改变了农民工的供求关系，使得危机之前普遍存在的"民工荒"现象基本消失。当前的劳动力市场供求关系表现为普工供大于求，而技工则依然供不应求。金融危机也使相当一部分农民工面临着岗位转换的压力，在这个过程中，技能培训将起到重要的作用。

* 本报告是中国社会科学院青年人文社会科学研究中心、中国社会科学院团委于2009年初组织一些青年学者开展"金融危机对农村劳动力就业的影响"专题调研的部分成果，也是本书的数据资料来源之一。作者是本报告的主要执笔人和主要统稿人之一，感谢课题组其他成员对此课题的贡献。

一 江苏省农民工就业情况变化

(一) 江苏省的农民工总量和结构

江苏既是农民工输入大省，又是输出大省。截至 2008 年末，全省 2662.18 万农村劳动力中，已有 1697.8 万人转移到城镇和非农产业，转移比重达 63.8%，其中异地输出 842.4 万人，就地转移 855.4 万人。全省农民工总数达 910 多万人，其中本省农民工 500 多万人，外省农民工近 400 万人，主要分布在经济较发达的苏州、无锡、常州、镇江和南京等地。苏州市约有农民工 225 万人，无锡市约有农民工 165 万人，南京市约有农民工 120 万人。来自外省的约 400 万农民工中，安徽占 38%、四川约占 18%、河南约占 10%，其后分别是江西、山东、湖北、浙江、贵州等省。

昆山市 2008 年底登记的外来人口超过 130 万人，其中来自江苏本省的占 23.77%，其他主要来自安徽、浙江、江西、四川、湖南等地。外来农民工主要分为三类：一是高级"打工族"，学历较高，一般担任外资企业管理人员，约占总数的 10%；二是打工型人员，大多来自贫困地区，文化程度一般不高，约占总数的 80.2%，且以女性居多；三是自由职业型人员，以个体经营为主，约占总数的 9.8%。从就业行业来看，农民工就业主要在工业。全市工业从业人员 100 万左右，农民工约占六七十万。

(二) 当前江苏省农民工就业形势

受美国金融危机的影响，我国外贸出口增幅大幅度下降，2009 年 1~2 月份甚至同比下降 21.1%，由此造成我国工业特别是出口导向型产业增长速度的大幅度下降，2009 年前两个月规模以上工业增加值增速同比增长仅为 3.8%，下降 11.6 个百分点，而作为前一阶段增长最快产业的电子及通信设备制造业在 2008 年 11 月、12 月出现了罕见的负增长。

江苏省是我国外贸依存度比较高的地区，也是 IT 产业最为集中的地区之一。2008 年江苏进出口总额 3922.7 亿美元，比上年增长 12.2%。其中出口 2380.4 亿美元，增长 16.9%；进口 1542.3 亿美元，增长 5.7%，外贸依存度达到 35%。在金融危机的影响下，江苏省经济增长速度出现较大下降，并给农民工就业造成很大压力。具体来说，金融危机对江苏省农民工就业的影响表现在以下方面。

1. 农民工春节返乡提前，但没有出现大规模"返乡潮"

受金融危机影响，从 2008 年下半年特别是 10 月份起，江苏省开始出现农民工提前返乡现象，随着元旦春节临近，呈现逐步加快的趋势。

根据江苏省劳动保障厅对 13 个市农民工返乡情况的监测统计，截止到 2009 年 1 月 31 日，江苏省返乡农民工数已达 233.43 万人，占该省劳务输出总人数的 27.74%。其中正常返乡过年 172.82 万人、占 74.05%，受金融危机影响 38.16 万人、占返乡总人数的 16.35%，受支农惠农政策吸引 7.97 万人、占 3.4%，其他原因 14.48 万人、占 6.2%。

从返乡前务工地分析，在苏南务工 90.94 万人、占返乡总人数的 38.96%，在上海浙江务工 65.63 万人、占 28.12%，在珠三角务工 24.7 万人、占 10.58%，在其他地区务工 52.16 万人、占 22.34%。

从今后就业意愿分析，回原单位 128.48 万人、占 55.04%，等待外出 41.66 万人、占返乡总人数的 17.85%，回乡就业 22.33 万人、占 9.57%，回乡务农 14.37 万人、占 6.16%，回乡创业 12.95 万人、占 5.55%，其他 13.64 万人、占 5.83%。回原单位就业和等待外出的合占 72.89%，外出务工仍是返乡农民工就业的主要渠道。

截至2009年2月15日，全省返乡农民工总量达308.4万，全省因经济危机导致失岗返乡的农民工总量变化为48.6万人，占离乡进城务工农民工总量的5.8%，低于全国15.3%的比例。受支农惠农政策影响吸引返乡农民工为84万人。与全国和其他省市相比，江苏返乡农民工比重较低，特别是受金融危机影响而失业返乡的人数较少，没有出现大规模"返乡潮"现象。

2. 企业用工需求增幅下降，但就业岗位数量变化不大

受金融危机影响，企业订单数量普遍下降。江苏省发改委和信息中心联合进行的2009年第一季度全省工业景气调查显示，产品订货不足、流动资金紧张、缺乏有竞争力产品列制约工业企业2008年四季度经营因素的前三位。其中，产品订货不足情况尤为突出，有52%的工业企业将其列为首要制约因素。

在昆山有民营企业23800家，大约有2万家开业投产，3000多家在建设。2万家民营企业中工业企业有8000家左右，正常开工的大约有7000家。在昆山参加座谈的5家企业也普遍反映订单有不同程度的下降，例如仁宝电脑反映订单比上年同期下降25%，正新橡胶和今皓光电订单有较大下降，捷安特订单比上年同期偏低，只有统一反应订单受影响不大，一些企业甚至关闭破产。

2008年9月至2009年1月31日，南京、无锡、南通三市共关破企业133家，涉及职工1.04万人，占企业职工总数的0.3%；终止、解除职工2.2万人，占企业职工总数的6%。由于订单下降，企业用工需求明显疲软，过去几年对农民工需求强劲的形势自2008年9月份以来发生了变化。

从人力资源市场供求变化情况看，2009年1月份，江苏省13个市市区和省级人力资源市场招聘岗位数为84321个，比2008年12月份减少23325个，下降21.67%；求职人数为94010人，比2008年12月份减少52862人，下降36.0%。从市场提供岗位需求总体上看，金融危机对江苏省人力资源市场的用人影响已经显现。

据江苏省春季企业用工需求调查分析，在被调查的 1457 家企业中，节后有招工计划的企业只有 878 家，占 60.3%，比 2008 年下降了 22.8 个百分点。说明在金融危机影响下，江苏省部分企业生产经营遇到困难，开工不足，用工需求下降。共计划招用新员工 7.24 万人，填补春节后不再回本企业工作的离岗人员后，净增岗位 6.04 万个，增长 10.1%，比 2008 年下降 2.6 个百分点。

从江苏省的情况看，金融危机对就业虽然有影响，但是影响不是特别明显。主要表现为：企业用工需求增幅下降，但岗位数量下降不大，例如在昆山参加座谈的统一、捷安特、正新橡胶都反映岗位和往年同期基本持平；户籍人口就业比较稳定，苏南本地农民基本不存在失业、返乡问题；失业返乡农民工就业率高，目前能够达到 60%。

江苏省农民工就业受金融危机影响不大的原因主要有以下几个方面。

第一，苏北地区近七八年来一直存在比较严重的缺工现象，另外苏北经济的外向程度远低于苏南，因此受金融危机的影响不如苏南严重。根据江苏省春季企业用工需求调查，苏南净增岗位 1.56 万个、增长 5.2%，苏中净增岗位 1.1 万个、增长 7.3%，苏北净增岗位 3.38 万个、增长 23.3%，苏北呈现劳动力"供求两旺"的态势，为吸纳返乡农民工创造了良好条件，从苏南打工返乡的农民工弥补了苏北地区的用工缺口。

第二，2008 年上半年江苏经济增长较快，企业订单量大，工厂需要通过加班满足订单需求。金融危机后，虽然企业接到的订单减少，但是可以通过减少加班时间而不是裁员应对订单减少的影响。2008 年上半年之前苏北的缺工和苏南的用工紧张起到了应对金融危机的缓冲器作用。

第三，以前工资增长率在 13% ~ 16% 之间，金融危机下企业工资增长的势头停滞甚至出现工资下降,达不到农民工对工资的期望值,使一些农民工对是否进城打工产生犹豫。

第四,国家保增长的刺激经济政策要在基础设施领域进行大规模的投资,这些基础设施建设能够吸引大量的农民工就业。此外,江苏省及各市县政府采取的一些减轻企业负担、保就业的措施也对缓和紧张就业形势起到了重要的作用。

3. 农民工加班减少,总收入下降,但企业员工队伍稳定性提高

2008 年前三季度,江苏省各市农民工工资一直处于高速增长状态,与上年相比增幅在 8% ~ 15% 不等。但是,进入 10 月份以来,农民工工资水平大幅度增长的态势明显停止,苏南大部分地区农民工工资水平有所下降。苏北大部分地区,因外向型企业较少,其农民工工资水平没有明显的变化。苏南、苏北地区的农民工工资基本上都仍能正常发放,并未出现由于金融危机引发农民工工资的大面积拖发、减发情况。

面对金融危机,江苏省的大部分企业选择与员工共渡难关,企业用工岗位减少的数量不多。企业之所以选择不裁员,一方面是想稳定职工队伍,担心经济回升后找不到合适的工人,特别是具有一定技能的工人;另一方面是前期订单足、工人加班多,给企业留下一定的回旋余地。大部分企业都采取减少加班时间的方式应对订单的下降。

金融危机对农民工最直接的影响体现在实际收入的下降。由于最低工资标准固定(昆山最低工资标准为 850 元),按照《劳动合同法》规定,周末和节假日加班工资是正常工资的 2 倍,平时加班工资是正常工资的 1.5 倍,因此加班工资对农民工是一笔非常可观的收入。虽然农民工的工资标准并未下降,但是部分企业因加班减少,影响到加班费,农民工实际月收入减少。例如,泰州高港区的农民工工资普遍降低,服装行业农民工工资下降最多,达 20% ~ 30%;造船业农民工工资下降了 10%;众多特殊行业,特别是外贸出口型劳动密集型企业已经出现严重的亏损，职工处于半生产半休息的状态；现阶段高港区的农民工平均工资由 1500 元下降为 1200 元。进入 10 月以来，南京市农民工的工资福利待遇也出现大幅度的下降，降幅在每月 100～400 元之间。从南京市安德门农民工市场的市场工资指导价位来看，招录车工的月工资标准上半年为 1500～1800 元，11 月降为 1200～1500 元；电子操作工的月工资标准也从 1500～1800 元下降为 1100～1500 元；保安则从 1000～1300 元下降为 900～1100 元。在昆山参加座谈的农民工反映，加班工资占到总收入的 50%，加班减少造成收入下降 500 元。就江苏省全省的数据也反映了类似的情况。

农民工返乡提前、人数增多，减少了农民工资性收入。2007 年，江苏省农民人均纯收入 6561 元，比上年增加 748 元，其中工资性收入 3476 元，比上年增加 400 元，工资性收入占农民人均纯收入的比重为 53.0%，对农民增收的贡献率为 53.5%。而 2008 年，江苏省农民工资性收入增加值、在农民人均纯收入中的比重、对农民增收的贡献率均有小幅下降。2008 年，江苏省农民人均纯收入 7357 元，比上年增加 796 元，其中工资性收入 3870 元，比上年增加 394 元，工资性收入占农民人均纯收入的比重为 52.6%，对农民增收的贡献率为 49.5%，分别比 2007 年下降 0.4 和 4 个百分点。

此外，金融危机也使得农民工就业的稳定性显著提高。企业相比于员工更了解市场的变化，因此更早感受到金融危机的影响及订单的下降。在受金融危机影响的初期，由于加班减少，总收入下降。如果只拿 850 元最低工资，去掉租房、饭费剩不下多少钱。因此部分农民工选择回乡或者跳槽寻找收入更高的工作。但是当他们离职后发现就业岗位大量减少，再加上随后媒体的宣传增多以及企业与员工深入的沟通，农民工也普遍了解了经济下滑、工作难找的现实。因此虽然总体收入下降，但是企业用工的稳定性反倒比金融危机前有所提高。

4. 用工需求有回升迹象，但是企业信心不足

与全国经济形势的变化一样，江苏经济自9月下旬受金融危机的影响开始显现，企业订单大幅度减少。2009年春节过后，企业的订单环比有较大增长，从而用工需求呈回升迹象。在参与座谈的昆山企业中，今皓光电在春节前的订单都是积单、差单、小单，利润很低，但是维持员工队伍不能不做；2月份接到中国电信1.8亿元的订单，订单量一直到6月份都能处于饱和状态，员工在春节前流失350~400人，春节后补进900~1000人。正新橡胶去年比较差的时候订单下降30%多，现在恢复到八成多。仁宝电脑反映，制造这一块业务在慢慢恢复加班。

虽然订单数量有所回升，但是企业对未来经济前景仍然表现出担忧或迷茫，基本上都暂无拓展生产经营的安排。例如，在昆山参加座谈的捷安特公司表示，看清楚的事情就坚决去做，看不清楚的地方就谨慎一些，可做可不做的就选择不做。企业对在职员工的处理也比较慎重，一般通过劳动合同到期不再续签、员工离职不再招聘、停止或减少员工加班、暂安排年休假或轮休、准予员工休长假、内部岗位调整等"柔性裁员"方法，达到自然减员的目的。调查显示，苏州高新区17%的企业表示有自然减员的计划。

5. 劳动力整体过剩与结构性缺员并存

虽然金融危机使原来农民工供应紧张的"民工荒"现象发生了逆转，即农民工就业市场从供不应求转变为供大于求，农民工在金融危机中出现整体过剩，但是结构性缺员仍然存在。主要表现为低学历、低技术水平的普通工人过剩，而高学历、高技术水平的工人短缺，以及用工岗位与农民工专业技能的不匹配。据江苏省农民工办反映，2009年春节后第一天有三家规模以上企业在南京市场招工，但没有一家能够招够人。

随着就业形势的逆转，企业招工对农民工素质的要求有所提

高。此外，企业普遍反映农民工的综合素质低使企业很伤脑筋。由于很多企业的加工组装环节基本上把所有工序都分解掉了，因此对劳动技能的要求不太高，但头疼的是农民工在道德、敬业、安全意识等方面的素质很低，企业不得不花很多力气和资金做这些方面的培训，农民工流动率高的现实又使企业觉得这一部分投资花了很多冤枉钱。

6. 用工需求变化在产业间和企业间存在较大差异

面对金融危机，不同产业和不同企业受影响的程度及用工需求变化存在较大差异。

分行业来看，电子信息等外向度比较高的产业受影响大，传统产业、内需占比较大的产业受影响较小。2008 年底，苏州市新增用工需求趋缓乃至下降，企业普遍反映外贸订单减少，苏州地区外贸企业订单减少 40% ~ 60% 不等，个别区域甚至更多，导致用工需求不振。虽然昆山也是外向型的 IT 产业比重很大的地区，但是受到的影响并不如预计的严重，主要的原因在于：昆山的产业链非常完善，以笔记本电脑整机厂为圆心，半径 60 ~ 80 公里具有完善的配套网络，同时毗邻上海、通关速度非常快，从客户下单到产品交到客户手中只要三五天时间，因此笔记本电脑企业想迁离昆山非常困难。产业高度集聚还能带来整体成本的降低和技术水平的提高，虽然昆山的工资和社会保障标准较高，但仍然能够保持较低的制造成本，同时由于产品的技术水平较高，当整个企业的订单减少时，他们会选择关闭其他地区的工厂而保昆山的工厂。

分企业来看，具有国际竞争力的大企业、有自主品牌且内销比重大的企业受影响较小，反之缺乏竞争力的企业、外销比重大的企业受影响严重。例如，昆山的捷安特公司在全球自行车市场具有领导地位，不仅给国外品牌作 OEM，自主品牌在国内也有很大的影响力，往年外销占 70%，2009 年预计外销还是能保持 60% ~ 70%。又比如昆山的仁宝电脑是全球三大笔记本代工企业之一，虽然全球笔记本订单量下降，但是订单下降的往往是那些小企业或者技术水平低的企业，反而因为一些企业的倒闭，这些有竞争力的大企业的订单会上升。此外，那些产业升级和转型早的企业受到的影响就比较小，例如昆山的今皓光电原来的主导产品是计算机接插件，现在主要做精密光连接器、转接器、太阳能导电片等高技术产品，春节后接到了大单，用工需求还会增加。

二　广东省农民工就业情况变化

广东是全国就业大省和吸纳外省劳动力最多的省份。截至2008年末，全省2674万农民工中有1900万来自外省，占全省农民工的七成以上。从农民工的输出地看，湖南籍农民工约350万、占外省农民工的18%，四川籍农民工约300万、占外省农民工的16%，广西籍农民工240多万、占外省农民工的13%，湖北籍、河南籍农民工各230多万，分别占外省农民工的12%，江西籍农民工约225万、占外省农民工的11.8%。从农民工的分布看，90%以上集中在珠三角地区。从农民工的受教育程度看，初中水平以下、没有劳动技能的占70%，低端劳动力较多。

（一）农民工节前返乡情况

受金融危机影响，从2008年8月份起，广东省许多企业关闭、裁员，民工大量返乡现象非常突出。据统计，截至2009年1月25日（除夕），外省农民工实际返乡数量达到1025万人，创历史新高。除正常返乡过年外，在春运前提前返乡的农民工约有360万人，占全部返乡农民工的35%。

据调查，广东省农民工提前返乡的原因主要有以下三点。

（1）受金融危机影响，企业倒闭、裁员或因开工不足使农民工收入下降而主动辞工。

（2）担心类似2008年的雨雪冰冻灾害再次发生导致交通不畅而提前返乡。

（3）四川、贵州等省部分农民工提前回乡参加灾区重建。

（二）农民工节后返岗情况

据广东省动态监测统计，2009年大年初一至2月24日，入粤农民工数量为946万人，占节前返乡总数的92.3%，比上年同期的94.6%下降了2.3个百分点，减少了约35万人。在入粤农民工中，返岗农民工是主体，占入粤总量的82.2%、约778万人，返岗率达到92.0%；无明确就业岗位的入粤农民工约168万人，占17.8%，其中有122万名农民工在入粤后实现就业（这当中有43万人通过"南粤春暖"万场招聘会系列活动实现就业，有79万人通过企业自主招聘、农民工自助求职等渠道实现就业）；目前暂时未实现就业的农民工有46万名，占入粤农民工总数的4.9%。已入粤农民工有91%、约860万人进入珠三角地区，同时进入韶关、梅州、清远等粤北地区的数量有所增加，约36万人，占3.8%，比上年同期上升了1个百分点；52%的入粤农民工进入制造业，比上年的55%略有下降，46%的农民工进入服务业，比上年的43%略有上升。

从对劳动力输出地的跟踪调查情况看，部分农民工未返回广东的主要原因有以下四点。

（1）对未来形势判断不清，等待观望。

（2）部分年龄较大、无技能、缺乏竞争力的农民工被挤出劳动力市场。

（3）少数农民工精英回乡创业。

（4）近年来中西部地区经济发展迅速，而金融危机后广东省整体工资水平下降，东、中西部区域间工资差距缩小，再加上四川等地正开展大规模灾后重建，就业机会较多，使部分农民工选择就近就业。

个案调查：

金融危机以来中山市农民工就业情况

中山市是广东省经济发展较快和吸纳外省劳动力较多的城市，外省劳动力主要来自广西、四川、湖南、江西、河南等省。2008年10月，金融危机影响开始显现，2008年12月至2009年1月表现最为严重，农民工出现大量返乡情况，至春节前返乡总人数达到51万人。春节后随着生产恢复，返回48万人，返回率为94%。

从目前统计情况看，截至2009年2月，中山市共有流动人口114.3万，比上年12月减少7.8万，减少幅度为6.4%。同时，企业开工情况比往年略差，就业岗位减少，目前暂未实现就业的外省农民工有7.9万人，比上年同期增加1万人，增幅23.5%，占流动人口总数的近7%。

（三）金融危机对广东省农民工就业的主要影响

金融危机对广东省农民工的就业影响主要体现在以下几个方面。

1. 节前农民工大量返乡，但节后返岗率高、流失率低

从2008年8月开始广东省农民工大量返乡，至春节前返乡人数达到1025万人，创历史最高。但节后据企业抽样调查，规模以上企业平均返岗率达到92%，部分企业返岗率达到98%以上，高于往年84%左右的水平，同时员工流失率由往年的15%左右下降到不足5%。出现这种情况的主要原因是：受金融危机影响，企业招工减

少，就业竞争加剧，在岗农民工更加珍惜现有的岗位，不会轻易辞工、转岗和"跳槽"。

2. 农民工加班时间缩短、收入减少

由于订单减少，企业的开工普遍不足，他们不再像金融危机之前那么紧张和忙碌，因而农民工的加班时间相应地有所缩短。而农民工收入的相当一部分实际上是来自于加班工资，随着加班时间的缩短，他们的收入显著下降，在中山市，农民工的收入普遍减少了30%以上。

3. 岗位增长势头明显下降

2004年以来，广东省每年新增100万外省劳动力，至2007年底全省外来劳动力已经达到1908万人。但2008年底这一数字仅为1900万，用工总量与2007年基本持平，岗位增幅消失。同时，受金融危机影响，企业节后大规模招工减少，以补员为主，计划招聘人数与上年同期相比减少了约50%。在中山市的调查也验证了这一情况。

4. 劳动力市场整体供大于求，但结构性用工短缺现象仍然存在

受金融危机影响，广东省人力资源市场供求趋紧，2009年1月求人倍率为0.95，继2004年以来首次出现劳动力供大于求的局面，由"招工难"转为"找工难"。其中，普工求人倍率为0.8，供大于求；而技工求人倍率为1.1，仍处于供不应求、结构性短缺状态。主要原因：一是广东省产业转移和企业转型升级加快，对员工素质尤其是技能素质的要求进一步提高，目前企业用工需求的6成以上集中在熟练工和技术工，无技能农民工就业难度加大。二是随着广东省"双转移"战略深入推进，本省农村劳动力加快转移，对外省劳动力的替代作用进一步增强。三是随着金融危机的影响进一步显现，企业招用工总量减少，劳动力供大于求，不少企业提高了对农民工技能和素质的要求。

三 各地采取的促进农民工就业的政策

（一）江苏省促进农民工就业的基础工作

昆山市作为江苏省的一个典型样板，在农民工的劳动保障和促进农民工就业方面做了很多基础性的工作，由于工作扎实，在很大程度上抵消了金融危机对就业的不利影响。

第一，江苏省在2003年就启动了"500万农民大转移"战略，计划到2010年实现500万农村劳动力由农到工大转移，并为此推出一系列优惠政策和扶持措施。

第二，江苏省从2006年就开始实施直接补助到人的农村劳动力转移培训券制度，设立省级农村劳务输出培训专项基金，加大财政对农村劳动力培训的投入，全面强化对农村转移劳动力的技能培训。

第三，统筹城乡劳动力市场，充分调动各方积极性，大力兴办劳务中介组织，拓展职介服务功能，完善区域协作机制，推进南北挂钩，提高农村劳务输出的组织化程度。

第四，全面加强农村劳动力市场信息化建设，为农村劳动力就业提供优质信息服务，引导农村劳动力合理流动，促进农民工充分就业。

第五，江苏省在2006年成立了农民工领导小组，专门指导农民工的管理与服务工作，并取得显著成效。如2007年，江苏省重点解决农民工工资拖欠和子女上学等公共服务问题、农民工养老保险问题；2008年出台《江苏省农民工权益保护办法》，这是东部地区第一个省级农民工权益保护法规。

下面以昆山市为案例，着重介绍江苏省在推进农民市民化、农民工职工化、建立城乡一体化的农民工社会保障工作体系方面做的大量工作。

1. 推进城乡统筹就业工作

按照"坚持同一政策、落实同一待遇、构建统一平台、提供同一服务"的指导思想，昆山市在全国较早地建立城乡统一的就业制度和就业服务体系。主要措施如下。

一是建立城乡统一的就业管理制度。全面取消地域、身份、户籍、行业等对农村劳动力进城就业的壁垒，实现"无门槛"就业，平等参与市场竞争，实行统一就业和失业登记。

二是建立城乡统一的公共就业服务网。加强市、区镇、村（社区）三级劳动保障工作平台建设，每个村（社区）都建立劳动保障工作站，配备至少一名劳动保障协管员。实施公共就业服务网"村村通"工程，建立以家庭户为单位的劳动力资源信息库，实时发布劳动力市场信息，使城乡劳动者在家门口随时掌握用工信息，进行择业。

三是建立城乡统一的人力资源市场。在全国率先实现人才市场、劳动力市场、毕业生就业市场三大人力资源要素市场的贯通，民营职业中介机构全部进入市场集中统一规范运作。

2. 完善全民创业扶持体系

昆山市在发展中一直坚持"富民优先"的原则，积极探索农民创业致富的新路子。具体做法如下。

一是推行"三大合作"。组建发展农村新型合作经济组织，即农村富民合作社、农村社区股份合作社、农村土地股份合作社，为农民增收创造条件、提供平台、带来实惠，目前农户入股率达83.8%。

二是组建"三个中心"。2005年，率先在农村建立农民创业指导（服务）中心、农民创业小额贷款担保（服务）中心和农村社区管理服务中心，给予农民创业小额贷款及贴息等政策扶持，累计发放农民创业小额贷款1.66亿元，帮助3491户农民走上创业致富路。

三是打造农民创业特色品牌。实施村企挂钩合作，鼓励农民开展企业服务外包的仓储、运输等物流服务，以及保洁、保绿、货物装卸、农副产品配送等后勤服务。推行农副产品标准化、无公害生产，推进农业产业化经营，形成了"阳澄湖"大闸蟹、"早春红玉"瓜果等众多特色农副产品品牌，建成渔家灯火、农家乐、无公害蔬菜基地等一批特色载体项目，直接引导农民创业1000多人，带动就业近万人。

3. 健全面向全体劳动者的职业培训制度

昆山市很早就将免费技能培训从城镇失业人员逐步"普惠"到城乡所有劳动者，至2008年底已经累计免费培训农村劳动力10.3万人，并在具体工作中坚持做到"四个贴近"。

一是贴近经济社会发展的需要，根据昆山先进制造业发展的方向、特点，确定培训项目、内容和方式，提高培训的针对性和适用性。

二是贴近农民工自身的需求，根据农民工个性特长和自身需求组织培训，农民工需要学什么，培训班就教什么。

三是贴近方便农民工的需要，把部分培训班直接办到企业，既方便了农民工，又提高了培训效果。

四是贴近企业用人的需要，根据用人单位"订单"，确定培训"菜单"，让农民工真正学到实用技能。

4. 实施国民待遇社会保险政策

从2001年起，昆山市对进城农民工率先实行了国民待遇参保政策，对各类用人单位和所有职工一视同仁，不管是国有集体企业、外商投资企业，还是私营企业、个体工商户，只要是企业职工，不分本地和外地、城镇和农村、境内和境外，都按规定参加城保，享受同一待遇。先后实施"五险合一"征缴，用工备案、劳动合同和参加社会保险等劳动保障业务"三合一"网上申报工程，企业在为职工办理录用手续的同时即自动参加城镇五大保险。

近年来，昆山市城镇社会保险扩面工作成效显著，连续多年保持每年新增参保人数超过 10 万人，2008 年新增参保 20 万人，目前养老、医疗保险参保人数均突破 100 万人，农民工与城镇职工参保占比接近 2∶1。

5. 坚持人人平等劳动保障维权原则

昆山市在发展中一直坚持人人平等劳动保障维权的原则，同时加大了保障职工合法权益、预防集体性事件的监控力度，以拖欠农民工工资、未依法缴纳社会保险费、劳动作业环境超标等为重点，对企业重大侵害职工权益行为进行动态监控，防控集体性事件的发生。主要做法如下。

一是完善建筑行业"一卡一保证"的工资担保制度，推行劳务派遣企业和租赁企业工资预存保证金办法，从源头上预防和遏制拖欠农民工工资现象的发生。

二是加强劳动关系三方协调机制，扩大企业代表方范围，建立与台协会企业代表例会沟通机制，定期就劳动争议难点、热点问题进行磋商。

三是推进劳动保障监察网格化管理，充实劳动保障监察协理员队伍，实现执法关口前移和服务重心下移，深入企业采集信息，建立用人单位及劳动用工基本信息数据库，实现劳动保障监察全面覆盖和动态监管。

四是积极畅通劳动关系调查处理渠道，成立市劳动纠纷调解委员会和劳动争议仲裁院，试点设立镇级仲裁庭，积极推进企业劳动争议调解委员会建设，发挥工会调解的第一道防线作用。畅通信访投诉和"12333"劳动保障咨询热线电话，加强接访力量，及时受理和规范处理农民工信访事项。

（二）江苏省应对金融危机、促进农民工就业的主要措施

江苏省对金融危机反应早、动作快。2008 年 8 月份，江苏省就意识到金融危机的影响，2008 年 9 月份就出台服务企业的 10 项措施，扶持企业发展。金融危机影响显现后，江苏省密集出台了 10 个稳定就业的文件，具体的措施主要包括以下方面。

1. 开展专题调研，建立应急机制

为科学评估国际金融危机对农村劳动力转移的影响，劳动和社会保障厅会同国家统计局江苏调查总队于 11 月初分别赴苏南、苏中、苏北 6 个县（市）开展农村劳动力转移专题调研，采取进村入户到企的方式，与当地劳动保障部门、统计部门和部分企业进行座谈，详细了解企业生产经营和用工需求状况，掌握进城务工农民返乡和农民增收情况，在此基础上形成专题调研报告，为省委、省政府把握形势、科学决策提供依据。

江苏省还专门成立了就业工作应急机构，建立了信息收集反馈和应急报告制度。按照重大情况随时报、常规情况定时报的原则，在盱眙、阜宁等 13 个县（市、区）、130 个村建立农民工返乡重点监测和报告制度，在苏州、无锡、南通 90 家企业建立失业动态监测制度，在南京、南通、铜山等 13 个市、县、区建立人力资源市场供求关系变化报告制度，全面、及时、准确地掌握农村劳动力就业状况和返乡情况。

此外，江苏省还在全省组织开展了"千企万人"企业春季用工需求和外出务工农民就业状况调查，全面了解节后江苏省劳动力市场供求情况。

2. 减轻企业负担，扶持企业发展

为帮助企业渡过难关，江苏省较早下发了《关于落实面向基层服务企业十项措施的意见》，建立面向基层企业的普遍走访制度和困难企业的重点联系制度，通过加强劳动保障法律法规宣传、指导企业

合理制定工时制度、提供人力资源开发管理指导服务、全面落实各项优惠扶持政策、妥善解决困难企业社保问题等措施，指导和帮助企业避免违法用工成本，为企业健康发展"降压减负"。

2008年，江苏省财政厅、省地税局联合下发《关于采取积极措施减轻企业负担稳定就业局势的实施意见》（苏劳社〔2008〕96号），明确了"五缓四减三补两协商"的扶持政策，以此来鼓励企业尽量不裁员或少裁员，稳定用工岗位，通过减轻企业负担来实现保就业、保增长、保稳定的目标。目前，江苏省已审核批准苏州市常熟、昆山、张家港三个统筹地区降低失业保险费率。广大企业也纷纷响应政府号召，主动承担社会责任。无锡、徐州、盐城等市多家企业还发出倡议书，承诺不停工、不裁员、不减薪，将"减员增效"变为"稳员增效"，引导员工与企业共筑抵御金融危机的防线，得到广大企业的积极响应。

昆山市建立健全普遍走访和重点联系企业制度，充分了解企业需求，切实帮助企业解决实际困难。一是阶段性降低失业保险单位征缴费率，2009年将失业保险单位征缴费率一次性从2%降到1%。二是落实困难企业在一定期限内缓缴社会保险费政策，缓缴期限最长不超过6个月。三是实行劳动密集型小企业小额担保贷款利息贴补，贴补标准按当年度新录用就业困难人员每人每年3000元。四是实行稳定岗位补贴，对2009年参加社会保险人数比上年末减少不超过5%的困难企业，按实际参保人数给予每人每月480元的稳定岗位补贴，补贴期限最长不超过6个月。

专栏：

江苏省《关于采取积极措施减轻企业负担

稳定就业局势的实施意见》

2008年12月29日，江苏省劳动保障厅、省财政厅、省地税局对外发布了《关于采取积极措施减轻企业负担稳定就业局势的实施意见》（苏劳社〔2008〕96 号），共出台七项重要措施，应对当前经济形势对就业的影响，千方百计保增长、保就业、保稳定。

阶段性地降低企业失业保险等社会保险费率。对失业保险基金结余规模较大、降低失业保险费率后基金当期收支仍有结余的统筹地区，可申请在 1 至 2 年期限内，将失业保险企业缴纳部分的费率一次性地从 2% 降到 1%。有条件的统筹地区也可根据各险种基金收支和结余情况，在 2009 年之内，适当降低城镇职工基本医疗保险、工伤保险和生育保险的费率。不过，各地不能擅自降低养老保险费率。

允许困难企业在一定期限内缓缴社会保险费。统筹地区在确保社会保险待遇按时足额支付、社会保险基金不出现缺口的前提下，允许暂时无力缴纳社会保险费的困难企业，在一定期限内，缓缴应由企业缴纳的社会保险费。缓缴执行期为 2009 年之内，缓缴期限最长不超过 6 个月。经核准缓缴期间，企业应继续按月申报应缴的社会保险费，缓缴的社会保险费不加收滞纳金。其中，困难企业的社会保险历史欠费在 2009 年内无力清偿的，可继续签订缓缴、补缴协议，缓缴期内不加收滞纳金。

使用失业保险基金帮助困难企业稳定就业岗位。统筹地区在确保当前和今后一个时期按时足额支付失业保险待遇的前提下，对采取在岗培训、轮班工作、协商薪酬等办法稳定职工队伍，并承诺本年度不裁员或少裁员的困难企业，予以社会保险补贴或岗位补贴，所需资金可在失业保险基金中列支。补贴执行期为 2009 年之内，补贴期限最长不超过 6 个月。补贴的具体范围、对象和标准由各地根据人社部发〔2008〕117 号文件和省政府苏政发〔2008〕103 号文件精神，结合当地实际情况确定。

上述两项补贴，同一企业只能享受一项，已享受缓缴社会保险费的企业不能同时享受社会保险补贴。

企业在运行困难情况下依法适度调整工资支付标准。企业因客观经济情况发生重大变化，需要安排职工放长假、轮休作业或者脱产半脱产培训等，各地劳动保障部门应当指导企业与劳动者通过平等协商制定和修改工资分配制度，根据劳动者提供劳动的实际情况，按照双方重新约定的标准支付工资。

企业应支付的加班工资，如及时、集中支付有困难的，可经平等协商与劳动者签订分期支付协议；对加班工资劳动争议案件，应先由企业劳动争议调解委员会、工会和街道乡镇等区域性劳动争议调解组织进行调处，劳动争议仲裁机构对申请仲裁的此类案件应以调解为主，妥善予以处理。

方便企业选择适合自身情况的工时制度。对生产任务不均衡的出口加工型、劳动密集型企业，经县级以上劳动保障行政部门批准，实行综合计算工时工作制。对技术先进型服务企业和国际服务外包企业的若干工种岗位、非国有企业中实行年薪制的经营管理人员、非生产性值班人员等，经县级以上劳动保障行政部门批准，可以实行不定时工作制。《意见》同时要求，各地要根据不同企业的生产状况，及时发布劳动标准引导信息，指导企业完善工作时间和劳动定额管理制度，帮助企业依法合理地减少人工成本支出。

妥善解决困难企业支付经济补偿问题。困难企业经过多方努力仍不得不实行经济性裁员的，可在与工会或职工平等协商一致后，签订分期支付或以其他方式支付经济补偿的协议。

3. 出台扶持政策，促进就业创业

为促进返乡农民工就业创业，江苏省及时下发了《关于应对当前经济形势切实做好稳定就业促进就业的意见》（苏政发〔2008〕103号）和《关于切实做好当前农民工工作的通知》（苏政办发〔2008〕139号），从扩大内需拉动就业、鼓励企业稳定现有岗位、适当扩大失业保险基金支出范围、扶持自主创业等方面明确了十条措施，对稳定农民工就业、抓好农民工创业和技能培训、维护农民工合法权益、开展农民工公共服务提出具体要求。

江苏省还下发了《关于积极应对宏观经济形势变化促进农民就业创业的通知》（苏委农办发电〔2008〕25号）和《关于采取积极措施减轻企业负担稳定就业局势的实施意见》（苏劳社〔2008〕96号），从城乡两个方面开拓农民工就业渠道。

针对节后农民工求职择业高峰，江苏省劳动和社会保障厅紧急下发了《关于切实做好节后返乡农民工就业创业工作的通知》（苏劳社就管〔2009〕4号），加快落实举办一次专场招聘会、提供一次职业技能培训、出台一项专门文件"三个一"措施，引导返乡农民工节后有目的流动、有组织输出。

昆山市也在加大创业扶持力度方面做了许多工作。实施一次性创业补贴，对城乡劳动者参加SYB（创办你的企业）创业免费培训且当年度实现创业的，给予一次性创业补贴5000元。提高创业小额贷款额度，将城乡创业者小额贷款最高额度提高至10万元。设立高校毕业生创业资助专项资金，对毕业三年内在昆山市实现创业的，以及创办科技开发或文化创意类项目的高校毕业生进行创业资助，对创业商业贷款给予50%的贴息。

4. 提供就业服务，完善就业援助

根据人力资源保障部关于开展"春风行动"系列活动的部署，江苏省因地制宜，统筹规划，突出重点，3月底前全省计划安排621场针对农民工的招聘活动，提供41.5万个就业岗位。

春节前，苏北、苏中等劳务输出地利用农民工集中返乡的时机，积极举办以"返乡不用愁，家乡伸援手"为主题的专场招聘活动，力保农民工返乡不失业、返乡再创业。盐城市委、市政府于1月9日举办了"迎新春企业用工、就业援助万人招聘洽谈会暨小本创业项目推介会"，组织 135 家用工企业进场招聘，提供就业岗位 8288 个，公益性岗位 122 个，推介创业项目 105 个。盱眙县充分发挥县人力资源市场的平台作用，设立返乡农民工职业介绍绿色通道，每周四举办一场针对返乡农民工的招聘会，1 月 20 日还举办了返乡农民工大型招聘服务会，128 个单位进场招聘，提供就业岗位 10554 个，10700人进场求职应聘，5086 人次达成意向性用工协议，帮助返乡农民工在本地再就业。

春节后，苏南以进城求职农民工为重点，帮助他们及时就业。南京市、区、街三级联动，在桥北长途汽车站广场联合举办了 2009 年"春风行动"现场招聘和政策咨询活动启动仪式，现场发布岗位信息1200 个；苏州市以"风雨同舟，稳定就业"为主题开展 2009 年度春风行动，全市公共职业介绍机构为进城农民工免费提供 232 个招聘专场，免费发放 5 万张春风卡、3 万张求职导向地图；无锡市"春风行动"突出"六个一"，即推出一批减轻企业负担、稳定就业局势的政策措施，认定一批服务比较规范、群众比较满意、诚实守信度比较高的"放心职介服务机构"，开展一次面向进城农村劳动者的大型招聘活动，开展一次大型技能培训与就业岗位对接活动，开展一次清理整顿职业中介机构专项行动，免费发放一批"春风卡"。

昆山市城乡联动举办农民工"春风行动"政策咨询服务和现场招聘会，到火车站等人口聚集公共场所免费发放"春风卡"等宣传材料近 5 万份，群发短信近 40 万条。开展流动就业服务"三下乡"活动，针对农民工春节后集中返城求职的现象，在外来人口集居的村和社区，定期开展"送岗位、送技能、送维权"流动就业服务"三下乡"活动，将采集的优质岗位就近送到城乡劳动者手中，并免费发放维权指南，现场进行职业技能培训报名。及时审核和发放失业保险金，并适当提高最低发放标准，由每人每月 450 元提高到 535 元。扩大和规范就业困难对象界定范围，继续实行灵活就业人员社会保险费补贴，提高用人单位当年度新录用就业困难人员社会保险费补贴标准，从最低缴费基数单位缴纳部分的50%提高到全额补贴。实行职业介绍费补贴，对各类职业中介机构当年度成功介绍求职者就业，且签订1年以上劳动合同并缴纳社会保险费的，给予每人100元的职业介绍费补贴。深入开展"一三一就业援助服务"，对城乡劳动者，特别是"零就业"、"双失业"、"单亲"家庭中的失业人员及大龄、长期失业人员，免费提供一次职业指导、三次有效岗位推荐和一次技能培训，帮助他们尽快实现再就业，确保"零就业"家庭动态清零。

5. 加大培训力度，提高就业能力

面对金融危机，江苏省充分利用春节农民工集中返乡的时机，采取乡镇发动、定点实施的方式，大力组织开展技能培训，提高返乡农民工就业创业能力。

1月20日，江苏省劳动和社会保障厅会同省委农工办、省财政厅、省农林厅在盱眙县举行2009年农村劳动力转移培训券发放仪式，及时将55万张计5500万元的培训券发放到相关市、县、区，比往年提前了3个多月，用于支持各地开展返乡农民工培训。积极协调省财政厅把返乡农民工纳入培训券补助和职业技能鉴定"以奖代补"范围。

徐州市把农民工提前返乡作为强化农村转移劳动力技能培训、提升就业能力的有利时机，重点加强了对返乡农民工的转岗培训和就业创业培训。

连云港市整合培训资源，立足品牌劳务开展培训，立足市场变化开展培训，立足农民工需求开展培训，2009年一季度计划发放培训券3万张、培训1万人。淮安市根据本地企业的用工需求，积极实施"订单培训"，相继举办了电子机械、电动缝纫等多期培训班，组织引导返乡农民工积极参加培训，提高农民工就业创业能力。

昆山市加强免费培训政策宣传，利用公共就业以及职业培训网

络，发布免费就业指导培训和免费技能培训信息，方便进城务工人员
根据自身条件和就业意向，选择专业，报名参加培训；同时，在困难
企业内部积极开展特别培训计划，对农民工进行在岗和转岗培训，在
提升农民工技能水平的同时，为企业转型升级做好人力资源储备。昆
山市每年培训1.2万人次农村劳动力，资金财政投入将近八九百万
元，人均1000元左右。

四　当前农民工就业存在的主要问题

（一）江苏省农民工就业存在的问题

1. 新增农村劳动力就业压力大

就业岗位减少虽然未对已转移农民工的就业造成太大的压力，但
是给农村新增劳动力的就业造成很大压力。根据江苏省的统计，
2003～2008年江苏省虽然新增劳动力转移和输出数量持续下降，但
是2008年新增农村劳动力仍然达40.7万人，新增农村劳动力输出数
量达到15.5万人（表1）。就业岗位的减少意味着大量的新增农村劳
动力无法在城市找到工作，需要推迟向城市转移。

表1　2003～2008年江苏省农村劳动力转移情况

单位：万人

	2003	2004	2005	2006	2007	2008
新增农村劳动力转移	109	98.4	67.9	62.6	52.0	40.7
新增农村劳动力输出	72	70.2	55.3	41.5	30.9	15.5
累计转移农村劳动力	1380	1478.4	1546.3	1608.8	1660.9	1697.8

资料来源：江苏省统计局数据。

2. 农民工培训总量性矛盾突出

在当前经济形势下，实施特别职业培训计划，增强农民工就业能

力，对于稳定和促进就业具有十分重要的作用。据测算，目前江苏还有 1400 万农村劳动力需要接受转移前技能培训或在岗提升培训，此外 400 万跨省外来农民工也需进行相应的在岗转岗培训，培训任务十分繁重。目前国家、省、市各级政府虽然有相应的农民工培训资金，但是仍然满足不了对农民工培训的需要。

3. 扩大内需政策拉动就业的效果不明显

金融危机使我国的出口受到较大影响，那些出口占较大比重的消费品产业，如纺织服装、消费电子等，其产品销售会出现较大困难，并导致开工不足。纺织服装、消费电子等产业增长率下降的一个后果是造成失业率的增长。通过对比可以发现，亿元产出吸纳就业最多的工业行业依次是文教体育用品制造业，纺织服装、鞋、帽制造业，皮革、毛皮、羽毛（绒）及其制品业，工艺品及其他制造业，家具制造业，纺织业，其就业吸纳能力均在全部规模以上工业的接近两倍或更高，即使是通信设备、计算机及其他电子设备制造业和仪器仪表及文化、办公用机械制造业的就业吸纳能力也高于规模以上工业平均水平。

为应对金融危机，国家出台了扩大内需促进经济平稳较快增长十项政策措施，2010 年底前计划投资 4 万亿元用于民生工程、基础设施、生态环境和灾后重建，而这些领域多属资金技术密集型，拉动就业的能力较弱，大量吸纳劳动者就业的劳动密集型行业和中小企业没有从中得到有效扶持。从这个角度来说，国家增加固定资产投资规模的政策可能并不会对就业岗位的增加产生比较大的影响。

（二）广东省农民工就业存在的问题

1. 多重因素叠加使广东省受金融危机影响大于全国其他省份

从整体上看，广东省受金融危机影响大于全国其他省份，其主要原因为：一是广东经济对外依存度高（达 163%），且出口市场的50% 左右集中在受金融危机影响最大的欧美市场；二是加工贸易占进出口总额的 68%；三是广东省正处在产业转型升级时期，省委省政府出台的"双转移"政策对劳动密集型企业有外推作用；四是国家连续 3 年半的宏观调控政策初见成效。

2. 近期劳动力市场出现复苏迹象，但前景仍不容乐观

从 2009 年 1 月份起广东劳动力市场开始复苏，用工需求恢复趋势非常明显。出现这种情况的可能原因是：一是当前（特别是春节期间）国内消费市场旺盛，企业借机消化积压库存、恢复生产；二是企业之间的订单合并；三是部分产品和部分企业转向内销市场；四是受国家经济刺激计划拉动，相关企业增资扩产、就业岗位增加。

目前，尽管国内经济出现种种复苏迹象，但广东劳动力市场的未来发展仍不容乐观，主要原因如下。

一是金融危机对实体经济的影响仍在蔓延，很多企业对未来信心不足，大多数企业的投资扩产计划停滞，部分企业有了大额订单、长期订单也不敢接。

二是随着金融危机影响的加深，广东经济增速明显放慢。以中山为例，1~2 月份工业增加值仅增长了 0.6%，CPI 连续两个月出现负增长，社会消费品零售额增幅同比下降 13%，1 月份出口下降 21%。随着 2008 年金融危机前所接订单的陆续完成，2009 年下半年广东企业可能会迎来最艰难的时刻，宏观经济将面临严峻挑战，新增就业岗位将随经济增速的下滑而明显放缓。

三是广东省正在实施"双转移"战略，本省劳动力的释放，农村劳动力的转移，大学生毕业，再加上常住人口的增加，使当前经济形势下劳动力市场供过于求的局面在短期内很难发生根本性改变。

五 金融危机对于农村劳动力就业的
影响与政策建议

（一） 金融危机对于农村劳动力就业存在普遍影响

受金融危机的影响，许多企业，尤其是出口型企业都出现了订单减少的现象，从而使企业的产能不能得到充分的利用，对于用工的需求也因此而放缓。从江苏和广东两省来看，2008 年 8 月之前，绝大多数企业并没有受到金融危机的任何影响，生产和经营处于满负荷状态，对于用工的需求也呈现较快增长的态势，劳动力的供求总体上呈现供不应求的状态，不仅技术工人非常紧缺，即使是普通工人，也同样较为紧缺。然而，进入 9 月份，特别是 10 月份之后，许多企业都感到了金融危机的影响，主要的表现是订单减少，11 月和 12 月这种情形最为严重。订单减少，以及出口受挫，使企业减少了生产，因此对于用工需求也相应地放缓和减少。一部分企业采取了减员的方法来应对订单的减少，而更多的企业则采取了缩短劳动时间的方式。因此，金融危机对于已经就业农民工的影响最直接的是体现在加班时间的缩短和实际收入的减少。

金融危机的到来，使得整个农民工供求关系趋缓，农民工不再像前几年那么紧缺，企业对于招收农民工也变得更为挑剔起来，无论是文化程度、技术水平还是熟练程度等方面的要求都有所提高。由于对经济未来的走势并不明朗，在当前的形势下，企业普遍感到未来的不确定性在增强，因此也不敢轻易扩大生产或者增加投资。故而在经济增长态势恢复之前，企业对于新增农民工的需求增长非常缓慢，这将导致农村新增劳动力很难转变成在城镇务工的农民工。

1. 企业用工需求放缓，劳动力供求格局变化

自 2004 年以来，由于非农产业农村劳动力的供给赶不上东部沿海企业对农民工需求的增长，农民工短缺的现象越来越突出，"民工荒"成为社会各界广泛关注的一个问题。为了应对"民工荒"问题，企业采用了各种措施，其中一个重要的举措是增加农民工的工资，改善农民工的待遇。此外，延长农民工的工作时间也是缓解用工紧缺的一种手段。

从农民工的角度来看，他们从事非农产业的最主要目的是获得比农业生产更高的收入，甚至可以说，获得尽可能高的收入是他们进城务工的最终目标。由于加班工资要高于正常工作时间的工资，因此农民也愿意尽量延长加班时间以获得较高的收入。在江苏昆山，由于农民工在用工紧缺时期往往一周需要工作六天以上，每天至少工作 10 个小时，因而每到周日，街上到处都是从工厂或企业出来购物或到银行汇款的农民工，公园和公共绿地也以农民工居多，久而久之，昆山本地人往往在这个时间尽可能不出门，以避开"高峰期"。

除了工资的提高之外，企业对于农民工的文化、技能和熟练程度的需要也在下降，因为在招不到符合要求的农民工的情况下，只好降低要求。根据劳动与社会保障部春季用工调查数据，在所有被调查企业新增劳动力需求中，对新员工不作技术要求的比例已经从 2003 年的 41.35% 上升至 2006 年的 46.5%，相反，中级工以上技术要求的比例则从 2003 年的 16.7% 下降至 11.7%，2007 年，这一比例进一步下降至 9.2%。

由于用工紧缺，企业之间的竞争也在加剧。为了尽快招到农民工，企业普遍在春节后很短的时间内就迅速招收农民工，通常来说，在春节过后的半个月内就已有相当一部分企业开始着手招工。

表 2　企业在春节过后半个月内招工比例（新招工人数分布比例）

城市类型	2003 年	2004 年	2006 年
京津塘渤环海	17.81	20.15	49.46
长江三角洲	26.98	35.00	33.81
珠江三角洲	30.61	29.24	47.03
总　　计	26.76	27.40	39.66

资料来源：劳动与社会保障部春季用工调查，2003、2004、2006。

可以看到，2003、2004、2006 年，越来越多的企业倾向于在春节过后的半个月时间内招聘所需的员工。对比之下，沿海城市比内地城市更加迫切，从而愿意给出更高的工资水平。同时也可以注意到，2006 年，内地城市企业招工时间迅速地向春节过后的半个月时间内集中，也就是说，他们也感到了招工困难的压力。由于劳动力供给相对不足，而企业用人需求相对旺盛，因而许多企业把新员工招收的计划都逐渐提前，旨在尽可能地招收到自己需要的劳动力。大多数企业在春节后的一个月内迫切地需要招收新员工。

然而金融危机的到来，迅速改变了农民工的供求关系，从而改变了农民工的工作和生活状态。而这些的根源又在于金融危机改变了整个世界经济的形势，国际经济对于我国商品和服务的需求迅速下降，具体体现于企业的订单减少。2008 年 11 月和 12 月是我国出口企业最困难的时期，来自外部的订单急剧减少，大量的中小企业因订单不足难以维持，或者倒闭或者停工。剩余的企业绝大多数通过减少加班时间来维持生产。相应地，农民工的收入明显减少，因为减少的这部分时间恰恰是报酬最高的时间段。

春节过后，企业对于农民工的需求并不像往年那么急迫。相反，由于开工不足，大多数企业都延后了农民工的招收时间。以江苏昆山为例，2009 年 1 月，昆山市劳动和社会保障局对全市用工规模在 100人以上的企业开展了一季度用工信息抽样调查，调查数据表明，2009

年一季度具体的招工安排是：春节后半个月内占 14.75％、其余
85.25％均集中在春节后半个月之后，反映了企业对农民工招收的谨
慎态度。

2. 农民工收入普遍减少，企业岗位稳定性增强

金融危机刚刚对企业产生影响的时候，由于加班时间减少，农民
工的实际收入显著减少。以江苏省为例，在南京，2008 年 8 月份的
时候，一个普通农民工平均可以拿到 1500 元的月收入，然而进入
2009 年 3 月份，他们的月收入水平下降到 900 元。相当一部分农民
工像以往一样，辞掉现有的工作，到劳动力市场寻找新的收入更高的
工作机会。他们并没有意识到，金融危机的到来，使得就业形势普遍
严峻起来。这段时期农民工的流动性显著提高。而从企业家的角度来
看，他们从订单的变化就已经敏锐地感觉到市场的变化，他们顺势让
一部分农民工流失，而不再补充员工。

大多数因为收入减少而流动的农民工在经过一段时间的求职经历
之后，渐渐认识到就业形势的变化，同时随着关于金融危机信息的了
解和掌握，他们也认识到一个不同寻常的时期已经到来。由于劳动力
市场上行情普遍走低，他们逐渐意识到工作的重要性，因此他们也越
来越愿意接受普遍降低的收入水平。春节过后，绝大多数回乡过年的
农民工都返回到原先的岗位，江苏昆山市春节后农民工的返岗率高达
97％，广东中山市农民工的返岗率也高达 92％。因此，可以认为，
金融危机给企业带来的一个利好消息就是岗位稳定性显著增强。

3. 企业预期谨慎，用工要求提高

进入 2009 年 2 月份以来，大多数企业的订单量恢复得较快，用
许多企业家的话来说，就是订单开始回暖。企业也因此加大了对于农
民工的招收。一方面，企业在这时候需要补充春节期间流失的农民
工，另一方面，随着订单的逐渐恢复，企业也需要适当增加农民工。
不过，企业家对于市场的反映是最为敏锐的。他们注意到，企业的订

单尽管有所恢复，却依然没有恢复到金融危机之前的水平。金融危机对于全球经济的影响是深远的，对于我国经济的影响也不例外。由于遭受了金融危机的冲击，企业家对于目前经济的走势持谨慎态度。在调研过程中，我们注意到，大多数企业家都认为未来经济走势很难预料，故而对于企业的生产和经营也都持谨慎的态度。由此，企业对于农民工的需求短期来看并不会有显著的增长。

在当前的农民工市场上，供求关系相对于金融危机之前已经缓和了许多，企业相对比较容易能够招收到农民工，在个别地区个别行业，农民工甚至供大于求。从企业的角度来看，由于农民工相对好找，企业对于农民工的需求相应地有所提高，在文化程度、技能水平和熟练程度等方面都要求提高。大多数企业家更倾向于招收具有各种专业技能的熟练农民工。没有技能而且熟练程度较低的普通农民工并不容易找到工作。

（二）　金融危机对农村劳动力就业影响的区域差异及其原因

受产业结构和区域等因素的影响，江苏省和广东省的企业和农民工市场也存在明显的差异。受金融危机的影响，两地在农民工就业问题方面也呈现出明显的差异。这些差异体现在两地出现劳资纠纷问题的程度及解决措施上，也体现在企业资金紧张程度和劳动力供求的态势等方面。

受经济发展水平、管理观念和财政收入等的影响，昆山和中山在社会保障方面存在一些差异。在最低工资方面，昆山市的标准为850元，而中山市为770元。在社会保障方面，昆山市实行的是本地外地一致的方案；而中山则区分本地和外来人口，采取不同的方案。显然，昆山市的社会保障水平要高于中山市。

1. 劳资纠纷程度差异

2008年，《劳动合同法》开始实施，从下半年开始，《劳动仲裁法》也开始生效。因此，针对农民工的权益保护就有了坚实的法律依据。许多农民工开始利用法律来维护自己的权益，争取自身的权利。

相比之下，长三角地区在农民工的权益保护方面要比珠三角地区做得好一些。以江苏为例，大多数企业都给农民工交纳了多种社会保险。昆山市实行劳动保障业务"三合一"工程，即劳动就业、社会保障、劳动监察，其主要业务在同一信息平台上运行而建立的三方联动工作机制。即以劳动者与用人单位建立劳动关系作为业务主线，将劳动合同的签订、续订、解除或终止；劳动用工后的录用、续用、解聘备案；就业后的参保、续保、停保合为"一站式"操作。因此，几乎所有的企业都给农民工交纳了五险一金。因此，新《劳动合同法》的实施，对于昆山市的企业几乎没有影响，因为他们在此之前已经形成规范的劳动用工制度。然而在广东省，相当一部分企业并未给农民工交纳社会保险，交也只是交纳少数的一两种。因此，新《劳动合同法》实施以来，广东省的劳资纠纷显著上升，而在江苏，尽管数量有所增加，但在总量和增加幅度方面远不及广东。

广东省的劳资纠纷在一定程度上加剧了劳资关系，在当前金融危机的影响下，甚至促成了一部分企业的倒闭。以东莞市为例，由于企业开工不足，农民工的加班时间减少，不仅造成农民工的收入减少，也导致中层管理人员的收入加倍减少，因为他们的收入与农民工工作时间构成某种倍乘关系。某企业的一部分中层管理人员为此带头闹事，组织农民工上街游行，游行的场景被摄录并上传至网络，国外厂商见此情形，取消了原有的订单，使企业顿时陷于困境，最终不得不破产。在珠三角地区，在金融危机的影响之下，普遍存在因劳资关系紧张而促成企业倒闭的现象。

2. 资金紧张程度差异

金融危机给企业带来的显著影响是订单数量的下降和由此导致开

工的不足。而未来不确定的经济增长态势也给企业家的预期带来很大的影响。企业对于现金流给予了更多的关注，在生产和经营过程中逐渐采取了"现金为王"的基本策略。由此，企业之间的资金流就变得紧张起来。

如江苏省昆山市的企业以台资为主，在经营管理上，带有一定家庭管理的特色。企业在生产和经营的过程中，通常以自有资金为本，较少依赖于银行信贷，此外，台资企业之间相互的合作比较密切，他们之间形成了某种默契，在资金往来方面保有较高的信誉。多数企业的产品在出口的同时也有一定的内销比例。例如，捷安特公司生产的自行车，按数量来看，约有70%出口，30%内销。相当一部分企业的产品以国内市场为主，例如统一食品和正新橡胶等。他们受金融危机的影响相对就要小得多。此外，为了鼓励企业自主创新，昆山市设立了专项创新基金，用于资助企业进行自主研发和技术创新。这笔专项扶持资金目前已经取得了预期的效果，一些原本对研发和自主创新有所顾虑的企业已经利用这笔资金开始着手进行创新研究。这会在一定程度上促进昆山市进一步提升产业结构。

而在广东省中山市，当前企业普遍处于资金紧张的时期，相比之下，中小企业的问题更加突出。在与企业座谈的时候，一些企业明确指出，尽管国家出台了支持中小企业信贷的政策，然而，真正落到实处，却并非那么容易。在与中山市黄圃镇企业家座谈的过程中，我们注意到，一部分企业代表指出，实际上，银行对于中小企业的政策是更加谨慎，更不愿意给他们提供信贷。中小企业在发展过程中通常需要的信贷规模为100万~500万元，而银行方面对于500万以下的信贷很少会考虑给中小企业。

3. 产业结构/链差异

尽管电子信息行业在昆山市和中山市的产业结构中都占有重要的地位，不过两地之间还是存在显著的差异。昆山市已经形成了以笔记

本生产为核心的产业链，而中山市则以台式电脑的生产为核心。前者
更依赖于运输，尤其是空港资源，而后者对于空港资源的依赖则要弱
一些，更多地利用了海港的优势。因此，昆山事实上成为依赖于上海
空港资源的笔记本生产基地，而中山则依托于港口资源形成台式电脑
的生产基地。除了电子信息产业，昆山市还以精密仪器和精细化工为
其支柱产业。中山市的产业结构除了电子信息产业之外，主要还有服
装和食品等产业。相比之下，昆山市的产业链要比中山市的产业链处
于更高端的位置，在这次金融危机中企业所受的影响要小一些。昆山
企业对于用工的需求普遍要高一些。在与企业员工的访谈过程中，我
们注意到，昆山市的员工大中专以上学历者占全部员工的比例要高于
中山。中山市员工中，初高中以下学历者占有较高的比例。根据广东
省劳动与社会保障厅提供的数据，广东省农民工中，初中以下和无技
能的农民工约占70%，他们构成了农民工的主体。

出于产业升级的考虑，广东省制定了产业和劳动力"双转移"
的策略，逐步将劳动密集型企业从珠三角地区向粤北和省外地区迁
移，同时也积极创造各种非农就业机会，努力实现农村劳动力的转
移。在这次金融危机中，广东省内各地区所遭受的影响存在很大差
异。在中山市，春节前后，许多原本在中山之外，主要是周边地区务
工的中山人陆续回到了中山市，努力地在本地寻找就业机会，造成
2009年3月份以来，中山劳动力市场呈现明显的供过于求的态势。

4. 劳动力需求增长缓慢

金融危机的到来，使农民工供求局势很快发生了变化，从之前
的紧缺状态转入供大于求的局面。目前，尽管相当一部分企业订单
数量已经在回升，然而与金融危机之前相比，依然有所下降。从
2009年1月和2月的各项经济指标来看，各地都依然处于持续衰退
的局面，特别是工业增加值的增长处于多年来少有的低水平状态，
例如，昆山市1~2月工业增加值同期增长率为3.8%，而中山市则

为0.8%。对外贸易则出现持续的负增长情形。在这种情形下，企业家对于未来的预期总体上是非常谨慎的，甚至可以用悲观来形容。他们对于生产的扩大和用工的增长相应地也会持谨慎的态度。

（三）主要结论与建议

总的来看，金融危机给东部沿海地区农民工的就业造成了一定的影响，最主要的影响体现于农民工加班时间的减少，相应地，收入也显著下降，根据调研掌握的数据，农民工实际收入普遍下降了30%左右。此外，金融危机也改变了农民工供不应求的局面，转变成为供大于求的态势，企业对于农民工的要求也相应地有所提高。由于金融危机的影响目前还在进一步深化，企业对于未来的预期也持有谨慎的态度，体现在对农民工的需求上，呈现一种缓慢的增长趋势。由于企业已经在之前缩短了加班时间，短期来看，企业通过恢复或者增加加班时间就可以在很大程度上满足生产扩大的需要，因此，企业对农民工的需求增长较慢，他们也在利用劳动力供过于求的局面来提高员工的文化、技能和熟练程度。

1. 切实加大国家对农民工技能培训的力度

当前，农民工供求局势已经转变成为供大于求，农民工的就业难问题逐渐显现，特别是新进入城镇的农民工。而企业的普遍反映是他们特别缺乏有技能的熟练工，以至于在招不到所需技术工人的情形下只好招收普通农民工加以培训，或者是从职业技术学校引入尚未毕业的学生，以实习的方式解决企业当前的技工紧缺问题。

对农民工的培训，不仅仅要强调文化和技能的培训，更应该强调农民工融入城镇生活的素质培训。在昆山，不少企业表示，对于农民工技能的培训企业完全可以很好地内部解决，然而，现实的问题是，企业还需要花时间精力去培训农民工融入城镇的基本生活规范，这些方面的培训往往并不是企业所擅长的，应该由社会和政府去承担，而让企业专注于承担技能方面的培训。

国家加大对农民工的技能培训，可以通过给用工企业提供补贴或资助的方式来进行。由企业来选择技能培训的方式和内容，更具有针对性，从而可以提高农民工技能培训的效率，也有助于促进企业提高生产经营效率。

2. 切实加大对中小企业的信贷支持

金融危机的到来，使企业普遍资金紧张。为了使生产和经营能够顺利进行，融资是他们最主要的选择。而中小企业的融资具有规模小和周期短等特征，这些特征恰恰成为银行不给他们提供信贷的重要依据。事实上，大多数中小企业面临资金紧张的时候，恰恰也是他们成长过程中面临的一个重要门槛。而这一门槛往往又成为影响他们生存的重要因素。这种情形在中山市尤其突出，相当一部分企业在这一门槛上迈不过去，最终趋于衰落。在当前金融危机形势下，政府和银行应该从促进就业的角度，给中小企业以更多的能够落到实处的信贷支持，帮助他们渡过难关，在促进企业自身发展的同时也有效解决农民工就业问题。

当前，银行普遍不愿意给中小企业提供信贷支持也是基于市场运营的一种理性考虑。政府不应该强制银行给中小企业提供信贷，但可以通过给中小企业提供信贷担保的形式来提升他们的信用等级，从而帮助他们获得银行的信贷。

3. 引导农村劳动力自主创业，或者在本乡就业

由于农民工供求局势的改变，企业用工需求增长趋缓，新成长的农民工要在城镇就业就变得困难起来。根据最新的估算，2009 年上半年，将有 300 万以上的新增农民工无法就业①。近三年来，全国每

---

① 张车伟、王智勇：《全球金融危机对农民工就业的冲击—影响分析与对策思考》，《中国人口科学》2009 年第 2 期。

年新进入城镇并实现就业的农民工数量在 500 万以上，但在当前的形势下，如果他们全部进入城镇，那么势必会给城镇带来很大的就业压力。因此，政府应该制定积极的扶持政策，引导新成长的农村劳动力实现本乡就业，尽量避免外出务工。

我国的农村劳动力转移从九十年代中期算起，已经有十余年时间，对于相当一部分农民工而言，他们已经过了外出务工的最佳年龄段，无论是从体能、技能还是从家庭的因素来看，他们都有回乡创业的想法。然而对于新成长起来的农村劳动力而言，他们的目标却在于外出务工，以获得更高的收入。如果能够引导老一代农民工回乡创业，那么他们势必会带动一部分新成长农村劳动力实现当地非农就业，从而缓解当前城镇就业压力。

附录 4

Social Network and Social Capital
of Chinese Migrant Workers[*]

Shan Jingjing

Extract: The thesis adopts system model to study the social network reconstruction process of Chinese migrant workers: On the one hand, the primary relation on the basis of blood relation and geographical relation is still strong tie relation in their social network; The migrant workers obtain the urgently needed social supports in their urban life mainly through the strong tie relation with inborn nature. On the other hand, some brand new social elements-heterogeneous group and interior relation of system are being absorbed gradually into their social network; Along with the way of making a live transferring from agricultural production to non-agricultural

---

* 本文是作者为参加 2007 年第三届亚洲农村社会学大会而写的一篇论文，其数据来源是基于作者 2004 年底对进京农民工所做的一次抽样调查。论文被选为第三届亚洲农村社会学大会的主题发言之一，并被收录在 2010 年 8 月出版的《第三届亚洲农村社会学大会论文集》中（Shan Jingjing, "Social Network and Social Capital of Chinese Migrant Workers," *Asian Rural Sociology*; ed. Charan Sanitwong Kanpim Co. Ltd. 2010）。正是这次抽样调查和本文在社会学大会上引发的热烈讨论，让作者认识到推动农民工市民化问题的重要性和紧迫性，由此萌生了对该问题进行进一步深入研究的想法，所以成此书。故作者特别将此文作为本书的研究缘起列为重要附录。

production, the migrant workers are gradually establishing the new social tie on the basis of occupation relation and make it become one important parts of social network. The social network established by migrant workers is becoming important capital for them to live and develop in their urban life.

Key Words: Migrant Workers, Social Network, Social Capital

The large-scale population flow took place in 1980s of 20 Century has been one of most influential events for China's economic society since reform and opening-up. According to fifth national census, there are 121.07 million floating population who spend more than half year on average outside of hometown. In the past 10 years, above 88.40 million rural labors achieved transformation to non-agriculture sections. According to National "11th Five Year" Plan, by 2010, China's urbanization level will be up to 47% and there will be around 9 million rural labors enter cities every year. Such large-scale population transfer is unprecedented in the process of global urbanization and incomparable to America, Japan and any countries in Europe and South Asia. It brings forward severe challenges to construction of harmonic society in China.

In fact, the process of rural labors entering cities is the process of reconstruction of their social network. The so-called social network refers to relations network formed as the result of social interaction among people, in this kind of interpersonal relations, individual can be regarded as point, relation between individual and individual or individual and group can be regarded as line, the connection structure between point and line and its dynamic changing form social network. The particular people's social network is always self-centered and extends outward for self-interests. (Barnes, 1954). According to the theory of French sociologist Bourdieu (Pierre Bourdieu), the essence of social network is a kind of social capital, individual owned social network and capability of obtaining social resources through the social network mobilization, including trust, family affection, participation, mutual benefits, (Bourdieu, 1986). The issue that we concerned is, in the tide of fast urbanization in China, more and more rural labors come into cities, after cutting off the space connection with country society, what kind of frame their network is and whether the network will become social capital ensuring to incorporate them into urban life and utilize the social resources from the network to support the course of their adaptation to urban life? Therefore, we conducted a survey in the relatively concentrated areas in Beijing for floating population including Dahongmen area, Guanganmenwaiwanzi area, Honglian area and east suburbs.

I . Scale Design

The concept of social network was originally proposed by British social anthropologist Mr. Barnes (J. A. Barnes), the urban sociologists, represented by Claude S. Fischer, B. Wellman, B. Leighton and M. Granovetter etc. , inherited the network theory of social anthropology and applied it to the research of urban society. From Mr. Granovetter's point of view, people could review the social relations and power through four aspects: (1) Interaction Frequency. High frequency is strong relation, weak relation is on contrary; (2) Emotion Level. Profound emotion is strong relation, weak relation is on contrary; (3) Intimate level. High intimate level is strong relation, weak relation is on contrary; (3) Mutual Benefits. More mutual benefit is strong relation, weak relation is on contrary. (Branovetter, 1973). According to this theory and characteristic of " the social network is always self-centered and extended for self-interests", from the individual angle of migrant workers, we designed the following questions:

1. Whom do you mainly associate with usually?

We divided the targets of daily contacts of the migrant workers into 10 groups, including friends, family (couple, parent, sibling), relatives, fellow-villagers, bosses or employers, local resident committees, government officials, landlords and acquaintances, hometown government officials and others. People investigated who chooses " others " will be required to do further explanation. There are three alternative answers after each target: (1) contact often; (2) contact occasionally; (3) basically no contact or no contact. We hope, through this question, to have comprehensive understanding on the targets of daily contacts of migrant workers and frequency of contact.

2. When you encounter the difficulties and puzzles, whom do you tell and whom do you consult with usually? (multi choices)

The alternative answers are above-mentioned 10 groups targets. people investigated who chooses " others " will be required to make further explanation. We think when a person who has difficulties or puzzles, she or he could talk and discuss these issue with others, which could reflect the intimate level between them in some extent.

3. From whom did you obtain assistance and support in the past? (Multiple choices)

The alternative answers are above 10 groups targets. Through this question, we hope to reflect the mutual supports and helps in the interpersonal contact.

4. Who do you think could help you when you are in trouble? Which relation is most reliable for you? (Multi choices)

The alternative answers and requirements are same as above. Through this question, we hope to find out the social relation that they trust in and emotionally recognize most.

II. Survey Result And Analysis

The survey was in the form of face-to-face interview, total 300 questionnaires were released and 296 valid questionnaires were collected back. The general characteristics are as follows (see table 1) :

Table 1   General Characteristics of Samples

(N = 296)

	Items	Quantity of samples	Percentage (%)
Sex	Male	175	59.1
	Female	121	40.9
Marriage	Unmarried	145	49
	Married	150	50.7
	Bereft of one's spouse	1	0.3
Education	Literacy	8	2.7
	Elementary	32	10.8
	Junior high school	188	63.5
	Senior high school	58	19.6
	Junior college and above	10	3.4

According to the samples, we summarized the social network of migrant workers as follows (see table 2) :

Table 2　Social Contact of Migrant Workers

N = 296　单位: %

	Contact often	Contact Occasionally	Basically no contact or no contact
Friends	60. 1	34. 5	5. 4
Family	62. 8	34. 8	2. 4
Relatives	40. 2	39. 5	20. 3
Fellow-villagers	42. 6	41. 2	16. 2
Colleagues	68. 9	25. 7	5. 4
Bosses or employers	18. 6	45. 3	36. 1
Local resident committees or government officials	0. 3	13. 2	86. 5
Landlords and acquaintances	9. 8	25	65. 2
Hometown government officials	0. 7	14. 2	85. 1
Others	4. 1	11. 5	—

The statistics indicate that main contact targets of migrant workers are friends, family, relatives and colleges. In survey, 60. 1% people contact with friends often, 62. 8% people contact with family frequently (parents, siblings, couples), 68. 9% people contact with colleagues often. From the contact frequency, friends, relatives and fellow-villagers, these traditional blood relation and geo-relation are still the core of migrant worker's social network. Meanwhile, with the changes in terms of way of making a live and life style, the status of occupation relation rises rapidly in the social communication (Certainly homogeneity relations are still the principle part of these occupation relations. These homogeneity relations collectively form the primary group in social life of migrant workers.)

One person's social life not only includes the primary and regular social communication, but also secondary and occasional social communication. It's no doubt that the former is very important in people's life, however, the latter still has non-neglectable meanings as well. In order to have much

more direct and clear understanding on overall situation of migrant workers'
various social communications, we sorted out and scaled the above
statistics by the means of three-grade scale evaluation, 3 points stand for
"contact often", 2 points stand for occasional contact and 1 point stands
for "basically no contact or no contact". The measurement results indicate
social communication group of migrant workers is mainly divided into two
grades. One is homogeneity group on the basis of blood relation, geo-
relation and occupation relation, which is the primary group of migrant
worker's social communication. The other is heterogeneity group
represented by bosses, urban residents and system's interior relation
represented by local resident committees, government officials and
hometown cadres. They make up the secondary group in migrant workers'
social communication. (See figure 1)

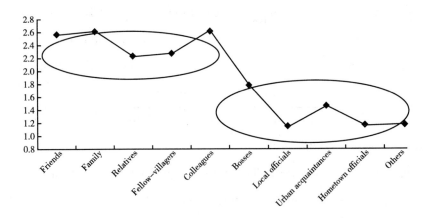

Figure 1   Social Contact of Migrant Workers

Out of question, these primary and secondary groups with various
communication frequency worked out the social network of migrant workers,
however, whether such tie relation of social network and its intensity are strong
enough to support them to achieve wonderful life ? Whether could give them

powerful supports in tough course of incorporating them into urban society?

On the basis of above mentioned survey regarding social communication frequency of migrant workers, We, according to Granovetter's strong relation theory, further checked up their social network from three aspects of emotion intensity, intimate extent and mutual reciprocity and mutual benefit. (See table 3).

Table 3　Social Communication of Migrant Workers (II)

N = 296　单位: %

	Whom to consult with while encountering difficulties and puzzles?	Main resources of social supports and help in the past	Who is most likely to help you while you are in trouble
Friends	57.8	60.8	44.9
Family members	72.3	69.6	85.1
Relatives	30.4	40.5	33.1
Fellow-villagers	28.7	28.7	24.0
Colleagues	31.8	45.1	27.0
Bosses	13.5	14.5	8.8
Local officials	8.1	5.7	9.5
Acquaintances in city	7.4	8.8	2.7
Hometown officials	1.4	4.1	0.7
Others	5.1	2.0	1.4

While answering the question of "When you encounter the difficulties and puzzles, whom do you tell and whom do you consult with usually?", 57.8% people chose to tell friends and consult with friends. 72.3% chose to consult with family, 30.4% chose to consult with relatives, 28.7% chose to consult with fellow-villagers, 31.8% chose to consult with colleagues. It indicates that majority of migrant workers are still continuing the primary relation established in traditional country society including blood relation such as family and relatives etc. , geo-relation such as fellow-villagers and friends etc and colleague relation on the basis of occupation relation newly established in their urban life. All these are close relations in their daily social communications and meanwhile, they are the main resources to obtain spirit supports in urban life.

While answering the question " From whom did you obtain assistance and support in the past?", 60.8% people said they got supports and help from friends, 69.6% got supports and help from family members, 40.5% got supports and help from relatives, 28.7% got supports and help from fellow-villagers, 45.1% got supports and help from colleagues, besides, 14.5% people said they got supports and help from their bosses, 9.8% said they got supports and helps from local government officials or hometown government officials. This indicates homogeneity group such as friends, family members, relatives, fellow-villagers and colleagues is the primary group of mutual reciprocity and mutual benefits among the migrant workers, and also is the main resource for them to obtain the substantial social supports. In addition, their bosses, employers and some system interior relation are important channels for them to seek assistance when they are at stake or in trouble.

While answering the question of "who is most likely to help you when you are in trouble? Which relation is most reliable for you?", 44.9% people thought friends are most likely to help them and is the most reliable relation, 85.1% thought family members are most likely to help them and is the most reliable relation, 33.1% people took for relatives, 27.0% took for colleagues. This indicates that homogeneity group with same identity, same background and same life experience is still the most reliable and most trustful relationship for the migrant workers.

From the results of survey mentioned above, the homogeneity group such as friends, family members, relatives, fellow-villagers and colleagues is the primary group and strong relation in the social communications of migrant workers. The heterogeneity group or system interior relation such as bosses, city residents, local resident committees, government officials and hometown government officials is secondary group and weak relation. The contact targets of various groups and their relation network construct the social network of migrant workers according to the difference sequence pattern of relation power, among them; strong relation forms their main social support network. The figure 2 reveals the social support network of migrant workers and congruence of strong tie relation in social network.

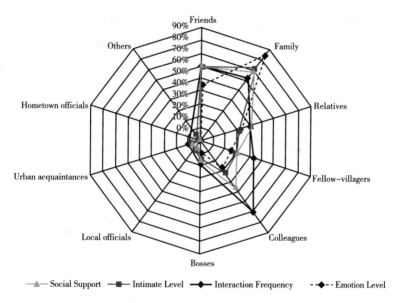

Figure 2　Social Network and Social Support Network of Migrant Workers

Ⅲ. The Social Network Transition Of Migrant Workers

In the course of survey and interview with migrant workers, we found the significative transformation of migrant workers' network was taking place:

Being transformed from close network of traditional geographic society into open network of modern society. The essential strength caused the transformation is occupation relation established in urban life due to occupation division interaction.

In modern urban society, there is much difference on network structure between individual social network and social network in traditional geo-society. Traditional geo-society is convergent and close. People live and work on the same land. Villages are their most primary social locations. Everyone in the village is familiar with each other and is the member of others' social network. People's social relations are confined to a quite limited region space. People (B, C, D, E, F) whom A acquainted with are often the persons that B knows. Social network is rarely possible to develop and extend outward. (See figure 3).

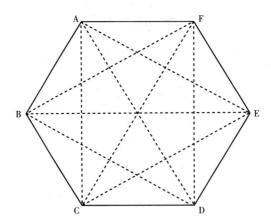

Figure 3   Close Type Social Network In Traditional Society

However, in modern urban society, due to the separation of residential locations and working locations and rapid development of transportation and communication, people's social communication has already exceeded the regional limit and presented diversified and open status. Blood relation and geo-relation are very small portions of urban residents' social network. Their daily interaction also includes large number of friends, colleagues and system inner relation etc. According to the definition of sociology, social network not only includes direct human communication, but also indirect human communication. This makes modern urbanite's social network take on very strong radioactivity (See figure 4).

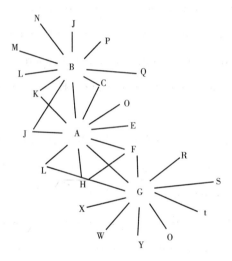

Figure 4   Open Type Social Network In Modern Society

In the chart, B is acquainted with A and is a member of A's social network, but B has his own social network at same time. A may not know P, but may get in touch with P through B. such indirect connection makes modern urbanite's social network have high-level opening and extremely strong growth ability.

Migrant workers make through the limitation of traditional geo-society and set up brand-new occupation relation as a result of professional conversion. The joining of such fresh elements breaks existing close social network and makes the relation network have the function of expanding and extended outwards. And hence gradually demonstrate the open in various extents.

The interviewee, M. Y. H, fully illuminated this issue while mentioning her experience that she worked as a temporary laborer in city for first time. I worked in Shenzhen formerly. There was nothing to do at home at that time. Then wanted to go out making money and tempering myself as well. It's said Shenzhen is good and salary is high there. Then wanted to go there. There are many fellow-villagers there and could help to find job. At the beginning, the factories they worked for didn't need new workers, afterward, one of my fellow villagers and her colleague lived at same dorm went out for fun and one friend of her colleague went out with them together. The electronic factory that friend worked for need people, so I went over at once.

In this way, M. Y. H. found her first job through her fellow-villager-fellow-villager's colleague-colleague's friend. The colleague of fellow-villager played important medium role in this case. M. Y. H. extended her relation network outwards through her fellow-villager's occupation relation and realized the dream of going out to work as a temporary laborer.

Many migrant workers have already realized they could establish more social connections through their colleague relation. W. P. P, who is hairdresser at a beauty salon, through colleague of her previous colleague, found the present beauty salon and even more satisfied with the salary and working conditions and also got promotion already.

… She (her colleague in the past) came and worked here first and felt well then recommended me to come over too. … We have been working here for long time and regarded as the senior employees. The company is a chain beauty salon and just opened some chain shops. We are as forewoman and in charge of a shop respectively…

Z. M. X, who is a chef in a restaurant, got helps from his previous colleagues for several times while looking for a job. During the interview, he expressed:

I am even more willing to participate the colleague parties. Everyone brings friends over and we can know more people and make more friends. They might be helpful some time. We don't have no thoughts and we have skills also. Maybe we could cooperate and start our own business in future. … I am not interested in fellow-villager's get-together. Always those several people get together drinking and making complain. They don't have any pursuits and won't get anywhere.

In fact, we found during interview, there are more and more migrant workers started realizing that the social resource obtained is very limited if only through relations of family members and fellow-villagers and the possibility of flowing upward through this network is very little. Those relations established on the basis of blood relation and geo-relation are not enough to have them to find a foothold and develop better in urban society. They start to cultivate and develop new relations and adjust and rebuild their social network in the constant social interaction.

Ⅳ. Social Network As A Kind Of Social Capital

The aforesaid survey results indicate, during the course of migrant workers entering city from countryside, they are adjusting and reweaving their social network in the daily interaction. On the one hand, the primary relation on the basis of blood relation and geo-relation is still the strong tie relation in their social network. The migrant workers obtain the urgently needed social supports mainly from the natural-endowed strong tie relation.

On the other hand, some brand new social elements: heterogeneous group and system inner relation such as bosses, urban residents, local resident committees and government officials are being absorbed into their own social network. Many previous researches show, although migrant workers entered city, their social network is still on the basis of traditional geo-relation and blood relation (Su Liping, 1995; Li Peilin, 1996; Wang Hansheng, 1997; Li Hanmin、Wang Qi, 2001). In fact, with the way of living transformed from agricultural production to non-agricultural production, the migrant workers are gradually establishing new social link on the basis of occupation relations and make it become important part of social network. Although most of these occupation relations are based on homogeneity group (coming from other migrant worker colleague from other area), they start transforming to modern work dividing society from traditional society. It is worth of pointing out that these occupation relations have already become the strong tie relations in their social network and also are important resource for them to obtain social supports in the course of striving in city. Therefore we find that the social network of migrant workers has the speciality of social capital during the constant changing of social network: the principal part is social network which connects individual, friends, family, society and private and public life; The characteristic is to make the social relation and its network facilitate promoting the realization of self-goal. The key is to make people more tend to trust each other, be mutual beneficial and cooperative. Just like the analysis of Mr. Bourdieu, as social capital, social network is social gains constantly increased through people's participation of group activities and elaborate construction of social relation resource in order to obtain the social gains. (Bourdieu, 1986). Undoubtedly the social relation network established by migrant workers is becoming important capital for them relying on to live and develop in the urban life.

References:

1. Bian Yan Sheng, "Find Back Strong Relation," *Foreign Sociology* 2 (1998): 50 – 55.
2. Bian Yan Sheng, "Social Network and Course of Job Hunting," *Foreign Sociology* 4 (1999): 1 – 13
3. Bourdieu, translated by Bao Yaming, "Bourdieu Interview: Cultural Capital and Social Alchemy," (Shanghai: People's Press, 1997), 202 – 203.
4. Chi Zi Hua, "History Review of Flood of Migrant Workers in China," *Sociology Research* 4 (1998): 100 – 109.
5. Huang Ping, E. Clare, "Promotion and Impact on Agriculture: Research at Village Level on Chinese Peasants going out to work," *Sociology Research* 3 (1998): 71 – 82.
6. Li Han Lin, Wang Qi, "Strength of Tie As a Kind of Community Organization Way—a Kind of Angle of View on presents research," *The villagers in the City—Floating Population in Big City in China*; *ed. Li Han Lin*, (Central Compilation & Translation Press, 2001), 15 – 39.
7. Li Pei Lin, "Social Network and Social Status of Migrant Workers," *Sociology Research* 4 (1996): 42 – 52.
8. Wang Han Sheng, " 'Village of Zhe Jiang': The Unique way of Chinese Peasants Entering City," Sociology Research 1 (1997): 56 – 67.
9. Xiang Biao. "What Is For The Community --Study on Floating Population Community In Beijing," *Sociology Research* 6 (1998): 54 – 62.
10. Xie GaoQiao, *Urban Population Migration and Social Adjustment-Case Study of Kaohsiung*, (TaiWan Chuliu book Company of Taiwan, 1984), 82 – 96.
11. Zhang Ji Jiao, *Adaptation of City—Employment and Business Start-up of Migrants*, (Commerical Press, 2004), 63 – 119.
12. Barnes, J. A. , "Class and committee in a Norwegian Island Parish," *Human Relations* (1954).
13. Bourdieu, Pierre, "The Form of Social Capital," *Handbook of Theory and Research for the Sociology of Education*; ed. (Greenwood Press, 1986), 46 – 58.
14. Fischer, Claude S. , *Networks and Places: Social Relations in the Urban Setting.* (Free Press, 1977), 21 – 74.
15. Granovetter, M. , "The Strength of Weak Ties," *American Journal of Sociology* 78 (1973): 1360 – 1380.

参考文献

蔡昉:《中国的二元经济与劳动力转移》,中国人民大学出版社,1990。

蔡昉、都阳、王美艳:《户籍制度与劳动力市场保护》,《经济研究》2001年第12期。

蔡禾等:《城市化进程中的农民工》,社会科学文献出版社,2009。

曹子玮:《农民工的再建构社会网与网内资源流向》,《社会学研究》2003年第3期。

常勤毅:《从走出、融入到融合:农民工市民化进程中城市融合的研究综述及其思考》,《宁波大红鹰学院学报》2010年第1期。

陈丰:《从"虚城市化"到市民化:农民工城市化的现实路径》,《社会科学》2007年第2期。

陈映芳:《征地农民的市民化——上海市的调查》,《华东师范大学学报(哲学社会科学版)》2003年第3期。

陈剩勇等:《进城劳工阶层的现状、问题与对策》,《浙江学刊》

2004 年第 1 期。

程海峰：《流动人口社会保障初探》，《经济纵横》2005 年第 3 期。

甘满堂：《社会学的"内卷化"理论与城市农民工问题》，《福州大学学报（哲学社会科学版）》2005 年第 1 期。

高华：《论农民工融入城市过程中主体作用的发挥》，《理论界》2007 年第 6 期。

高钟：《"推力"、"拉力"之外更需"助力"——中国农民工市民化之历史蜕变途径浅探》，《苏州科技学院学报（社会科学版）》2006 年第 2 期。

广东省总工会：《新生代农民工群体特点与权益保护》，内部调研报告。

郭聪惠：《城市化进程中农民工城市归属感问题探微》，《兰州科学》2008 年第 9 期。

国家发展研究中心课题组：《农民工市民化：制度创新与顶层政策设计》，中国发展出版社，2011。

国家统计局：《2009 年农民工监测调查报告》，2010 年 3 月 19 日，http：//www. stats. gov. cn/tjfx/fxbg/t20100319_ 402628281. htm。

国家人口计生委流动人口服务管理司：《中国流动人口发展报告（2011）》。

国务院研究室课题组：《中国农民工调研报告》，中国言实出版社，2006。

宏伟、栾文建、周德军：《"民工荒"背景下的农民工就业保障问题研究》，《农业经济》2011 年第 1 期。

何文举、李娜：《农民工城市非正规就业的制度分析》，《湖南社会科学》2007 年第 3 期。

胡鞍钢、杨韵新：《就业模式转变：从正规化到非正规化——我国城镇非正规就业状况分析》，《管理世界》2001 年第 2 期。

胡苏云、赵敏：《流动人口社区服务型管理模式研究》，《中国人口科学》1997 年第 4 期。

黄晨熹：《大城市外来流动人口特征与社区化管理》，《中国软科学》1999 年第 7 期。

黄闯：《"民工荒"视域下新生代农民工就业研究》，《理论研究》2011 年第 4 期。

黄泰岩、张培丽：《改变二元结构，实现城乡发展一元化》，《前线》2004 年第 5 期。

黄小花：《中国人口与社会保障》，经济管理出版社，2006。

简新华、黄锟：《中国工业化和城市化进程中的农民工问题研究》，人民出版社，2008。

姜作培：《从战略高度认识农民市民化》，《中国城市经济》2002 年第 11 期。

姜作培：《六统一：农民市民化的对策选择》，《云南财贸学院学报》2003 年第 1 期。

柯兰君、李汉林：《都市里的村民——中国大城市的流动人口》，中央编译出版社，2001。

李汉林、王琦：《关系强度作为一种社区组织方式——农民工研究的一种视角》，载柯兰君、李汉林主编《都市里的村民——中国大城市的流动人口》，中央编译出版社，2001。

李培林：《流动民工的社会网络和社会地位》，《社会学研究》1996 年第 4 期。

李培林：《农民工—中国进城农民工的经济社会分析》，社会科学文献出版社，2003。

李浩升：《对昆山市农民工市民化经验的解读》，《小城镇建设》2008 年第 1 期。

李若、闫志刚：《走向有序：地方性外来人口管理法规研究》，社会科学文献出版社，2007。

李涛：《农民工流动过程中的需求与障碍——京、粤、青（岛）三地农民工生存与发展基本状况调查报告》，载李真《流动与融合》，团结出版社，2005。

李艳、孔德永：《农民工对城市认同感缺失的现状、原因与对策分析》，《山东农业管理干部学院学报》，2008年第5期。

李永勤、王骏、陈攀：《关于建立农民工社会保障制度的探析》，《经济理论研究》2006年第2期。

厉以宁：《厉以宁改革论集》，中国发展出版社，2008。

刘志彪：《"用工荒"——转型路线的自动纠偏》，2011年2月28日《中国经济时报》。

刘传江：《中国城市化的制度安排与创新》，武汉大学出版社，1999。

刘传江：《农民工生存状态的边缘化与市民化》，《人口与计划生育》2004年第11期。

刘传江：《中国农民工市民化研究》，《理论月刊》2006年第10期。

刘传江、周玲：《社会资本与农民工的城市融合》，《人口研究》2004年第5期。

刘传江、程建林：《第二代农民工市民化：现状分析与进程测度》，《人口研究》2008年第5期。

刘传江、徐建玲：《中国农民工市民化进程研究》，人民出版社，2008。

刘林平：《外来人群体中的关系运用——以深圳"平江村"为个案》，《中国社会科学》2001年第5期。

刘林平：《关系、社会资本与社会转型：深圳平江村研究》，中国社会科学出版社，2002。

刘林平、张春泥：《农民工工资：人力资本、社会资本、企业制度还是社会环境——珠江三角洲农民工工资的决定模型》，《社会学研究》2007年第6期。

卢海元：《实物换保障：完善城镇化机制的政策选择》，中国社会科学院研究生院博士论文，2002。

卢海元：《走进城市：农民工的社会保障》，经济管理出版社，2005。

陆林：《融入与排斥的两难——农民工入城的困境分析》，《西南大学学报（社会科学版）》2007年第6期。

陆学艺：《走出"城乡分治，一国两策"的困境》，《特区展望》2000年第3期。

陆学艺：《农民工问题要从根本上治理》，《特区理论与实践》2003年第7期。

马广海：《农民工的城市融入问题》，《山东省农业管理干部学院学报》2000年第5期。

马万里、陈玮：《建立健全面向农民工的城市住房保障体系研究——杭州农民工基本住房状况调查与政策建议》，《城市规划》2008年第5期。

米庆成：《进城农民工的城市归属感问题探析》，《青年研究》2004年第3期。

潘泽泉：《农民工融入城市的困境：市场排斥与边缘化研究》，《天府新论》2008年第4期。

彭希哲：《推动人口合理流动，促进社会经济发展》，《都市里的村民——中国大城市的流动人口》柯兰君、李汉林主编，中央编译出版社，2001。

漆向东、徐永新、刘利仄：《中国农民非农化研究》，经济科学出版社，2009。

钱正武：《青年农民工的市民化问题分析》，《青年探索》2006年第1期。

渠敬东：《生活世界中的关系强度——农村外来人口的生活轨迹》，载柯兰君、李汉林《都市里的村民——中国大城市的流动人口》，中央编译出版社，2001。

全国总工会新生代农民工问题课题组：《关于新生代农民工问题的研究报告》，2010年6月21日《工人日报》。

任远、邬民乐：《城市流动人口的社会融合：文献述评》，《人口研究》2006年第3期。

单菁菁：《城市农民工社会适应状况与生活满意度调查》，载中国社会科学院青年中心《国情调研》，山东人民出版社，2006。

单菁菁、牛凤瑞等：《中国城市科学发展报告》，载牛凤瑞主编《城市蓝皮书》，社会科学文献出版社，2009。

单菁菁：《农民工融入城市的若干经济问题分析》，中国社会科学院重点课题研究报告，2010。

孙立平：《断裂——20世纪90年代以来的中国社会》，社会科学文献出版社，2003。

唐健：《让农民"带地进城"》，《中国土地》2010年第7期。

田凯：《关于农民工的城市适应性的调查分析与思考》，《社会科学研究》1995年第5期。

王春光：《农民工在流动中面临的社会体制问题》，《中国党政干部论坛》2004年第4期。

王春光：《农民工的"半城市化"问题：流动与融合》，团结出版社，2005。

王春光：《农民工的社会流动和社会地位的变化》，《江苏行政学院学报》2003年第4期。

王春光：《农村流动人口的"半城市化"问题研究》，《社会学研究》2006 年第 5 期。

王桂芳：《城市农民工市民化问题研究综述》，《中共山西省委党校学报》2008 年第 5 期。

王毅杰、童星：《流动农民社会支持网探析》，《社会学研究》2004 年第 2 期。

王正中：《以市民化推进农民的现代化》，《马克思主义与现实》2006 年第 6 期。

魏后凯、陈雪原：《带资进城与破解农民市民化难题》，《中国经贸导刊》2012 年第 4 期。

吴振华：《农民工的城市适应模式选择及其原因探析》，《理论与改革》2005 年第 5 期。

项飚：《跨越边界的社区——北京"浙江村"的生活史》，三联书店，2000。

许峰：《农民市民化问题探讨》，《绿色中国》2004 年第 10 期。

徐莺：《农民工融入城市之难的思考》，《东北大学学报（社会科学版）》2006 年第 7 期。

徐志旻：《进城农民工家庭的城市适应性：对福州市五区 132 户进城农民工家庭的调查分析与思考》，《福州大学学报（哲学社会科学版）》2004 年第 1 期。

闫文秀：《流动民工的边缘化问题综述》，《求实》2005 年第 2 期。

颜秀金：《农民工市民化：篱栅重重》，《人力资源》2006 年第 13 期。

杨东：《城市化进程中农民市民化问题研究》，《理论探索》2003 年第 6 期。

杨风：《城市化进程中农民市民化问题研究综述》，《上海城市管理》2009 年第 3 期。

杨浩：《农村劳动力转移中的土地流转研究》，西南大学硕士论文，2009。

叶鹏飞：《城市化发展必须提高农民工经济能力》，2011 年 11 月 8 日《中国社会科学报》，第 14 版。

叶鹏飞：《探索农民工城市社会融合之路——基于社会交往"内卷化"的分析》，《城市发展研究》2012 年第 1 期。

袁小燕：《城市化进程中的农民市民化问题浅探》，《资料通讯》2005 年第 1 期。

张国胜：《中国农民工市民化：社会成本视角的研究》，人民出版社，2008。

张其仔：《社会资本论——社会资本与经济增长》，社会科学文献出版社，1999。

张其仔：《新经济社会学》，中国社会科学出版社，2001。

张时玲：《农民工和城市社会的关系分析》，《黄冈师范学院学报》2006 年第 4 期。

张世友：《三峡库区城镇化进程中农民市民化的角色障碍及其调适策略》，《农村经济》2004 年第 12 期。

张蔚：《快速城镇化进程中农村土地退出机制研究》，西南大学硕士论文，2011。

张新岭、赵永乐、林竹、宋成一：《农民工就业：人力资本和社会资本的耦合分析》，《农村经济》2007 年第 12 期。

张新梅：《"十二五"时期推进农民工市民化方式的几点思考》，《中国经贸导刊》2011 年第 1 期。

赵延东、王奋宇：《城乡流动人口的经济地位获得及决定因素》，《中国人口科学》2002 年第 4 期。

郑杭生：《农民市民化：当代中国社会学的重要研究主题》，《甘肃社会科学》2005 年第 4 期。

朱考金：《城市农民工的心态与观念——以南京市 600 例样本的频数分析为例》，《社会》2003 年第 9 期。

朱考金、吴磊：《农民工城市融入问题文献综述》，《辽东学院学报（社会科学版）》2007 年第 3 期。

中国青少年研究中心：《中国新生代农民工发展状况与代际对比研究报告》，内部报告，2007。

周晓虹：《流动与城市体验对中国农民现代性的影响——北京"浙江村"与温州一个农村社区的考察》，《社会学研究》1998 年第 5 期。

Abu Lughod, Janet L., *Race, Space, and Riots in Chicago, New York, and Los Angeles*, (Oxford University Press, 1969).

Alejandro Portes, "Social Capital: Its Origins and Applications in Modern Sociology," *Annual Review of Sociology* 24 （1998）.

Auvachez, Elise, "Supranational Citizenship Building and the United Nations: Is the UN Engaged in a 'Citizenization' Process?" *Global Governance : A Review of Multilateralism and International Organizations* 1 (2009).

Barnes, J. A., "Class and committee in a Norwegian Island Parish," *Human Relations* (1954).

Blau, Peter M. & Joseph E. Schwartz, *Crossing Social Circles*, (New York: Academic Press, 1984).

Bian Yanjie, "Bringing Strong Ties Back In: Indirect Connection, Bridges, and Job Searches in China," *American Sociological Review* 62 (1997).

Bourdieu, Pierre, "The Form of Social Capital," *Handbook of Theory and Research for the Sociology of Education*; ed. *John G. Richardson*, (Greenwood Press, 1986).

Burgess, E. W. , "The Growth of the City," *The City*; *ed.* *R. E. Park*, *E. W. Burgess and R. Mckenzie*, (Chicago: University of Chicago Press, 1975).

Cohen, Elizabeth F. , "Reconsidering US Immigration Reform: The Temporal Principle of Citizenship," *Perspectives on Politics* 10 (2011).

Christenson, James A. , "Urbanism and Community Sentiment: Extending Wirth's Model," *Social Science Quarterly* 1 (1979).

David R. Goldfield, Blaine A. Brownell, *Urban American a History*, (Houghton Mifflin company, 1990).

Deane, P. & Cole, W. A. , *British Economic Growth, 1688 – 1957*, (Cambridge, 1964).

Fei, C. H. & Rains, G. A. , "Theory of Economic Development," *American Economic Review* 51 (1961).

Fischer, Claude S. , "Toward a Subcultural Theory of Urbanism," *American Journal of Sociology* 2 (1972).

Fischer, Claude S. , *Networks and Places: Social Relations in the Urban Setting*, (Free Press, 1977).

Gans, H. , *The Urban Villagers*, (Free Press, 1962).

Garreau J. , *Edge City*, (New York: Donbleday, 1991).

Geertz, C. *The Interpretation of Cultures.* (New York: Basic Books, 1973).

Knox P. , *Urbanization. Englewood Cliffs*, (NJ: Prentice-Hall, 1994).

Lewis, W. Arthur, "the evolution of the international economic order'," *Research Program in Development Studies*; *ed. Princeton, N. J.* , (Princeton University, Woodrow Wilson School, Discussion paper, 1972).

Linn, Johannes F. , "The costs of urbanization in developing countries," *Economic Development and Cultural Change* 1 (1982).

Laumann, Edward O. , " Prestige and Association in an Urban Community," *The Form and Substance of Urban Social Networks*; *ed.* (New York: John Wiley and Sons, 1973).

Lin Nan, *Social Capital: A Theory of Social Structure and Action*, (New York: Cambridge University Press, 2001).

Macunovich, Diane J. , *Birth Quake: The Baby Boom and Its Aftershocks*, (University of Chicago Press, 1997).

Messeri P. , Silverstein M. , & Litwak E. , " Choosing optimal support groups: A review and reformation," *Journal of Health and Social Behavior* 34 (1993).

Miller, Z. , et al. , *The Urbanization of Modern America*, (New York: Cambridge University Press, 1987).

James Coleman, "Social Capital in the Creation of Human Capital," *American Journal of Sociology* 94 (1988).

Philip R. Popple, Leslie Leighninger, *Social Works, Social Welfare and American society*, (Boston: Allyn and Bacon, 1999).

Philip R. Popple, Leslie Leighninger, *Social Works, Social Welfare and American society*, (Boston: Allyn and Bacon, 1999).

Pierre Bourdieu, "The Forms of Capital," *Handbook of Theory and Research for the Sociology of Education*; *ed.* John G. Richardson, (Westport, CT. : Greenwood Press, 1986).

Redford A. , *Labor Migration in England, 1800 ~ 1850.* (Manchester, 1964).

Richardson, H. W. , "the costs of urbanization: a four-countries comparison," *Economic Development and Cultural Change* (1987).

Roberts, K. D. , "The Determinants of Job Choice by Rural Labor Migrants in Shanghai," *China Economic Review* 1 (2001).

Ronald Burt, *Structural Holes*, (Cambridge, MA: Harvard University Press, 1992).

Ronald Burt, "Structural Holes versus Network Closure as Social Capital," *Social Capital: Theory and Research*; ed. Lin Nan, Karen Cook, and Ronald Burt, (New York: Aldine de Gruyter, 2001).

Shan Jingjing, "Social Network and Social Capital Of Chinese Migrant Workers," *Asian Rural Sociology*, (CharanSanitwong Kanpim Co. Ltd, 2010).

Thomas, B. , *Migration and Economic Growth, A Study of Great Britain and Atlantic Economy*, (Cambridge, 1973).

Todaro, M. P. , *Economic development*, . (Addison Wesley, 1969).

Tonnies F. , *Community and Society*, (Cambridge, 1931).

Trotter, J. J. , ed. *The Great Migration in Historical Perspective.* (Bloomington, 1991).

United Nations, *World Urbanization Prospects (The 2009 Revision)*, (New York, 2010).

Walter I. Trattner. *From Poor law to Welfare State, A History of Social Welfare in American*, (New York: The Free Press, 1984).

Weber, A. F. *The Growth of Cities in the Nineteenth Century, A Study in Statistics.* (New York, 1963).

Xu Jianling, Liu Chuanjiang, "The application of the Median Voter Theory to the formulation of policies for the citizenization of peasant workers—An empirical study on 436 peasant workers in Wuhan," *Frontiers of Economics in China* 1 (2008).

Zhao Yaohui, "Labor Migration and Earnings Differences: The Case of Rural China," *Economic Development and Cultural Change* 4 (1999).

后　　记

　　2002 年，作者为完成博士论文《社区情感与社区建设》而在北京各个社区进行调研期间，首次与农民工群体有了较为深入的接触。2003 年，在作者的博士论文答辩会上，著名社会学家、中国社会科学院研究员李培林老师即向作者指出，农民工市民化是一个值得深入研究和具有重大意义的课题。2004 年，作者申请并承担了中国社会科学院青年调研基金课题《进京农民工的城市适应与社会满意度调查》，对农民工问题有了进一步的认识。2007 年，作者基于这次调研所写的论文 "Social Network and Social Capital of Chinese Migrant Workers"（中国农民工的社会网络与社会资本），被第三届亚洲农村社会学大会选做大会的主题发言之一。论文在社会学大会上引发国内外学者的热烈讨论，让作者更加认识到推动农民工市民化问题的重要性和紧迫性，由此坚定了对该问题继续深入研究的想法。2006 年作者申请并承担了国家社会科学基金项目《外来农民工融入城市研究——以社会网络为重要视角》，2008 年作者申请并承担了中国社会科学院重点研究课题《农民工融入城市的经济学分析》，开始着手对农民工市民化问题进行系统研究。

在本书调研过程中，杭州市委政研室、杭州城市生活品质研究中心、杭州市下沙工业区（包括杭州经济技术开发区、杭州出口加工区等）、杭州市下沙工业区邻里社区、杭州市职业介绍服务中心、杭州市拱墅区新文村村委会、北京市朝阳区南郎社区、北京市宣武区广外街道和湾子社区、北京市丰台区大红门社区、东莞市劳动局、东莞市劳动就业服务中心、东莞市社会保障局等部门给予了大力支持与配合。我的同事李学锋、李恩平、何丽、李菡，我的朋友时任杭州市委政研室副主任阮重晖、杭州城市生活品质研究中心主任李勇、时任北京市商务中心区主任洪继元、广外街道湾子社区主任雷学娟、邓莉、李红等，以及南郎社区、湾子社区等街道、社区的工作人员，中国社会科学院研究生院及部分浙江高校的学生们协助作者完成了此次调研。

在本书研究和写作的过程中，著名社会学家、中国社会科学院陆学艺研究员，著名城市学家、中国社会科学院牛凤瑞研究员，中国社会科学院国家社科基金项目管理办公室金朝霞处长，国家社会科学基金项目匿名评审专家们，以及李国庆研究员、盛广耀副研究员、李晓华副研究员、王智勇副研究员等都给作者提出了宝贵的意见或建议，并给予了最无私的帮助。著名区域经济学家、中国社会科学院魏后凯研究员为作者指出了未来的研究方向，并将《农民市民化及其成本分担机制研究》纳入其所领导和主持的中国社会科学院创新工程研究项目《城镇化质量评估与提升路径研究》，鼓励作者就这一领域继续开展深入研究。

在本书编辑出版的过程中，社会科学文献出版社的邓泳红主任、陈颖编辑为书稿作了十分细致的编校、审稿和出版安排工作，表现出社会科学文献出版工作者对作者、读者和社会科学研究事业的高度负责精神。

谨以此书献给这些关心和帮助我的师长、同事、朋友们，感谢他们为此作出的贡献。本文的观点以及与此相关的责任由作者个人承担。

笔　者

2012 年 11 月于北京

图书在版编目（CIP）数据

中国农民工市民化研究/单菁菁著. —北京：社会科学文献
出版社，2012.11
ISBN 978 - 7 - 5097 - 4014 - 9

Ⅰ.①中… Ⅱ.①单… Ⅲ.①民工 - 城市化 - 研究 - 中国
Ⅳ.①D422.64

中国版本图书馆 CIP 数据核字（2012）第 274813 号

中国农民工市民化研究

著　　者／单菁菁

出 版 人／谢寿光
出 版 者／社会科学文献出版社
地　　址／北京市西城区北三环中路甲 29 号院 3 号楼华龙大厦
邮政编码／100029

责任部门／皮书出版中心（010）59367127　　　　责任编辑／陈　颖
电子信箱／pishubu@ssap.cn　　　　　　　　　　责任校对／李有江
项目统筹／邓泳红　陈　颖　　　　　　　　　　责任印制／岳　阳
经　　销／社会科学文献出版社市场营销中心（010）59367081　59367089
读者服务／读者服务中心（010）59367028

印　　装／北京季蜂印刷有限公司
开　　本／787mm×1092mm　1/16　　　　　　印　　张／18.25
版　　次／2012 年 11 月第 1 版　　　　　　　　字　　数／245 千字
印　　次／2012 年 11 月第 1 次印刷
书　　号／ISBN 978 - 7 - 5097 - 4014 - 9
定　　价／59.00 元